Simona Colombo-Scheffold,
Peter Fenn, Stefan Jeuk,
Joachim Schäfer (Hrsg.)

W0056340

Ausländisch für Deutsche

Sprachen der Kinder –
Sprachen im Klassenzimmer

Fillibach bei Klett
Stuttgart

Inhalt

Einführung

SIMONA COLOMBO-SCHEFFOLD, PETER FENN,
STEFAN JEUK, JOACHIM SCHÄFER

Die Tatsache, dass in der deutschen Gesellschaft andere Sprachen an Bedeutung gewinnen, ist für Lehrerinnen und Lehrer von besonderer Relevanz, nicht zuletzt im Hinblick auf die Gestaltung des Deutschunterrichts. Diese Erkenntnis findet sich auch in den Bildungsstandards der Kultusministerkonferenz sowie in den Bildungsplänen der Bundesländer. Auch in der öffentlichen Diskussion wird der Beherrschung mehrerer Sprachen ein immer größerer Stellenwert zugemessen.

Eine wichtige Grundlage für das Erwerben einer Zweitsprache bildet beim Lernenden nach derzeitigem Stand der Zweitspracherwerbsforschung die Erstsprache. Für Lehrkräfte ist es von daher ein zentraler Vorteil, grundlegende Einblicke in die Sprachen zu bekommen, die uns umgeben, die unsere Kultur mitprägen und die von Kindern an unseren Schulen als Herkunftssprachen gesprochen werden. Ein wichtiger Aspekt des Deutschunterrichts mit mehrsprachigen Lerngruppen kann z.B. sein, Fehler von Lernenden als Lernerhypothesen zu betrachten, die eventuell eine Übertragung von Strukturen der Erstsprache auf die Zweitsprache sein können. Ein über Sprachvergleiche erlangtes fundiertes Verständnis für Charakter und Struktur der deutschen Sprache wird allerdings auch bewusst machen, dass die Erstsprache nicht den alleinigen Einfluss auf den Erwerb der Zweitsprache ausübt. Der Blick soll nämlich auch dafür geschärft werden, dass es Eigenarten des Deutschen gibt, die allen Lernern, relativ unabhängig von der jeweiligen Erstsprache, ähnliche oder vergleichbare Schwierigkeiten bereiten können. Ferner könnte eine solche Lehrerkompetenz im Unterricht adäquat zur Geltung kommen, etwa dadurch, dass Lernende angeleitet werden, Deutsch als eine Sprache neben anderen zu sehen und sich so mit einer Außenperspektive auf das Deutsche vertraut machen. Zum Beispiel erhielte der Arbeitsbereich „Sprache untersuchen" im Deutschunterricht eine ganz neue Qualität, wenn Schülerinnen und Schüler verschiedener Muttersprachen ihre Fähigkeiten in der Erstsprache mit einbringen und auf Grund eines sprachübergreifenden Vergleichs zu strukturellen Erkenntnissen in der Zweitsprache Deutsch und ggf. in ihren Erstsprachen gelangen. Für einsprachig deutsche Schülerinnen und Schüler kann der Grammatikunterricht auf diese Art und Weise zusätzlich eine wichtige motivationale Erweiterung erfahren, denn die Einsicht in die eigene Sprache wird gerade durch eine kontrastive Betrachtungsweise tiefgängig und nachhaltig gefördert.

Ziel dieses Buches ist es nun in erster Linie, Lehrkräften, Lehramtsstudierenden und anderen an Sprachdidaktik interessierten oder beteiligten Personen ein praktikables Instrument in die Hand zu geben, das sie in die Sprachenvielfalt Europas einführt und ihnen Einblick in die unterschiedlichen sprachbedingten Lernvoraussetzungen von Schülerinnen und Schülern verschiedener Herkunft gewährt. Es werden zum einen Sprachen vorgestellt, die viele Sprecher repräsentieren, zum anderen solche, die für Familien mit Migrationshintergrund in Deutschland Muttersprachen sind. Damit soll ein gewisser Vergleich der Sprachen, vor allem mit dem Deutschen, ermöglicht werden, und der Leser für die Sprachen sensibilisiert werden, die in der Schülerpopulation an deutschen Bildungseinrichtungen am häufigsten zu hören sind. Dass die Auswahl der Sprachen angesichts der globalen Zusammensetzung der Schülerschaft an unseren Schulen keineswegs vollständig ist, hat seinen Grund hauptsächlich in der Notwendigkeit, den Umfang der Publikation und somit die Bandbreite der vorgestellten Sprachen zu begrenzen. Angesichts der Bevölkerungsstatistik des Statistischen Bundesamtes und der weltweiten Verbreitung von Sprachen haben wir jedoch aus unserer Sicht die meisten in Deutschland gesprochenen Sprachen erfasst.

In den ersten drei Beiträgen werden Hintergründe der europäischen Sprachenpolitik, der Vielsprachigkeit in Europa, Klassifikationsmöglichkeiten von Sprachen sowie Aspekte des Zweitspracherwerbs im Schulalter dargestellt. Es folgen Einzeldarstellungen von zwölf europäischen Sprachen. Der Band schließt mit einem Serviceteil.

Hervorgegangen ist das Buch aus einer im Sommersemester 2006 vom Sprachdidaktischen Zentrum der Pädagogischen Hochschule Ludwigsburg veranstalteten Ringvorlesung mit dem Titel „Sprachen in Europa". Der Veranstaltung stand die Überlegung Pate, dass eine gewisse Lücke im sprachlichen Bereich des Vorlesungsangebotes klaffte, nämlich dort, wo es in der Lehrerausbildung um wünschenswerte Einblicke in andere Schülersprachen gehen sollte. Das Sprachdidaktische Zentrum als Einrichtung des Institutes für Sprachen sah sich diesbezüglich in besonderem Maße aufgefordert und rief als Konsequenz diese Vorlesungsreihe ins Leben. Sie lehnte sich zum Teil an Kurse in Migrantensprachen an, die bereits einen festen Bestandteil des Pflichtstudiums der Interkulturellen Pädagogik ausmachen. Die Lehrbeauftragten für diese Kurse sowie Kollegen und Kolleginnen aus den Abteilungen Deutsch, Englisch und Französisch beteiligten sich als Referentinnen und Referenten an der Ringvorlesung. Neben einführenden Themen zum Zweitspracherwerb und zur europäischen Sprachenpolitik wurden acht europäische Sprachen vorgestellt: Deutsch als Fremdsprache, Englisch, Französisch, Griechisch, Italienisch, Russisch, Spanisch und Türkisch. Nach einer kurzen Einführung in Herkunft, Stellenwert und Verbreitung der jeweiligen Sprache wurde sie strukturell und funktional beschrieben, und zwar mit Schwerpunkt auf dem Bereich der Grammatik. Die Beschreibung erfolgte tendenziell auf der Grundlage eines Vergleichs mit dem Deutschen aus der Sicht eines Lerners. Sonst wurden in den Einzelreferaten verschiedene Akzente gesetzt. Dieser Vorgehensweise folgten wir auch in der vorliegenden Publikation. Die Veranstaltungen wurden mit großer Begeisterung aufgenommen. Aus der Idee heraus, die Inhalte (um einige Sprachen ergänzt) einem größeren Publikumskreis zugänglich zu machen, entstand nun dieses Buch.

Die Tatsache, dass jede(r) Referent(in) neben gemeinsamen inhaltlichen Grundlagen eigene Wege der Darstellung im Seminar einschlug, spiegelt sich in den Autorenbeiträgen wider, die unterschiedlich aufgebaut und sprachwissenschaftlich fundiert sind. Dieser heterogene Charakter mag manchem Leser zunächst etwas befremdlich vorkommen, hat aber aus Herausgebersicht den Vorteil, eine Vielfalt von Zugängen zum Gesamtthema zu ermöglichen. In diesem Zusammenhang sei noch kurz auf das Problem eingegangen, dass linguistisch erschöpfende und theoretisch fundierte Sprachvergleiche sehr aufwändig und komplex sind. Aus mancher theoretischen Perspektive könnten die vorliegenden Ausführungen im Einzelnen für verkürzt und etwas verallgemeinernd gehalten werden, was aber mit dem beabsichtigten Einführungscharakter des Werkes zusammenhängt. Es handelt sich hier also sicherlich nicht um eine umfassende sprachliche Komparatistik, sondern um eine Darstellung, die auf die Bedürfnisse von Lehrerinnen und Lehrern zugeschnitten ist. Inwieweit dieses Vorhaben gelungen ist, muss hauptsächlich vom Standpunkt dieses Leserkreises aus beurteilt werden. Über kritische Rückmeldungen freuen wir uns. Verwenden Sie bitte hierzu die Mailadresse der Herausgeber (schaefer@ph-ludwigsburg.de) oder die Einzeladressen der Autorinnen und Autoren (siehe Anhang).

Wir freuen uns, hiermit die zweite Auflage des Bandes vorzustellen zu können. Neben notwenig gewordenen kleineren Korrekturen wurde er um drei Sprachen erweitert: Kurdisch, Polnisch, Serbisch.

Europäische Sprachenpolitik

PETER DINES

Der Titel dieses Beitrags heißt „europäische Sprachenpolitik"; hierbei ist zwar vorwiegend die Sprachenpolitik der Europäischen Union gemeint; wir dürfen aber nicht außer acht lassen, dass es wichtige Länder Europas gibt, die nicht Mitglieder der EU sind: Russland, die Ukraine, Weißrussland, weite Teile des Balkans, die Schweiz, Norwegen, um nur einige zu nennen.

Im Gegensatz zu der Implikation des Titels des Beitrags, es existiere so etwas wie eine Sprachenpolitik in Europa, bin ich der Meinung, dass es eine strukturell durchdachte, schlüssige Strategie für die Formulierung und Entwicklung von Entscheidungen bezüglich der Sprachen in Europa nicht gibt. Also könnte ich guten Gewissens an dieser Stelle aufhören. Dies werde ich aber nicht tun, denn eine Beschreibung und Analyse der Situation einer so genannten europäischen Sprachenpolitik ist nicht nur um ihrer selbst willen interessant, sondern auch weil sie sehr gut Aufschluss über den Zustand der europäischen Union insgesamt und des damit verbundenen Vereinigungsprozesses innerhalb Europas gibt.

Der Beitrag hat folgenden Aufbau:

- die Situation der Sprachen in der Europäischen Union
- Entwicklung einer europäischen Sprachenpolitik
- Dichotomien im Verständnis von Europa und ihre Auswirkungen auf die Sprachpolitik in Europa
- die Sprachprogramme der Europäischen Union

1 Die Situation der Sprachen in der Europäischen Union

Zunächst halte ich es für sinnvoll, auf einige Fakten bezüglich der sprachlichen Situation in Europa hinzuweisen. Vorab eine Übersicht über die 23 offiziellen Amtssprachen der EU, zusammen mit deren Abkürzungen:

български (Bălgarski)	BG	Bulgarisch
Čeština	CS	Tschechisch
Dansk	DA	Dänisch
Deutsch	DE	Deutsch
Eesti	ET	Estnisch
Elinika	EL	Griechisch

English	EN	Englisch
Español	ES	Spanisch
Français	FR	Französisch
Gaeilge	GA	Gälisch/Irisch
Italiano	IT	Italienisch
Latviesu valoda	LV	Lettisch
Lietuviu kalba	LT	Litauisch
Magyar	HU	Ungarisch
Malti	MT	Maltesisch
Nederlands	NL	Niederländisch
Polski	PL	Polnisch
Português	PT	Portugiesisch
Română – Romanian	RO	Rumänisch
Slovenčina	SK	Slowakisch
Slovenščina	SL	Slowenisch
Suomi	FI	Finnisch
Svenska	SV	Schwedisch

Laut einer Studie von Eurobarometer werden die folgenden Sprachen am häufigsten (d.h. als Anteil der Gesamtbevölkerung der EU25[1]) in der Union als Muttersprache gesprochen:

Deutsch	18%
English	13%
Italiano	13%
Français	12%
Español	9%
Polski	9%
Russki (!)	6%

Interessant ist, dass, wenn Eltern in der EU (EU25) gefragt werden, welche zwei Sprachen ihre Kinder als Fremdsprache zusätzlich zu ihrer Erstsprache in der Schule lernen sollten, es zu folgendem Ergebnis kommt:

77% plädieren für Englisch, 33% für Französisch, 28% für Deutsch, 19% für Spanisch, 3% für Russisch, 2% Italienisch, 0% für Schwedisch.

Schaut man dann die Ergebnisse in diesen einzelnen Ländern (außer Russland natürlich), dann ergibt sich folgendes Bild:

---

[1] EU25 – d.h. die 25 Länder der EU vor dem Eintritt von Bulgarien und Rumänien.

DE: Englisch 89%, Französisch 45%, Spanisch 16%, Russisch 6%, Italienisch 2%
ES: Englisch 85%, Französisch 44%, Deutsch 14%, Russisch 0%, Italienisch 1%
FR: Englisch 91%, Deutsch 24%, Spanisch 45%, Russisch 0%, Italienisch 6%
IT: Englisch 84%, Französisch 34%, Deutsch 17%, Spanisch 17%, Russisch 0%
PL: Englisch 90%, Französisch 7%, Deutsch 69%, Spanisch 1%, Russisch 10%,
 Italienisch 1%
UK: Französisch 71%, Deutsch 34%, Spanisch 39%, Russisch 1%, Italienisch 3%[2]

In allen gefragten Ländern (außer Luxemburg und natürlich Irland und dem Vereinigten Königreich) wurde für Englisch als 1. Fremdsprache gestimmt; alle anderen genannten Sprachen sollten als 2. Fremdsprache in der Schule unterrichtet werden. Es überrascht nicht, dass Englisch als Fremdsprache eine solch überragende Stellung in der Wahrnehmung der gefragten Personen einnimmt; sie denken hierbei völlig rational und ökonomisch, denn Englisch hat eine Bedeutung in der internationalen Kommunikation, die weit über die Europäische Union hinausreicht. Aber mehr hierzu später. Bei der Wahl der 2. Fremdsprache spielen sicherlich unterschiedliche Faktoren eine Rolle. Französisch hatte traditionell die Rolle einer internationalen Sprache übernommen, obwohl dies seit dem 2. Weltkrieg im Schwinden ist. Die Polen fühlen sich offensichtlich Deutschland näher als Frankreich, trotz der politischen Spannungen der letzten Jahre. Durch die ökonomischen Möglichkeiten, die sich für Spanisch im Hinblick auf Süd- und Mittelamerika ergeben, ist Spanisch die eindeutig dritte Wahl vor Italienisch.

Schauen wir nun die Verbreitung der Fremdsprachenkenntnisse der „wichtigsten Sprachen" in der Europäischen Union an:[3]

Sprache	Anteil der Muttersprachler an der Bevölkerung der EU	Anteil der Bevölkerung der EU, die diese Sprache sprechen, aber KEINE Muttersprachler sind	Anteil der Personen insgesamt, die diese Sprache sprechen
Deutsch	18%	14%	32%
Français	12%	14%	26%
English	13%	38%	51%
Italiano	13%	3%	16%
Español	9%	6%	15%
Polski	9%	1%	10%
Russki	1%	6%	7%

[2] http://ec.europa.eu/public_opinion/archives/ebs/ebs_243_sum_de.pdf, Seite 10.
[3] http://ec.europa.eu/public_opinion/archives/ebs/ebs_243_sum_de.pdf, Seite 9.

Auffällig, wenn wir die beiden letzten Tabellen miteinander vergleichen, ist die Diskrepanz zwischen der Stellung von Deutsch als bekannter und verwendeter 1. und 2. Sprache (insgesamt an zweiter Stelle hinter Englisch) und seiner Stellung als erwünschte 1. Fremdsprache (an dritter Stelle hinter Englisch und Französisch).

Weitere Fakten

- 56 % der europäischen Bürger können ihren eigenen Angaben zufolge sich an einer Unterhaltung in einer Sprache beteiligen, die nicht ihre Muttersprache ist. 99 % der Luxemburger, 97 % der Slowaken und 95 % der Letten geben an, dass sie mindestens eine Fremdsprache sprechen. Dies gilt auch für mehr als 8 von 10 Personen in den Niederlanden, Dänemark und Schweden.
- 28 % geben an, dass sie mindestens zwei Fremdsprachen können.
- 11 % geben an, dass sie mindestens drei Fremdsprachen können.
- 44 % geben an, dass sie gar keine Fremdsprachen können.
- Die Menschen im Vereinigten Königreich, in Irland und Portugal verfügen über die geringsten Fremdsprachenkenntnisse; weniger als ein Drittel der Bevölkerung gibt dort an, über ausreichende Sprachkenntnisse zu verfügen.[4]

Stellenwert von Fremdsprachen in den Bildungssystemen

- Der Fremdsprachenunterricht an Grundschulen nimmt immer mehr zu; 1990/91 lernten in nur vier Mitgliedstaaten (Dänemark, Niederlande, Portugal, Belgien/Flandern) mehr als 24 % der Grundschüler eine Fremdsprache. Die neuesten Zahlen belegen die Zunahme des Fremdsprachenunterrichts an Grundschulen überall in Europa: in Dänemark, den Niederlanden, Belgien/Flandern, Griechenland, Spanien, Österreich, Finnland und Schweden lernen mehr als 33 % der Grundschüler eine Fremdsprache. Deutschland wird diese Marke auch bald erreicht haben.[5]
- Der Fremdsprachenunterricht an Pflichtschulen hat zugenommen: In Dänemark, Griechenland, Spanien, Italien, den Niederlanden, Portugal und dem Vereinigten Königreich ist der Fremdsprachenunterricht für einen längeren Zeitraum als vor zehn Jahren obligatorisch.

---

[4] http://ec.europa.eu/education/policies/lang/languages/eurobarometerreport_de.pdf.
[5] http://www.mdep.de/index.php?page=170&printview=1.

- In Irland, Italien und Griechenland wird im Allgemeinen nur eine Fremdsprache unterrichtet; in anderen Ländern werden zwei oder drei Fremdsprachen gelehrt bzw. können gelernt werden.[6]
- Für Schülerinnen und Schüler im Alter zwischen 12 und 18 Jahren werden zwischen 6 Wochenstunden in Portugal und 1 – 3 Wochenstunden in Belgien (Wallonien), Griechenland, Irland und Italien für das Erlernen von Fremdsprachen aufgewendet.[7]

Sozio-demographische Bestimmung der Personen, die sich in einer Fremdsprache unterhalten können[8]

Diese Tabelle gibt Auskunft darüber, wer, sozio-demographisch betrachtet, eine Fremdsprache beherrscht, wobei diese Daten auf Englischkenntnisse beruhen:

Alter bzw. sozio-ökonomische Gruppe	% der Personen, die eine oder mehr Fremdsprachen kennen
15 – 24 Jahre	66%
25 – 39 Jahre	53%
50 – 54 Jahre	38%
55 Jahre +	18%
Schüler / Studenten	78%
Führungskräfte	67%
Angestellte	59%
Im Haushalt tätige Personen	27%
Rentner	17%

Fremdsprachenkenntnisse hängen demnach von zwei Faktoren ab: Alter und soziale Zugehörigkeit: Je jünger und je gebildeter um so besser die Sprachkenntnisse.

---

[6] Ibid.

[7] http://dd3716.srv.dd3716.kasserver.com/sprachenplan/html/eu-amtssprachen.html.

[8] http://ec.europa.eu/education/policies/lang/languages/barolang_de.pdf.

2   Entwicklung einer Sprachenpolitik in Europa[9]

Eine europäische Sprachenpolitik sollte sich meines Erachtens folgenden Problembereichen widmen:

- Stellung der einzelnen Erstsprachen (so genannte „Muttersprachen") innerhalb der Europäischen Union
- Entwicklung von Verkehrssprachen, die die Verständigung unter den Bürgern und Bürgerinnen der Union erleichtern sollen
- Entwicklung von Rahmenbedingungen zur Bestimmung der Beziehung zwischen den Minderheiten- und den Mehrheitssprachen in den einzelnen Ländern
- Förderung der Fremdsprachenkenntnisse

Um zu prüfen, ob und gegebenenfalls wie die Union sich mit diesen Themen (erfolgreich) auseinandergesetzt hat, soll eine kurze historische Übersicht über die Sprachenpolitik seit 1957 gegeben werden. Der Grundstein der egalitären Sprachenpolitik in der EU wurde von der „Verordnung Nr. 1 vom 15. April 1958" gelegt, die als „Sprachencharta der EU" bezeichnet wird. Darin wurden vier Amts- und Arbeitssprachen der sechs Gründerstaaten festgelegt: Deutsch, Italienisch, Französisch und Niederländisch. Damals waren die Minderheitensprachen kein Thema. Von 1997 an bekamen die EU-Bürger das Recht, sich in einer Amtssprache ihrer Wahl an die EU-Organe zu wenden. Ein wichtiger Meilenstein war dann „Die Charta der Grundrechte" (Nizza 2000), die bestimmte: „Die Union achtet die Vielfalt der Kulturen, Religionen und Sprachen", was schließlich die Sprachenpolitik mit der Minderheitenpolitik verknüpfte. Von nun an sollten in den Organen der EU alle Sprachen gleich behandelt werden, mit der Folge, dass alle verabschiedeten Dokumente in alle 23 Sprachen übersetzt werden müssen; jeder im Parlament hat das Recht seine Muttersprache zu nutzen und auch in dieser eine Antwort zu erhalten. Auf der anderen Seite beobachtet man, dass Verkehrs- und Verfahrenssprachen zunehmend verwendet werden (siehe hierzu die Diskussion unten).

Was das Fremdsprachenlernen betrifft, hat die Kommission das Ziel formuliert, dass alle Bürgerinnen und Bürger der Union mindestens zwei Sprachen zusätzlich zur Erstsprache beherrschen sollen, wobei ein besonderes Augenmerk auf Nachbarsprachen (Deutsch und Französisch bzw. Polnisch zum Beispiel) gelegt werden sollte. Auch die so genannten „kleinen" Sprachen (z.B. Finnisch, Litau-

---

[9] Vgl. http://www.europa-digital.de/aktuell/dossier/sprachen/sprache1.shtml.

isch) sollten besonders gefördert werden. Zu diesem Zweck wurden zwei große Aktionen gestartet

1. das Europäische Jahr der Sprachen 2001 mit 190 ko-finanzierten Projekten zur Förderung des Sprachenlernens auf lokaler, regionaler, nationaler und transnationaler Ebene.
2. ein Aktionsplan zur Förderung des Sprachenlernens und der Sprachenvielfalt 2003. In drei Bereichen wurden Maßnahmen durchgeführt:
   - allen Bürgerinnen und Bürgern sollen die Vorteile des Fremdsprachenerwerbs ein Leben lang zugutekommen;
   - die Qualität des Fremdsprachenunterrichts sei auf allen Stufen zu verbessern;
   - in Europa soll ein sprachenfreundliches Umfeld geschaffen werden.

Die Aktion beruhte auf drei Prinzipien:

- Sprachenlernen ist eine lebenslange Tätigkeit.
- Der Sprachunterricht soll verbessert werden.
- Ein sprachenfreundliches Umfeld soll geschaffen werden.

Folgende Handlungsbereiche wurden definiert und mit entsprechenden Projekten verknüpft:

- Frühzeitiges Erlernen der Erstsprache plus zwei weitere Sprachen
- Sprachenlernen im Sekundarunterricht
- Förderung des fremdsprachlichen Fachunterrichts
- Sprachenlernen im Hochschulbereich
- Sprachenlernen für Erwachsene
- Sprachenlernende mit besonderen Bedürfnissen
- Sprachenpalette
- Eine sprachenfreundliche Schule
- Weiterentwicklung des Fremdsprachenunterrichts durch Verknüpfung mit den EU-Sprachprogrammen (SOKRATES und LEONARDO DA VINCI, jetzt zusammengefasst im *Life-Long Learning Programme*)
- Ausbildung der SprachlehrerInnen
- Bereitstellung von SprachlehrerInnen
- Prüfung der Sprachkenntnisse
- Ein integrativer Ansatz für die Sprachenvielfalt
- Schaffung sprachenfreundlicher Gemeinschaften
- Verbesserung des Sprachlernangebots und seiner Inanspruchnahme.[10]

[10] Für genaue Angaben s. http://europa.eu/scadplus/leg/de/cha/c11068.htm.

3 Dichotomien im Verständnis von Europa und ihre Auswirkungen auf die Sprachpolitik in Europa

Wie anfangs erwähnt, gibt es zurzeit keine schlüssige Sprachpolitik in der Europäischen Union. Was es gibt, sind Richtlinien, Prinzipien und Programme, die sich auf Sprache und Sprachen beziehen, die sich zum Teil in ihren Zielen und Ausführungen erheblich widersprechen. Was die Richtlinien etc. sind und warum sie sich teilweise widersprechen, wird im nachfolgenden Teil dargestellt.

2005 scheiterten zwei Referenden zur Einführung einer „europäischen Verfassung" – in Frankreich und Holland. Der Verfassungstext, an dem einige Jahre gearbeitet wurde, sollte Ordnung in das Wirrwarr der europäischen Kompetenzen und Verantwortlichkeiten bringen und gleichzeitig für mehr Transparenz und Demokratie in den Entscheidungsprozessen sorgen. Der Verfassungsentwurf war nicht besonders radikal und beinhaltete weitgehend nur eine stringentere Umsetzung von früheren Entscheidungen des Ministerrates, der Europäischen Kommission und des Europäischen Parlaments. Der Entwurf wurde in Holland und Frankreich jedoch von vielen Menschen aus zwei sich widersprechenden Gründen abgelehnt:

Erstens sei die Europäische Union ein von Grund auf undemokratisches Gebilde, weil die von nicht gewählten Bürokraten getroffenen Entscheidungen zu weit weg von den einfachen Bürgern liegen (in Brüssel oder Strasbourg). Deswegen sollte die Union keine weiteren Befugnisse erhalten, die scheinbar in der neuen Verfassung verankert seien.

Zweitens würde die neue Verfasssung zu viele Kompetenzen von den nationalen und regionalen Regierungen abziehen und in die Hände des nun gestärkten Europäischen Parlaments legen, dessen Aufgabe sein sollte, die Entscheidungen auf EU-Ebene demokratischer und transparenter, also volksnäher, zu gestalten.

Mit anderen Worten: Eine Verfassung, die mehr Demokratie bringen sollte, wurde mit dem Argument der fehlenden Demokratie des Entwurfs abgelehnt. Natürlich gab es auch andere Gründe für die Ablehnung:

- Unzufriedenheit mit den eigenen nationalen Regierungen;
- Bedenken wegen der geplanten Erweiterung der EU auf südosteuropäische Staaten wie Bulgarien, Rumänien, was inzwischen dennoch vollzogen wurde;
- Bedenken wegen der Beitrittsverhandlungen mit der Türkei;
- das Gefühl, die Verfasssung würde wichtige Aspekte der Sozialpolitik in Europa vernachlässigen.

Auf der anderen Seite behaupteten viele Menschen, dass sie den Verfassungsentwurf nicht wegen einer prinzipiellen Abneigung gegen Europa und die EU ablehnten. Nach der Ablehnung hörte man in der Tat oft Sätze wie: „Wir sind nicht gegen Europa, sondern nur gegen den vorgelegten Verfassungsentwurf." 2008 wiederholte sich dieser Prozess bei der Ablehnung der Iren in einem Volksentscheid zu dem „Vertrag von Lissabon zur Änderung des Vertrags über die Europäische Union und des Vertrags zur Gründung der Europäischen Gemeinschaft".

Woher kommen diese widersprüchlichen und meines Erachtens zum Teil irrationalen Einstellungen? Ich denke, es liegt daran, dass beim Thema „Europa" unter den europäischen Bürgerinnen und Bürgern eine tiefe innere Spaltung herrscht. Auf der einen Seite will man in einem starken, gut funktionierenden, übernationalen Europa leben, vor allem in Bezug auf die Herausforderungen der Globalisierung und man möchte nicht auf die konkreten und spürbaren Vorteile, wie die weitgehende Reisefreiheit, verzichten. Wenn dies nicht der Fall wäre, würden die pro-europäischen Parteien bei nationalen Wahlen keine Chance haben (und die meisten demokratischen Parteien in Europa sind eben pro-EU). Auf der anderen Seite möchte niemand anscheinend seine nationale bzw. regionale Identität (was auch immer dies sein mag) zugunsten eines übernationalen Superstaates aufgeben.

Was haben diese politischen und psychologischen Überlegungen mit dem Thema europäische Sprachenpolitik zu tun? Meine These ist, dass diese sich widersprechenden Einstellungen sich in einer zutiefst widersprüchlichen Einstellung zur Rolle der Sprachen in der EU wiederfinden. Sprache hat sowohl eine verbindende als auch eine trennende Funktion: Als Kommunikationsmittel ist sie verbindend, als identitätsstiftendes Element hat sie auch die Funktion, Menschen voneinander zu trennen, auch wenn diese zur gleichen Nation gehören. Man braucht nur den Blick nach Bayern zu lenken (und nicht nur dorthin!), um ein treffliches Beispiel hierfür zu finden: Der Ausdruck „Mir san mir" drückt dies deutlich aus: Zusammenhalt im Innern, Abgrenzung nach außen.

In Deutschland hat diese Dichotomie folkloristische Tendenzen (Comedy-Shows, Kabarett und sonstige Medienereignisse in den Dritten Programmen des Fernsehens leben davon); Europa befindet sich jedoch in einem krisenhaften Dilemma bezüglich der Sprachpolitik, weil es bisher keine europäische Identität und sowieso keine europäische Sprache gibt, die als Gegengewichte die trennenden Aspekte von Sprachen überwinden könnten. Europa steht deshalb vor einem sprachlichen Dilemma: Eine einheitliche Sprache für Europa wäre notwendig, damit die Menschen einfacher miteinander kommunizieren könnten, sowohl im privaten als auch im öffentlichen Kontext. Dies hätte sowohl praktische als auch ideelle Vorteile, insofern wäre die Einführung einer solchen Sprache eine rationale Entscheidung. Hiermit haben wir es mit der Frage einer so genannten *lingua franca* zu tun, einer Sprache also, die zusätzlich zur Erstsprache der Menschen als allgemeines Verständigungsmittel fungieren könnte. Welche Sprache könnte dies denn sein? Im Mittelalter war es das Lateinische und in modernen Zeiten ist es Englisch geworden. Im europäischen Kontext jedoch stellt dies ein großes Problem dar. Während im Mittelalter Latein für niemand die Erstsprache, sondern nur die Zweitsprache war, also eine wahrhaft internationale Sprache, erfüllt das Englische heutzutage eine Doppelfunktion als internationale Sprache und innerhalb der EU auch als nationale Sprache der Briten und Iren. Würde man Englisch als allgemeine und alleinige Amtssprache einführen wollen, würde dies sicherlich auf allgemeine Ablehnung stoßen, weil man mit Recht um den Erhalt der anderen Sprachen bangen müsste. Außerdem bekämen dadurch die Briten und Iren große Vorteile gegenüber den anderen Mitgliedsstaaten. In der Praxis jedoch ist selbstverständlich Englisch schon längst die allgemeine Verkehrssprache in Europa geworden. Dies darf nur nicht ein Teil der offiziellen Sprachenpolitik sein.

Als Gegengewicht zur zentrifugen Entwicklung hin zu einer *lingua franca* gibt es die gegenläufige Tendenz zur Unterstützung von nationalen und regionalen Sprachen, auch von so genannten Minderheitensprachen. Also geht es in Europa auch um die Stärkung, oder zumindest um den Erhalt, der sprachlichen Vielfalt. Die europäischen Sprachen (auch und vor allem die Minderheitensprachen) sollen unterstützt und gefördert werden, weil nationale, regionale und ethnische Identitäten gestärkt werden sollen. Diese Politik ist durch viele offizielle Dokumente der EU abgedeckt, die quasi Verfassungscharakter haben, unter anderem bei Artikel 22 der *Charta der Grundrechte der Europäischen Union*: „Vielfalt der Kulturen, Religionen und Sprachen: Die Union achtet die Vielfalt der Kulturen, Religionen und Sprachen".[11]. Der Vertrag von Lissabon (2007) formuliert Ähnliches.[12] Praktisch unterstützt wird diese Politik durch verschiedene EU-Organisationen, wie zum Beispiel das Europäische Büro für weniger gebrauchte Sprachen.

Als Fazit könnte Folgendes formuliert werden: Die Europäische Union verfolgt eine doppelte Strategie, die sich zum Teil auf die Sprachenpolitik auswirkt: Einerseits Förderung einer europäischen Identität, unter anderem durch die Stärkung zentraler Einrichtungen wie das Europäische Parlament, andererseits Erhalt

---

[11] http://www.europarl.europa.eu/charter/pdf/text_de.pdf.

[12] Zu lesen unter: http://www.unizar.es/euroconstitucion/library/Lisbon%20Treaty Tratado %20de%20Lisboa/Treaty%20of%20Lisbon%20consolidated%20version_word.doc.

und Entwicklung der nationalen bzw. regionalen Identität unter anderem durch die Förderung der nationalen und regionalen Sprachen. Die Auswirkung dieses Paradoxons ist, dass es im Augenblick keine offizielle *lingua franca* gibt, mit dem Ergebnis, dass Unmengen von Ressourcen an Geld, Manpower und Zeit vergeudet werden, um sämtliche EU-Dokumente hin- und her zu übersetzen, ohne dass die Menschen in Europa das Gefühl bekommen, dass ihre nationalen oder regionalen Identitäten wirklich geschützt sind. Auf der anderen Seite wird in der Praxis auf offiziellen und informellen internationalen Begegnungen nur Englisch gesprochen.

4   Sprachprogramme der Europäischen Union [13]

Für die praktische Zusammenarbeit in der Union sind Fremdsprachenkenntnisse nicht so sehr Ziel als vielmehr Voraussetzung. Deswegen gibt es nur wenige Programme, die sich ausschließlich mit der Verbreitung und Vermitteln von Fremdsprachen beschäftigen. Vielmehr ist das Sprachenlernen als Bestandteil in die jeweiligen Programme integriert, die ein Bildungsziel im weitesten Sinne haben. Seit 2007 sind die Bildungsprogramme in der EU unter dem Dach des Life-Long Learning Programms untergebracht. Jedes Programmteil ist *per se* interkulturell/international angelegt. Finanziert werden nur Projekte die multi-national organisiert sind. Die Teilprogramme, die hier natürlich nur kurz angerissen werden können, sind die folgenden:

COMENIUS: Förderung von gemeinsamen Schulprojekten, z.B. Auseinandersetzung mit einer gemeinsamen historischen Begebenheit, Beschäftigung mit einem sozialen Problem, Darstellung vom Alltagsleben im jeweiligen EU-Land. Schulen können SprachassistentInnen zur Unterstützung des Fremdsprachenlernens beantragen.

ERASMUS: Austausch von Studierenden und DozentInnen zwischen europäischen Partneruniversitäten. Es gibt das Angebot von Sprachunterricht als Vorbereitung auf den Studienaufenthalt im Ausland bei weniger bekannten Sprachen wie Finnisch, Litauisch etc.

---

[13] Weitere detailliertere Informationen findet man unter: http://ec.europa.eu/dgs/education_culture/publ/educ-training_en.html#Leonardo-mobility und http://eacea.ec.europa.eu/llp/index_en.htm.

LEONARDO DA VINCI: Ein Programm zur Unterstützung von Auszubildenden und Ausbildern, die Erfahrungen und Kenntnisse im europäischen Ausland erweitern, vertiefen und/oder weitergeben wollen.

GRUNDVIG: Ein Programm zur Förderung der europäischen Zusammenarbeit im Bereich Erwachsenenbildung.

Transversale Programme/Schlüsselgebiet 2: Das Programm beschäftigt sich mit der Entwicklung neuer Unterrichtsmaterialien für den Fremdsprachenunterricht und/oder der Förderung von Sprachbewusstsein, wobei die finanzierten Projekte sich auf mindestens zwei der anderen Programmteile beziehen müssen.

Europäisches Sprachenportfolio: Dies bietet jedem europäischen Bürger die Möglichkeit, seine Fremdsprachenfertigkeiten und -kenntnisse individuell zu dokumentieren. (Weitere Infos in: http://wiki.zum.de/Europ%C3%A4isches_ Sprachenportfolio)

Sprache und Sprachen

JOACHIM SCHÄFER

1 Gemeinsamkeiten und Unterschiede menschlicher Sprachen

In diesem Abschnitt sollen Gemeinsamkeiten menschlicher Sprachen sowie Kriterien für den Vergleich und die Einteilung verschiedener Sprachen erläutert werden.

> „Nach Noam Chomsky, dem Begründer der modernen Linguistik, würde ein Wissenschaftler vom Mars feststellen, dass die Erdlinge, vom wechselseitig unverständlichen Wortschatz abgesehen, alle dieselbe Sprache sprechen." (Dittmann 2002, 9)

Diese Aussage verblüfft zunächst, wenn man das biblische Bild der babylonischen Sprachverwirrung im Hinterkopf hat. Dittmann bezieht diese Aussage auf einige Eigenschaften natürlicher menschlicher Sprachen: Es handelt sich durchweg um Lautsprachen und alle Einzelsprachen sind komplex. Damit ist z.B. gemeint, dass alle menschlichen Sprachen auf Phoneme, kleinste bedeutungsunterscheidende Einheiten auf der Lautebene, aufgebaut sind und es kleinste bedeutungstragende Einheiten, die in der Regel Morpheme genannt werden, gibt. (vgl. Dittmann 2002, 10) Weiterhin werden in allen menschlichen Sprachen Sätze gebildet:

> „[…] Eine endliche Zahl von Einheiten einer Sprache kann durch ein System von endlich vielen Regeln, nämlich durch die Syntax der Sprache zu potenziell unendlich vielen verschiedenen Strukturen kombiniert werden, den grammatikalisch korrekten Sätzen einer Sprache." (Dittmann 2002, 12)

Menschliche Sprachen haben demnach nicht wenige Grundelemente, die sie teilen. Daneben gibt es aber auch Eigenschaften, die diese Sprachen unterscheiden: u.a. die historische Entwicklung, das Phoneminventar, die Wortbildung und Beugung, die syntaktischen Regeln, pragmatische Regeln und der Wortschatz.

Anhand der genannten Kriterien wurde schon seit dem Mittelalter versucht, Sprachen zu kategorisieren. (vgl. Haarmann 2002, 13) Dazu entwickelte sich ein eher an der historischen Entwicklung und Verwandtschaft orientierter Zweig der Sprachwissenschaft, der Sprachfamilien definierte. Dieser versuchte, anhand von Schriftzeugnissen oder der komparativen Methode, gemeinsame Ursprünge von

Sprachen aufzuzeigen (vgl. Crystal 1993, 293). Daneben gab es aber auch seit dem 16. Jhd. Versuche, die sprachlichen Strukturen als Kriterium für die Bestimmung von Sprachtypen festzulegen. Man unterscheidet deshalb zwischen Sprachgenealogie und Sprachtypologie (vgl. Haarmann 2002, 15). Es gibt diverse Einteilungsversuche, die nach den jeweils zugrunde gelegten Kriterien zu unterschiedlichen Kategorien kommen. Neben diesen linguistischen Kriterien spielen aber auch noch andere Zusammenhänge eine Rolle. So hängt die Antwort auf die Fragen, wann man von einer eigenen Sprache spricht und wann nur von Varianten einer Sprache, u.a auch von politischen und kulturellen Kriterien ab. So sind nach Grewendorf u.a. die verschiedenen chinesischen Dialekte etwa so unterschiedlich wie die unterschiedlichen romanischen Sprachen. „Die Gründe für solche Kategorisierungen sind *politischer* Natur (Hervorhebung im Original – Anm. J. Schäfer). [...] d.h. sie hängen mit der Art von politischer Macht zusammen, die z.B. für die Bildung von Nationalstaaten verantwortlich ist." (Grewendorf u.a. 1989, 24) [1] Einen weiteren Aspekt dieser Zusammenhänge stellt folgender Befund dar: „Sprachen können verschiedene Namen haben, es ist mitunter schwer, einzelne Sprachgemeinschaften mit abweichenden Selbst- und Fremdbenennungen zu individualisieren (vgl. Haarmann 2002, 17). Hinzu kommt, dass Sprachen einem ständigen Wandel unterworfen sind, was dazu führt, dass Sprachen neu entstehen, sich als Variante ausgliedern, aber eben auch aussterben (vgl. Haarmann 2002, 18). Deshalb lässt es sich kaum beantworten, wie viele Sprachen gesprochen werden, Schätzungen reichen zwischen 3000 und 10000 Sprachen. Allerdings verteilen sich die Erstsprachen von ca. zwei Drittel der Weltbevölkerung auf 16 Sprachen (vgl. König 1994, 37). Interessant ist auch der Umstand, dass die Mehrsprachigkeit weltweit eher die Regel als die Ausnahme darstellt (vgl. o.A. 2003, 13). Rangfolgen von höher entwickelten Sprachen etc. lassen sich linguistisch längst nicht mehr halten (vgl. Crystal 1993, 294).

In den folgenden Abschnitten sollen Sprachtypologie und Sprachgenealogie kurz vorgestellt werden. Dieses Unterfangen ist heikel, da viele Einteilungen umstritten sind. So finden sich z.B. für die Sprache der Samen in diversen Darstellungen die Bezeichnungen „Lappisch", „Sami" und „Saami".

2   Sprachtypologie

Es gibt einige wenige Versuche, viele menschliche Sprachen zu typologisieren. Aber wegen des immensen Aufwandes gibt es bislang kein Werk, das alle menschlichen

---

[1] Die sprachpolitischen Kriterien und Entwicklungen spielen in einzelnen Beiträgen dieses Bandes z.T. eine prominente Rolle.

Sprachen typologisiert und miteinander vergleicht (vgl. Haarmann 2002, 16). Die Typologien umfassen meist nur einen sprachsystematischen Aspekt, da sich ansonsten kaum noch kohärente Sprachtypen bilden ließen. (Crystal 1993, 294) Eine weit verbreitete Typologie stammt von Finck und orientiert sich an morphologisch-syntaktischen Gesichtspunkten. Dabei wird zunächst zwischen analytischen und synthetischen Sprachen unterschieden. Bei analytischen Sprachen beinhaltet ein Wort in der Regel nur einen Begriff, während bei synthetischen Sprachen ein Wort durch das Anfügen weiterer Wortbausteine mehrere Informationen liefern kann. Durch diese Betrachtungsweise lassen sich ein isolierender, ein flektierender, ein agglutinierender sowie ein inkorporierender Sprachtyp unterschieden. Der isolierende Sprachtyp geht weitgehend analytisch, die anderen Sprachtypen meist synthetisch vor. Einzelne Sprachen lassen sich in der Regel nicht gänzlich einem Sprachtyp zuordnen, sondern man kann nur beschreiben, zu welchem Sprachtyp sie in welchem Bereich tendieren (vgl. König 1994, 35). Die folgende Tabelle bietet eine knappe Übersicht dieser Sprachtypen (vgl. König 1994, 35).

Sprachtyp	Hauptmerkmale	Beispielsprachen
isolierend	• keine bzw. kaum Veränderungen der Wörter im Satz. • Die Wortstellung bzw. Partikeln geben die Rollen im Satz an.	klass. Chinesisch, Indonesich, teilw. Englisch
flektierend	• Durch das Hinzufügen von Wortbausteinen (Affixen) vor oder hinter dem Stamm werden Wörter im Satz verändert. • Der Stamm der Wörter kann sich verändern. • Den Wörtern werden im Satz durch Beugung Rollen zugewiesen.	Arabisch, Deutsch, Georgisch, Latein
agglutinierend	• Durch das Hinzufügen von Wortbausteinen (Affixen) vor oder vor allem hinter dem Stamm werden Wörter im Satz verändert. • Den Wörtern werden im Satz durch die Affixe Rollen zugewiesen.	Finnisch, Japanisch Türkisch, Ungarisch
Inkorporierend bzw. polysynthetisch	• Ein Kernwort wird durch Hinzufügen oder Einfügen ausgeweitet. • Häufig bestehen Sätze aus diesem einen ausgeweiteten Wort.	Sprache der grönländischen Inuit, Sprachen der australischen Ureinwohner

Eine andere Sprachtypologie orientiert sich eher an den phonologischen Eigenschaften der Sprachen. Kriterien für die Unterscheidung sind beispielsweise die

Eigenschaft, ob der Tonhöhenverlauf bedeutungsunterscheidend ist, ob die Merkmale stimmhaft bzw. stimmlos vorhanden sind oder ob es Schnalzlaute gibt (vgl. König 1994, 35).

3 Sprachgenealogie

Aus einer sprachhistorischen Sichtweise lassen sich Gemeinsamkeiten von Sprachen, die eine gemeinsame Herkunft haben, beschreiben. Diese werden in Sprachfamilien zusammengefasst, die sich in Sprachzweige und Einzelsprachen gliedern. Sprachen, die sich aus einer Einzelsprache entwickelt haben, werden oft als Tochtersprachen bezeichnet. Dabei fußt ein Teil der beschriebenen Verwandtschaftsverhältnisse auf Annahmen und die gegenseitige kulturelle Beeinflussung der Sprachen wird nur teilweise berücksichtigt (vgl. Crystal 1993, 294). So ist z.T. unklar, ob die slawischen Sprachen zur indoeuropäischen Sprachenfamilie gehören oder die vorfindbaren Gemeinsamkeiten das Ergebnis von kultureller Beeinflussung darstellen (vgl. Crystal 1993, 300). Siguan vertritt folgende These:

> „Da die verschiedenen europäischen Sprachen eine gemeinsame Geschichte durchlebt haben, haben sie sich gegenseitig beeinflusst und durch die Bildung einer gemeinsamen Kultur auch gemeinsame Grundzüge entwickelt." (Siguan 2001, 19)

Häufig werden folgende Sprachfamilien unterschieden: altaisch, austro-asiatisch, austronesisch, drawidisch, hamito-semitisch, indoeuropäisch (trad. auch indogermanisch genannt), indopazifisch, kaukasisch, paläosibirisch sowie uralisch (vgl. Crystal 1993, 296 ff.). Die Einteilung der Sprachen des afrikanischen Kontinents ist umstritten. Es gibt in Afrika vermutlich weit über eintausend Sprachen, die oft in vier Hauptfamilien eingeteilt werden (vgl. Crystal 1993, 314).

In Europa dominieren die Sprachen, die der indoeuropäischen Sprachfamilie zuzurechnen sind, aber es gibt auch andere Sprachfamilien. Im Verhältnis zum afrikanischen oder asiatischen Kontinent ist die Sprachenvielfalt in Europa eher klein. Durch die Migrationsbewegungen der letzten Jahrzehnte ist die Sprachenvielfalt jedoch gewachsen und auch Sprachen, die nicht ursprünglich in Europa beheimatet werden, sind inzwischen Teil der europäischen Sprachenvielfalt. Haarmann schlussfolgert: „Die Bevölkerung Westeuropas war nie so multilingual wie heute." (Haarmann 2002, 19).

Alle folgenden Einteilungen beruhen auf sprachwissenschaftlichen Konstruktionen und finden sich in anderen Darstellungen teilweise mit anderen Zuteilungen bzw. Bezeichnungen. Der indoeuropäischen Sprachfamilie können in vereinfachter Form u. a. folgende Sprachen zugeordnet werden[2] (vgl. König 1994, 39):

Sprachzweige	Sprachen
Baltisch	u. a. Lettisch, Litauisch
Germanisch	u. a. Dänisch, Deutsch, Englisch, Färörisch, Isländisch, Letzeburgisch, Norwegisch, Niederländisch, Schwedisch Tochtersprachen: Afrikaans, Jiddisch
Indisch	u. a. Bengali, Hindi, Romani, Sanskrit, Singhalesisch, Urdu
Iranisch	u. a. Kurdisch, Neupersisch (Farsi), Ossetisch, Paschtu, Tadschikisch
Italisch/ Romanisch	u. a. Französisch, Italienisch, Katalanisch, Moldauisch, Portugiesisch, Provenzialisch, Rätoromanisch, Rumänisch, Sardisch, Spanisch
Keltisch	u. a. Bretonisch, Gälisch, Irisch, Walisisch
Slawisch	u. a. Bulgarisch, Kroatisch, Makedonisch, Polnisch, Russisch, Serbisch, Slowakisch, Slowenisch, Sorbisch, Tchechisch, Ukrainisch, Weißrussisch
sonstige Sprachen	u. a. Albanisch, Armenisch, Griechisch

Die Einzelsprachen der indoeuropäischen Sprachfamilie gehörten ursprünglich zu den flektierenden Sprachen, wobei die Flexionseigenschaften teilweise verloren gingen und inzwischen in manchen Bereichen Merkmale isolierender Sprachen aufweisen, z. B. die Rollenverteilung im Satz beim Englischen (vgl. Schmidt 2000, 35). Zudem besitzen diese Sprachen teilweise einen gemeinsamen Wortschatz oder zumindest eine ähnliche Lautgestalt bei gleichwertigen Wörtern (vgl. Schmidt 2000, 38).

Andere wichtige Sprachen in Europa lassen sich genealogisch folgendermaßen einordnen:

Sprachfamilie	Sprachzweig	Sprachen
Uralisch	Finno-Ugrisch	u. a. Estnisch, Finnisch, Saami, Ungarisch
Kaukasisch	Kartvelisch	u. a. Georgisch
Altaisch	Türksprachen	u. a. Türkisch
Hamito-semitisch	Arabisch	u. a. Irakisch, Maltesisch, Marokkanisch

---

[2] Die folgende Übersicht beruht auf Crystal 1993, 298 ff.; König 1994, 39 und Schmidt 2000, 34 ff.

Die Herkunft des Baskischen ist umstritten (vgl. o.A. 2003, 17).[3]

Die sprachliche Vielfalt findet sich bei der Schrift in deutlich geringerem Umfang. Die meisten europäischen Sprachen werden durch das lateinische Alphabet verschriftet. Ein Teil der slawischen Sprachen bedienen sich der kyrillischen Schrift. Daneben gibt es noch Schriftsysteme für das Griechische, das Jiddische, das Armenische und Georgische. Teilweise wird irisches Gälisch in einer eigenen Schrift aufgezeichnet. „Zu den am weitesten verbreiteten außereuropäischen Sprachen in Europa zählen heute Arabisch, Chinesisch und Hindi, jeweils mit eigener Schrift." (o.A. 2003, S. 17).

Literatur

Crystal, David (1993): Die Cambridge Enzyklopädie der Sprache. Frankfurt am Main: zweitausendeins Sonderausgabe.

Dittmann, Jürgen (2002): Der Spracherwerb des Kindes. München: C.H. Beck.

Grewendorf, Günther/Hamm, Fritz/Sternefeld, Wolfgang (1989): Sprachliches Wissen. Frankfurt am Main: Suhrkamp, 3. Auflage.

Haarmann, Harald (2002): Sprachalmanach. Zahlen und Fakten zu allen Sprachen der Welt. Frankfurt am Main: Campus.

König, Werner (1994): dtv-Atlas zur deutschen Sprache. München: dtv 10. Auflage.

Schmidt, Wilhelm (2000): Geschichte der deutschen Sprache. Stuttgart: Hirzel, 8. Auflage.

o.A. (2003): Überblick über die Sprachenvielfalt in Europa. In: Metzing, Dieter (Hg.): Sprachen in Europa. Bielefeld: Aisthesis, S. 13–20.

Siguan, Miquel (2001): Die Sprachen im vereinten Europa. Tübingen: Stauffenberg.

---

[3] Teilweise werden Bezüge zur kaukasischen Sprachfamilie hergestellt (vgl. Siguan 2001, 14).

Die Bedeutung der Erstsprache beim Erlernen der Zweitsprache

STEFAN JEUK

1 Einführung

Es besteht kein Zweifel darüber, dass wir uns einem neuen Lerngegenstand in der Regel auf der Grundlage von bereits Bekanntem und Gelerntem nähern. Dies gilt auch für den Zweitspracherwerb. Es ist jedoch umstritten, wie sich der Rückgriff auf Wissens- und Könnensbestände einer bereits gelernten Sprache bei der Aneignung einer weiteren Sprache im Einzelnen auswirkt. Vermutlich kann die Frage nicht absolut geklärt werden, Grad und Qualität der Zweitsprachbeherrschung sowie Fortschritte im Zweitspracherwerb sind auch vom Alter und von den Lebens- und Lernbedingungen des Lerners abhängig.

Für den Unterricht mit Kindern und Jugendlichen, die Deutsch als Zweitsprache erwerben, ist es von großer Relevanz, ob und inwieweit der didaktisch inszenierte Rückgriff auf Kompetenzen der Erstsprachaneignung die Lerner bei der Aneignung der Zweitsprache unterstützen kann. In der Praxis wird diese Frage höchst unterschiedlich beantwortet und kann in Einzelfällen durchaus zum Verbot des Gebrauchs der Erstsprache im Klassenzimmer oder in der ganzen Schule führen. Abgesehen davon, dass in dieser Diskussion Aspekte der Sprachaneignung mit Fragen der jugendlichen Identitätsbildung vermischt werden, macht es ein Klima des Sprachverbots für den Lerner schwerer, Kompetenzen in seiner ersten oder anderen Sprachen beim Zweitspracherwerb zu nutzen.

Eine häufige Begründung für den Versuch, den Gebrauch der Erstsprache bei der Aneignung der Zweitsprache zu unterbinden, ist die Furcht, dass beim Mischen von Sprachen Fehlbildungen entstehen und dass sich diese verfestigen könnten. Da sich im Kontext des frühen Bilingualismus, also des Erwerbs zweier Sprachen von Geburt an, die Sprachentrennung bewährt hat (eine Person – eine Sprache – Prinzip), wird geschlossen, dass dieses Prinzip auch auf andere Zweitspracherwerbskontexte zu übertragen sei. Dabei wird übersehen, dass Kinder, die zwei Sprachen von Geburt an lernen, schon früh zur Trennung der (grammatischen) Systeme in der Lage sind. Die relativ konsequente Sprachentrennung durch die Bezugspersonen ist damit zu begründen, dass den Kindern die Notwendigkeit, sich zwei Sprachen anzueignen, am besten über verschiedensprachige Kommunikationspartner vermittelt werden kann: Die Kinder müssen erkennen, dass es für sie sinnvoll und richtig ist, zwei statt einer Sprache zu lernen, der Sinn der Sprachentrennung liegt im *motivationalen* Bereich.

Im Folgenden wird die Frage nach dem Stellenwert der Erstsprache bei der Aneignung der Zweitsprache vor dem Hintergrund verschiedener Zweitspracherwerbstheorien erörtert. Dann wird gezeigt, wie sich das Mischen von Sprachen in der Sprachverwendung zeigen kann. Zum Schluss wird der Frage nachgegangen, wie im schulischen Alltag Kompetenzen in der Erstsprache zum Erwerb der Zweitsprache genutzt werden können.

2 Erst- und Zweitsprache im Lichte verschiedener Theorien

Eine der ersten Theorien zum Zweitspracherwerb entstand in den 40 er Jahren (vgl. Huneke & Steinig 1997, 20): Bei der so genannten *Kontrastivhypothese* wird davon ausgegangen, dass beim Lernen einer zweiten Sprache Eigenschaften und Strukturen der Erstsprache (S1) auf die Zweitsprache (S2) übertragen werden. Besteht zwischen S1 und S2 in einem bestimmten Bereich Übereinstimmung, beispielsweise bei der Wortstellung im Aussagesatz, ist eine positive Übertragung (sog. Transfer) zu erwarten. Bei großen Unterschieden sind negative Ergebnisse zu erwarten. Folglich könnte die Art der zu erwartenden Fehler aufgrund des Vergleichs der beteiligten Sprachen vorhergesagt werden. Dies würde bedeuten, dass sich ähnliche Sprachen leichter erlernen lassen als verschiedene. Für Klein (1992, 38) ist die Kontrastivhypothese schlicht falsch: Es konnte bisher nicht gezeigt werden, dass *Kinder* (insbesondere im Vorschulalter) Sprachen, die einander ähnlich sind, leichter lernen, als unterschiedlich strukturierte. Je älter die Lerner werden, desto größer scheint der Einfluss der Erstsprache beim Lernen der Zweitsprache zu werden; beim *schulischen Fremdspracherwerb* zeigt sich häufig, dass Sprachen, die der Erstsprache der Lerner nahe verwandt sind, leichter lernbar sind. Dennoch wird auch hier häufig beobachtet, dass große Differenzen von Sprachen problemlos gelernt werden, andererseits gibt es Fehler auch dort, wo sich Strukturen ähnlich sind. Insofern ist eine starke Version der Kontrastivhypothese, nach der Fehlbildungen von Lernern *allein* aufgrund sprachlichen Transfers erklärt werden können, unwahrscheinlich. So wird z.B. beim Schriftspracherwerb in der Zweitsprache Deutsch beobachtet, dass Kinder, die bereits in der Erstsprache Lesen und Schreiben gelernt haben oder die zweisprachig alphabetisiert werden, einige Rechtschreibfehler begehen, die auf Sprachmischungen zurückzuführen sind (vgl. Belke 2000). Dennoch unterscheiden sich mehrsprachige Schüler an deutschen

Schulen in den meisten Fehlerkategorien *nicht wesentlich* von Schülern mit deutscher Erstsprache, die Mehrzahl der Fehler sind solche, wie sie von einsprachig deutschen Kindern auch gemacht werden (vgl. Fix 2002, 54).

Für den Erwerb zweier Sprachen von Geburt an kann gezeigt werden, dass sich nach einer ersten Phase der Sprachmischungen ab einem Alter von zwei Jahren die grammatischen Systeme beider Sprachen getrennt voneinander entwickeln. Es gibt nur wenige Anzeichen dafür, dass Strukturen und Regeln der einen auf die andere Sprache übertragen werden. Kinder folgen z.B. in der Satzgliedfolge entweder der einen oder der anderen Sprache. In den seltenen Fällen von Sprachmischungen (ca. 5% bis 10%) wird Folgendes beobachtet: Wenn über die Hälfte der Wörter einer Äußerung in einer Sprache sind, folgt die grammatische Struktur der Äußerung den Regeln dieser Sprache ('Gastgebersprache'). Werden Elemente der zweiten Sprache ('Gastsprache') eingefügt, passen sie sich der grammatischen Struktur der Gastgebersprache an („Putzt du deine teeth?"). In der Regel handelt es sich um einzelne Nomen (De Houwer 1995). Diese Strategie wird insbesondere dann genutzt, wenn das Kind ein Wort in der einen Sprache nicht weiß oder nicht präsent hat und sich bei der Wortwahl der anderen Sprache bedient. Es zeigt sich, dass im semantisch-lexikalischen Bereich der Rückgriff auf die verschiede Sprachen eine wichtige Strategie ist. Da der Begriff in der Erstsprache des Lerners bereits aufgebaut ist, muss er in der Zweitsprache nur noch das andere Wort, nicht mehr jedoch das dahinter liegende Konzept erwerben.

Aus diesen Beobachtungen wird die *Annahme der getrennten Entwicklung* formuliert: Die grammatischen Systeme entwickeln sich bei einem Vorschulkind, das zwei Sprachen ausgesetzt wird, im Wesentlichen getrennt voneinander, die semantischen-lexikalischen Systeme sind eng miteinander verwoben. Ein besonderes Augenmerk liegt auf den Kommunikationsbedingungen: In der Regel antworten bilinguale Kinder in der Sprache, in der sie angesprochen werden, die Sprachwahl des Kindes ist durch den Gesprächspartner motiviert. Die Kinder wissen offenbar intuitiv, was sie einem Gegenüber zumuten können. Wenn der Gesprächspartner beide Sprachen versteht, sind die Kinder bei der Sprachentrennung ungenauer als in der Kommunikation mit einem Gegenüber, das nur eine Sprache versteht. Dies bedeutet nicht, dass die beiden Sprachsysteme unabhängig voneinander erworben werden, es wird lediglich angenommen, dass die jeweiligen *grammatischen* Systeme *vorrangig* ihren spezifischen Entwicklungslinien folgen.

Bei der *Interdependenzhypothese* (Cummins 2000) wird angenommen, dass sich eine Zweitsprache auf der Grundlage einer gut erworbenen Erstsprache entwickelt und dass die Zweitsprache von bereits erworbenen Fähigkeiten in der Erstsprache profitiert. Hintergrund ist die Beobachtung, dass Kinder und Jugendliche, die als so genannte Seiteneinsteiger ab einem Alter von 10 oder 12 Jahren eine zweite Sprache in der Schule des Aufnahmelandes erwerben, häufig erfolgreicher beim Zweitspracherwerb sind, als Migrantenkinder, die im Aufnahmeland geboren und aufgewachsen sind. Es wird daraus geschlossen, dass die Seiteneinsteiger ihre Erstsprache im Herkunftsland so erworben haben, dass sie als Grundlage für den Erwerb einer weiteren Sprache dienen kann. Demgegenüber erwerben viele Einwandererkinder, die im Aufnahmeland geboren werden, ihre Erstsprache im Rahmen der familiären Kommunikation, die sprachliche Bildung im Kindergarten dagegen, die Grundlage der schulischen sprachlichen Bildung ist, findet in einer anderen Sprache, nämlich der Zweitsprache Deutsch, statt. Wenn dann die Erwerbsbedingungen nicht optimal sind, kann das Kind die Zweitsprache nicht so erwerben, dass schulische Bildung darauf aufbauen könnte, und die Erstsprache kann mangels institutioneller Förderung ebenfalls nicht als Grundlage von Bildungsprozessen dienen. Dabei muss allerdings beachtet werden, dass allenfalls von einem Trend gesprochen werden kann, im Einzelfall kann der Zweitspracherwerb unter den verschiedensten Bedingungen erfolgreich oder weniger erfolgreich verlaufen.

Die Interdependenzhypothese wird mit der Annahme zweier Dimensionen der Sprachbeherrschung begründet: BICS (Basic Interpersonal Communicative Skills) umfassen die grundlegenden Fertigkeiten der mündlichen Kommunikation. Sie spielen vorwiegend in Alltagssituationen eine Rolle und sind stark kontextgebunden. Mit CALP (Cognitive Academic Language Proficiency) sind sprachliche Fähigkeiten gemeint, die sich als intellektuelle Aktivitäten in der Schule, meist im Zusammenhang mit der Schrift, manifestieren. Sie sind durch dekontextualisierten Sprachgebrauch und Schriftlichkeit gekennzeichnet und bis zu einem gewissen Grad unabhängig von der jeweiligen Sprache. Sie befähigen den Lerner, Sprache als kognitives Werkzeug zu gebrauchen. Die Interdependenzhypothese beansprucht Gültigkeit für die CALP-Dimension, das Erlernen von in CALP enthaltenen Anteilen in der ersten Sprache unterstützt den Erwerb dieser Funktionen in der zweiten Sprache. In verschiedenen Staaten wird beobachtet, dass Kinder, die im Aufnahmeland geboren und eingeschult wurden, relativ mehr Schwierigkeiten im Gebrauch der Sprache des Aufnahmelandes haben, als Kinder, die während der Schulzeit immigrierten. Zugleich erweist sich die Alphabetisierung in der Herkunftssprache als ein entscheidender Faktor für den Schulerfolg zweisprachiger Migrantenkinder (vgl. Siebert-Ott 1999).

Fasst man die verschiedenen Hypothesen zusammen und stellt die jeweiligen empirischen Ergebnisse in Rechnung, scheint sich das folgende Bild zu ergeben: Die Grammatik einer jeweiligen Sprache wird beim Zweitspracherwerb in der Regel *relativ* unabhängig von der Grammatik einer bereits gelernten oder einer parallel zu erwerbenden Sprache beeinflusst. In anderen Bereichen, wie z.B. dem Erwerb der Semantik, in Bezug auf schriftlich-textuelle und andere schulisch-kognitive Fähigkeiten, scheint die Zweitsprache nachhaltig von der Erstsprache zu profitieren. Die verschiedenen Prozesse unterscheiden sich zudem nach dem Alter des Lernenden und dem Lernkontext.

3 Sprachmischungen

Der Einfluss der Erstsprache auf den Erwerb der Zweitsprache zeigt sich unter anderem im Mischen von Sprachen. Das Mischen von Sprachen ist ein Merkmal, das den Erwerb mehrerer Sprachen von einsprachigen Erwerbsprozessen unterscheidet. Die Bewertung von Sprachmischungen wird innerhalb verschiedener Theorien unterschiedlich vorgenommen. In der pädagogischen Praxis gelten sie häufig als zu unterbindende, fehlerhafte Merkmale des Zweitspracherwerbs.

Aus der Sicht der *Kontrastivhypothese* werden Sprachmischungen nur dann positiv bewertet, wenn zielgerechte Strukturen resultieren. Diese einseitige Sichtweise gilt mittlerweile als widerlegt (s.o.). Die Theorie beansprucht Gültigkeit für den grammatischen Bereich, lexikalische, semantische und pragmatische Sprachmischungen bleiben undiskutiert. Sprachmischungen auf der grammatischen Ebene werden der *Annahme der getrennten Entwicklung* zufolge zumindest bei bilingual aufwachsenden Kindern selten beobachtet. Mischungen finden in Form von Einfügungen einzelner Wörter statt, Kinder nutzen es dann, wenn ihnen die sprachlichen Mittel in der einen Sprache im Moment nicht zur Verfügung stehen. Nach der *Interdependenzhypothese* müsste das Mischen von Sprachen auf unterschiedlichen Ebenen als produktive Erwerbsstrategie interpretiert werden: Wenn das Lernen einer zweiten Sprache auf der ersten aufbaut, müssten Mischungen beobachtbare Konsequenzen sein.

Sprachmischungen sind Übertragungen sprachlichen Wissens aus einer Sprache in eine andere Sprache. Dabei wird der Vorgang als Transfer bezeichnet, das Ergebnis als Interferenz. Zu klären ist im Einzelfall, auf welcher Ebene und in welcher Art und Weise sich der Einfluss bereits gelernter Sprachen zeigt und welche Bedeutung dies im Einzelnen für den Lerner hat. Dabei spielt unter anderem eine Rolle, ob es sich um vorübergehende Entlehnungen oder um eine nachhaltige Beeinflussung von Strukturmerkmalen handelt. In dem, was wir als Sprachmischung beobachten, werden nur einzelne Aspekte dieses Prozesses sichtbar. Somit ist Transfer Teil eines systematischen Bemühens des Lerners und fügt sich in die für den Erwerbsverlauf charakteristischen Entwicklungsschritte ein. Es geht nicht um die Frage, ob Transfer notwendig oder unabänderlich ist, sondern um die sprachlichen, kognitiven und erwerbsspezifischen Umstände, durch die der Rückgriff auf die Erstsprache begünstigt wird.

Nach Wode (1992) gilt grundsätzlich, dass beim Transfer die Elemente der beteiligten Sprachen hinreichend ähnlich sein müssen, damit er sich ereignen kann. Das phonologische System ist recht anfällig für Transfer. Aus dem Englischunterricht ist beispielsweise bekannt, dass bestimmte Fehler charakteristisch für Englisch lernende Deutsche im Gegensatz zu Englisch lernenden Franzosen sind. Ein „typisch" französischer Akzent wiederum kann als Interferenz interpretiert werden. Beim sukzessiven Zweitspracherwerb zeigt sich, dass Lautsysteme anfällig für Transfer sind, ab einem gewissem Alter ist es fast unmöglich, Transfer zu vermeiden. Grundsätzlich sind verschiedene Arten des Transfers zu unterscheiden (vgl. Müller u.a. 2007):

1. Bei der Intereferenz i.e.S. werden dieselben morphosyntaktischen Regeln auf zwei Systeme angewendet. Ein 16-jähriger junger Mann, dessen Erstsprache Italienisch ist, äußert z.B.: *Ich habe gehabt Fieber*. Der infinite Prädikatsteil wird vor dem direkten Objekt gebraucht. Dieses Satzmuster lässt sich als Interferenz interpretieren, da im Italienischen der infinite Prädikatsteil im Hauptsatz stets vor dem direkten Objekt steht.

2. Beim *Code-Mixing* oder *Borrowing* werden Wörter, die in der einen Sprache nicht verfügbar sind, aus der anderen Sprache übernommen. Der Lerner greift auf ein Wort aus einer ihm bekannten Sprache zurück, wenn es ihm in der Zielsprache im Moment nicht zur Verfügung steht. Z.B. zeigt ein 4-jähriger Junge mit Türkisch als Erstsprache auf ein Bild und sagt: *Sie hat eine diş fırçası* (= Zahnbürste, vgl. Jeuk 2003). Obwohl es im Türkischen keine Artikel gibt, gebraucht der Junge das korrekte Genus für ein Wort, das ihm nur im Türkischen bekannt ist. Das Türkische Wort passt sich der Struktur des Deutschen an. Durch eine parallele lexikalische Aktivierung und das Bestreben nach Problemlösung wird das Einflechten einzelner Wörter aus der einen in eine andere Sprache zu einer produktiven Strategie. Kinder nutzen dieses Verhalten als „strukturellen Steigbügel" (Tracy 1996, 87), indem sie die ihnen zur Verfügung stehenden Mittel systematisch einsetzen.

3. Beim *Code-Switching* wird in Abhängigkeit von der Situation, dem Interaktionspartner und dem Gesprächsthema gezielt und bewusst zwischen den beiden Sprachen gewechselt.

Die Bewertung von Sprachmischungen als Fehler oder als kreatives Übergangsphänomen ist von vielen Faktoren abhängig. Kinder und Jugendliche, die in deutschen Kindergärten und Schulen Deutsch als Zweitsprache erwerben, stehen alle vor der Schwierigkeit, sich die *deutsche* Sprache aneignen zu müssen. Viele nicht zielsprachliche Bildungen dieser Lerner können als Übergänge und Zwischensprachen zur zielsprachlichen Sprachbeherrschung interpretiert werden. Im Kindergarten- und Grundschulalter kann beobachtet werden, dass bei der Aneignung der Grammatik des Deutschen die meisten Kinder ähnliche Erwerbsschritte vollziehen, die auch mit Phasen übereinstimmen, die Kinder mit Deutsch als Erstsprache durchlaufen (vgl. Grießhaber 2005). Interferenzen auf der grammatischen Ebene werden zwar beobachtet, stellen aber eine Minderheit der Fehlbildungen dar. Rösch (2003, 213) stellt eine Reihe von Stolpersteinen auf, die für alle Lerner des Deutschen im Wesentlichen dieselben sind. Dazu gehören vor allem das deutsche Genus- und Kasussystem und die Adjektivdeklination, der Gebrauch der Präpositionen sowie der Gebrauch der unregelmäßigen und der trennbaren Verben. Auch jugendliche Lerner scheinen sich eher an den Erwerbsreihenfolgen im Erstspracherwerb als am Fortschreiten des Sprachunterrichts in der Schule zu orientieren: Diehl u.a. (1999) zeigen anhand von Analysen bei Schweizer Jugendlichen, die in Genf in der Schule Deutsch als Fremdsprache lernen, dass die Entwicklungssequenzen sehr große Ähnlichkeit mit Phasen haben, die Kinder mit Deutsch als Erstsprache durchlaufen. Ein Grammatikunterricht (in der Fremdsprache Deutsch), der anderen Entwicklungssequenzen folgt, scheint zum Scheitern verurteilt.

Das bedeutet nicht, dass die Grammatik der Erstsprache beim Zweitspracherwerb keine Rolle spielt. Haberzettl (2005) zeigt anhand der Analyse von Äußerungen russischer und türkischer Grundschulkinder, dass die Erwerbsgeschwindigkeit bestimmter Eigenschaften des Deutschen durchaus von der Erstsprache der Lerner abhängt. So haben Kinder mit Türkisch als Erstsprache die Verbendstellung in deutschen Nebensätzen schneller erworben als Kinder mit Russisch als Erstsprache, da im Türkischen die Verbendstellung die Regel ist. Das Beispiel zeigt, dass auch beim Grammatikerwerb die Erstsprache eine Basis darstellen kann, von der aus die Lerner sich der Zweitsprache nähern. An den prinzipiellen Erwerbsschritten in der Zweitsprache Deutsch scheint dies jedoch wenig zu ändern, wie verschiedene aktuelle Untersuchungen zeigen (vgl. Ahrenholz 2006).

4 Zur Interpretation von Sprachmischungen

Wie schwierig Transferleistungen zu deuten sind, zeigt Tracy (1996, 80): Die Äußerung eines Kindes *I eat sometimes candy* könnte als Transfer aus dem Deutschen interpretiert werden. Die Äußerung stammt jedoch von einem einsprachigen Kind. Ebenso könnte die Äußerung eines bilingualen Kindes *When comes my mother?* als Transfer aus der deutschen Struktur des Satzes *Wann kommt meine Mutter?* interpretiert werden. Ebenfalls denkbar wäre jedoch eine Übergeneralisierung englischer Fragestrukturen in Analogie zu *Where is the train?* (vgl. Kohn 1990, 149 ff.). Die beobachtbaren Fehler geben nur vage Hinweise auf zu Grunde liegende Transferprozesse.

> „Dies heißt freilich nicht, dass solche Äußerungen, wären sie denn von bilingualen Kindern produziert worden, *nicht* auf eine Interaktion der beiden Sprachen zurückgeführt werden könnten. Es bedeutet lediglich, dass ein solcher Schluss keineswegs zwingend ist" (Tracy 1996, 81).

Aufgrund der großen Strukturunterschiede zwischen Deutsch und Türkisch sollte man z.B. annehmen, dass Transferphänomene beim Zweitspracherwerb relativ einfach zu interpretieren sind. Dass dies nicht der Fall ist, kann an einem Beispiel gezeigt werden: Meixner (2000) geht davon aus, dass Kinder mit Türkisch als Erstsprache beim Deutschlernen den Infinitiv ans Ende des Satzes setzen, weil dies der Struktur im Türkischen entspreche. Als Beispiele dienen folgende Äußerungen von türkischen Schulanfängern (Meixner 2000, 86):

Er was essen.
Er eine Flasche Limonade haben.
Er kommen und die Flasche Limonade trinken.

Bei dieser Interpretation wird übersehen, dass es keine türkischen Satzmuster *Infinitive am Satzende* gibt (vgl. Böttle & Jeuk in diesem Band), sehr wohl aber deutsche Satzmuster, etwa Modalsätze. Näher liegend wäre beispielsweise die Annahme, dass es sich um Verkürzungen der folgenden zielsprachlichen Äußerungen handelt:

Er *will* etwas essen.
Er *will* eine Flasche Limonade trinken.
Er *will (wird / tut)* kommen und die Flasche Limonade trinken.

Ein Einfluss der Erstsprache auf die Fehlbildung könnte darin bestehen, dass es im Türkischen keine Zweiteilung des Prädikats gibt und der linke Teil der Prädikatsklammer im Deutschen ausgelassen wird. Interessanterweise verwenden auch deutsche Kinder im Erstspracherwerb den Infinitv in Endstellung, meist in Zwei- und Dreiwortäußerungen (mit 2 bis 2;6 Jahren). Es werden die Elemente ausgelassen, die nicht Träger wichtiger Informationen sind, z.B. Modalverben. Die Beispiele zeigen, wie schwierig die Interpretation von Äußerungen aufgrund kontrastiver Analysen ist. Dies hängt damit zusammen, dass Transfer stets mit anderen Faktoren verknüpft ist (Wode 1992). Sicherheit in Bezug auf die Interpretation kann nur gewonnen werden, wenn die vom Kind gebildete Struktur, die von uns als falsch wahrgenommen wird, eine eindeutige Entsprechung in der Herkunftssprache hat, und zwar auf allen Strukturebenen.

5   Didaktische Konsequenzen

Die nachstehenden Überlegungen bauen auf folgenden Grundsätzen auf: Sprachmischungen sind kein Zeichen von Sprachdefiziten sondern von Sprachkompetenzen. Sie sind häufig sowohl kreativ als auch konstruktiv. Sprachmischungen erfüllen eine wichtige identitätsstiftende Aufgabe im Leben der Kinder und Jugendlichen. Die Gefahr, dass das Mischen von Sprachen den Zweitspracherwerb negativ beeinflusst, beispielsweise beim Erwerb der Grammatik, ist als gering einzustufen. Die Möglichkeit, dass das Einbringen und die Wertschätzung der Erstsprache den Erwerb der Zweitsprache fördern und unterstützen kann, namentlich beim Wortschatz- und Bedeutungserwerb sowie bei der Schriftaneignung, ist als sehr hoch einzuschätzen. Eine stabile Erstsprache fördert und erleichtert den Aufbau einer Zweitsprache, die Fähigkeit zur sprachlichen Analyse wird verbessert, die sprachliche Kreativität gefördert und die verbale und nonverbale Intelligenz positiv beeinflusst. Zudem ist die affektive Komponente ein entscheidender Faktor: Der Einbezug der Familiensprache wirkt sich auf das Selbstbild, die Einstellung zur eigenen Gruppe und die Motivation aus. Wenn Kinder spüren, dass ihre Vorkenntnisse gewürdigt werden, öffnen sie sich eher der für sie fremden Sprache (vgl. Cummins 2000, 187).

Eine gute Ausgangslage ist in bilingualen Klassen gegeben, bei denen zwei Sprachen nebeneinander stehen und die Schülerinnen und Schüler jeweils eine der beiden Sprachen lernen müssen. In der Regel sind die Unterrichtsfächer gleichberechtigt auf die Sprachen verteilt. In einer Reihe von Studien konnte gezeigt werden, dass bilingualer Unterricht am besten in der Lage ist, migrationsbedingte Benachteiligung zu vermeiden und mehrsprachigen Kindern und Jugendlichen die Möglichkeit zu geben, ihre Kompetenzen in der Familiensprache aktiv zur Aneignung der Umgebungssprache zu nutzen (vgl. Siebert-Ott 2001).

In Klassen mit Kindern und Jugendlichen mit mehreren verschiedenen Herkunftssprachen ist die Aufgabe komplexer. Da in der Klasse viele Sprachen gesprochen werden, müssen andere Wege gefunden werden, diese in den Unterricht einzubeziehen. Hier bietet die Interkulturelle Pädagogik einen Rahmen, in den diese Überlegungen eingebettet werden können: Interkulturelle Pädagogik hat zum Ziel, Kinder darin zu unterstützen, weltoffen und kulturell aufgeschlossen zu werden und solidarisch und verantwortungsbewusst handeln zu lernen (vgl. Schader 2000, 40 ff.). Dabei geht es um die Gleichberechtigung von Menschen in verschiedenen Lebenswelten, kulturelle Vielfalt wird zum Ausgangspunkt des Lernprozesses gemacht. Im Vordergrund stehen dabei die Sprachkompetenzen der Kinder. Diese sollten sich in einer Umgebung entfalten können, die durch die Wahrnehmung und Wertschätzung von Heterogenität und Differenzen geprägt ist. Dabei kommt Lehrerinnen und Lehrern die Rolle von Kulturvermittlern zu. Für eine solche Art der Sprachförderung wurden in den letzten Jahren verschiedene Modelle entwickelt, die sich nur langsam in der pädagogischen Praxis verbreiten:

Belke (2000) entwirft für den Deutschunterricht ein Konzept, in dessen Mittelpunkt die Beziehung zwischen den Sprachen steht. Elemente des Arbeitsbereichs Deutsch als Zweitsprache werden stärker in den Deutschunterricht einbezogen. Ein zentrales Moment ist hierbei das Sprachspiel. Es bietet zum einen die Möglichkeit über spielerische Übungsformen grammatische Muster des sprachlichen Gebrauchs einzuüben und über Sprache nachzudenken, zum anderen ermöglicht es das sanktionsfreie Ausprobieren. In Sprachspielen ist außerdem die Möglichkeit gegeben, durch den Sprachvergleich Sprachbewusstsein aufzubauen. Beispielsweise können Wörter aus verschiedenen Sprachen in einfache Gedichte eingebaut werden, um auf Reimstrukturen aufmerksam zu machen. Im Bereich des Schriftspracherwerbs können Fehlschreibungen von Kindern, die aufgrund ihrer anderen Sprache zu Stande kommen, zum Ausgangspunkt der Phonemanalyse gemacht werden. Hierzu passt das Material von Büchner & Dirim (2003): Ausgehend von Anlauttabellen in verschiedenen Sprachen (Türkisch, Englisch, Russisch, Polnisch, Spanisch, Italienisch) bietet es eine Reihe von Sprachspielen und Spracherfahrungen, bei denen die Kinder ihre Sprachen in das Erlernen der Schrift einbringen können.

Schader (2000) legt eine Reihe von Vorschlägen vor, wie Mehrsprachigkeit und Interkulturalität in mehrsprachigen Klassen gefördert werden kann. Z.B. sollen Lehrerinnen und Lehrer nach Begriffen und Wörtern in der Herkunftssprache der Kinder fragen und somit das Bewusstsein für verschiedene Klang- und Bedeutungsstrukturen bei allen Schülerinnen und Schülern stärken. Die Anwesenheit von Texten und Büchern in verschiedenen Sprachen im Klassenzimmer fördert nicht nur die Lesemotivation, sondern begünstigt auch Sprachanlässe und die Auseinandersetzung mit der Sprachenvielfalt. Teilaspekte der Lesefähigkeit können bei Kindern mit schwachen Deutschkenntnissen auch anhand muttersprachlicher Texte geübt werden. Dasselbe gilt für den schriftlichen Ausdruck. Hier bietet sich eine enge Kooperation mit dem muttersprachlichen Lehrer an. Bei der Sprachbetrachtung kann durch Bezugnahme, Nachfragen und Vergleichen das Bewusstsein für sprachliche Strukturen geschärft werden. Dies eröffnet neue Perspektiven für den Arbeitsbereich „Sprachbewusstsein entwickeln" (vgl. Oomen-Welke 2003). Hierzu zwei Beispiele:

Bereits in der zweiten Klasse können Kinder Wörter in ihre Bestandteile zerlegen und verändern sowie neue Wörter bilden. Verschiedene Sprachen bieten verschiedene Möglichkeiten: Im Deutschen können z.B. durch Komposition aus selbstständigen Nomen nahezu unbegrenzt neue Wörter gebildet werden (*Bodenseedampfschifffahrtsgesellschafskapitän…*). In anderen Sprachen ist dies nur eingeschränkt möglich: Im Französischen z.B. wird auf Genitivstrukturen zurückgegriffen (*porte de la maison = Haustür*), was eine Konstruktion wie die obige unmöglich macht. Im Türkischen ist die Möglichkeit zwar gegeben, am Grundwort wird jedoch ein Deklinationspartikel angehängt (*Bebek = Baby, araba = Wagen, bebekarabası = Kinderwagen*). Wenn Kinder verschiedener Sprachen nun die Gelegenheit erhalten, im Unterricht Wortkompositionen zu übersetzen und dann auf Bildungsprinzipien aufmerksam zu werden, dient dies der Förderung der Sprachbewusstheit aller Kinder.

Ähnlich kann im Hinblick auf die Bewusstmachung grammatischer Strukturen im Deutschen gearbeitet werden. Durch den Sprachvergleich erhalten Schülerinnen und Schüler verschiedener Herkunftssprachen die Gelegenheit, Unterschiede und Gemeinsamkeiten wahrzunehmen. Damit eröffnen sich neue Möglichkeiten, Strukturen des Deutschen zu lernen. Einsprachig deutschen Schülerinnen und Schülern kommt die Aufgabe zu, die Strukturen zu erklären. Dies dient unmittelbar dem Aufbau einer differenzierten Sprachbewusstheit. Der Sprachvergleich kann am Beispiel der Verbklammer, die eine Besonderheit des Deutschen darstellt, gezeigt werden:

Sprachen mit Verbklammer	Andere indoeurop. Sprachen	Andere Sprachen
Deutsch: *Ich __bin__ in die Schule __gegangen__*	Norwegisch: *Yeg __har gått__ til skolen*	Türkisch: *Ben okula __gitdim__* *(Ich Schulenach __gegangenbin__)*
	Englisch: *I __have gone__ to school*	
	Französisch: *Je __suis allé__ à l'école*	Ungarisch:
	Spanisch: Yo __he ido__ al instituto	*__Elmetem__ az iskolába* *(__Gegangen__(ich) die Schulein)*
	Kroatisch: *__Isao__ šam u skolu* *(__Gegangen bin__ in Schule)*	

Bei Jugendlichen stellt sich das Problem der Bewertung von Mischäußerungen in besonderer Weise, weil diese mitunter bewusst eingesetzt werden, um sich abzugrenzen. LehrerInnen reagieren darauf häufig ablehnend, eben weil sie sich ausgegrenzt fühlen, was dieses Verhalten unter Jugendlichen verstärken kann. Mit einer größeren Offenheit von Seiten der Lehrerkräfte den Sprachen gegenüber werden auch diese Abgrenzungsbemühungen weniger. Zudem muss unterschieden werden, wann und zu welchem Zweck SchülerInnen ihre Sprachen verwenden. Ist es in Pausengesprächen, in Nebenhergesprächen im Unterricht oder dient es der Verständigung im Unterricht? Dirim (1998) kann zeigen, dass ein Großteil der Nebenhergespräche im Unterricht, die mehrsprachige Kinder untereinander führen und bei denen sie ihre Erstsprache einsetzen, unterrichtskonstituierend sind, indem ein Schüler z.B. einem anderen etwas erklärt, das dieser (in der deutschen Sprache) nicht verstanden hat.

Die pädagogischen Entwicklungsaufgaben, Deutsch zu lehren und die Mehrsprachigkeit wertzuschätzen, haben gute Erfolgsaussichten, wenn beides miteinander verknüpft wird, da durch die Wertsschätzung der gemischtsprachigen Identität die Sprachlernmotivation nachhaltig gefördert wird.

Literatur

Ahrenholz, Bernt (Hg.) (2006): Kinder mit Migrationshintergrund. Spracherwerb und Fördermöglichkeiten. Freiburg: Fillibach.

Belke, Gerlind (2001): Mehrsprachigkeit im Deutschunterricht. Baltmannsweiler: Schneider.

Büchner, Inge/Dirim, Inci (2001): Spiel mit Sprachen. Hamburg: VpM.

Cummins, James (2000): Language, Power and Pedagogy. Clevedon: Multilingual Matters.

De Houwer, Annik (1995): Bilingual Language Acquisition. In: Fletcher, Paul/ MacWhinney, Brian: Handbook of Child Language. Oxford.

Dirim, Inci (1998): „Var mi lan Marmelade?" Türkisch-deutscher Sprachkontakt in einer Grundschule. Münster: Waxmann.

Diehl, Erika, u.a. (2000). Grammatikunterricht: Alles für der Katz? Untersuchungen zum Zweitspracherwerb Deutsch. Tübingen: Niemeyer.

Fix, Martin (2002): „Die Recht Schreibung ferbesern" – Zur orthographischen Kompetenz in der Zweitsprache Deutsch. In: Didaktik Deutsch 12/02, S. 39–55.

Grießhaber, Wilhelm (2005): Sprachstandsdiagnose im kindlichen Zweitspracherwerb: Funktional-pragmatische Fundierung der Profilanalyse. [online]: http:// spzwww.uni-muenster.de/~griesha/pub/tprofilanalyse-azm-05.pdf (Stand: 02.07.2007).

Haberzettl, Stefanie (2005): Der Erwerb der Verbstellungsregeln in der Zweitsprache Deutsch durch Kinder mit russischer und türkischer Muttersprache. Tübingen: Niemeyer.

Huneke, Hans W./Steinig, Wolfgang (1997): Deutsch als Fremdsprache. Berlin: Schmidt.

Jeuk, Stefan (2003): Erste Schritte in der Zweitsprache Deutsch. Eine empirische Untersuchung des Spracherwerbs türkischer Migrantenkinder in Kindertageseinrichtungen. Freiburg: Fillibach.

Klein, Wolfgang (1992): Zweitspracherwerb, 3. Auflage. Königstein: Athenäum.

Müller, Natascha, u.a. (2007): Einführung in die Mehrsprachigkeitsforschung. Tübingen: Narr.

Kohn, Kurt (1990): Dimensionen lernersprachlicher Performanz. Tübingen: Narr.

Meixner, Johanna (2000): „Kamele schlafen in der Luft": Selbstorganisation und Lernersprachen. In: Wendt, Michael (2000): Konstruktion statt Instruktion. Fankfurt: Lang, S. 81–97.

Oomen-Welke, Ingelore (2003): Entwicklung sprachlichen Wissens im mehrsprachigen Kontext. In: Bredel, Ursula, u.a. (Hrsg.): Didaktik der deutschen Sprache, Band 1. Paderborn: Schöningh, S. 452–463.

Rösch, Heidi u.a. (2003): Deutsch als Zweitsprache. Braunschweig: Schrödel.

Schader, Basil (2000): Sprachenvielfalt als Chance. Zürich: Orell Füssli.

Siebert-Ott, Gesa (1999): Zweisprachigkeit und Schulerfolg. Die Wirksamkeit von schulischen Modellen zur Förderung von Kindern aus zugewanderten

Sprachminderheiten. Ministerium für Schule und Weiterbildung des Landes Nordrhein-Westfalen.

Tracy, Rosemarie (1996): Vom Ganzen und seinen Teilen. Überlegungen zum doppelten L1 Erwerb. In: Sprache & Kognition 15, S. 70–92.

Wode, Henning (1992): Psycholinguistik. Eine Einführung in die Lehr- und Lernbarkeit von Sprachen. Ismaning: Hueber.

Albanisch[1]

BASIL SCHADER

1 Vorbemerkung[2]

Ein systematischer Sprachvergleich von Albanisch und Deutsch fehlt m.W. sowohl in der albanischen wie auch in der deutschen Literatur. Teilaspekte behandelt Poda, weitere Hinweise finden sich integriert in den wenigen Lehrbüchern und Grammatiken (Hetzer-Finger 1992, Buchholz/Fiedler 1987 u.a., vgl. Bibliografie). Rudimentär und z.T. fehlerhaft ist der als Handreichung für Lehrpersonen gedachte Sprachvergleich von Rieder 2000.

Im Sinne eines authentischen Einblicks wird an den Anfang eine Textprobe in Wort-für-Wort-Übersetzung gestellt, um dann nach einer allgemeinen Charakteristik des Albanischen detaillierter auf die Bereiche Phonem- und Graphemsystem, Morphlogie und Syntax einzugehen.

2 Strukturvergleich: Textprobe

Die folgende wörtliche Übersetzung eines albanischen Textes (aus Agolli 1999) ins Deutsche soll einen konkreten Einblick in die strukturellen Unterschiede der beiden Sprachen geben.[3] Der Text ist in tabellarischer Form dargestellt und spaltenweise von oben nach unten zu lesen.

Legende zu den Klammern

( ) = Angaben zu grammatikalischen Kategorien

[ ] = Angaben zu unübersetzbaren Lexemen (Konjunktivpartikel, Adjektivartikel)

{ } = Wortfolgen, denen in der Originalsprache nur ein Wort entspricht.

---

[1] Der Text stellt eine stark gekürzte Fassung von Schader 2006: 41–68 dar. Hauptsächliche Quellen: Akademia 1995/97, Beci 2000, 2001; Buchholz/Fiedler 1987, Demiraj 1988 und 1993, Elsie 1997, Gjinari/Shkurtaj 2000, Mansaku 2001, Shkurtaj/Hysa 1996, Thomai 2002.

[2] Die Rechtschreibung dieses Beitrags orientiert sich an den in der Schweiz üblichen orthographischen Konventionen.

[3] Die Darstellung ist modifiziert nach der von Wendt für das Fischer-Lexikon Sprachen gewählten Schilderung.

Kryetari	Vorsitzender-der	me	mit	ri.	jung.
im	mein	vete	selbst	Kjo	Diese
flokët	Haare-die	një	eine	është	ist
i	sie (Akk. Pl.)	lloj	Art	një	eine
ka	hat	boje,	Farbe [Ablativ] [4]	punë	Arbeit
të	[Adj.-Artikel Pl.]	e	[Adj.-Artikel fem.]	e	[Adj.-Art. fem.]
thinjur	ergraute	cila	welche	kote,	vergebene,
po,	aber,	e	ihn	se	denn
kur	als	ndihmon	hilft	atij	diesem
pat dalë	hatte hinausgegangen (Aorist II) [5]	për	für	i	ihm
një	ein	t'	[Konjunktivpartikel]	kanë	haben (3. Pl.)
herë	Mal	u	[Partikel für Mediopassiv] [6]	hije	Schatten
jashtë	ausserhalb	dukur	geschienen	thinjat (...)	{grauen Haare}-die (...)
shtetit	Staates-des	më	mehr		
pat sjellë	hatte gebracht (Aorist II)	i	[Adj.-Artikel männl. Sg.]		

(Mein Vorsitzender hat graue Haare, aber, als er einmal ausser Landes war, hatte er eine Art Farbe mitgebracht, die ihm jetzt hilft, jünger zu scheinen. Das ist eine nutzlose Sache, denn die grauen Haare stehen ihm gut).

3 Sprachtypologische Charakteristik

Albanisch ist eine indoeuropäische Sprache; es stellt innerhalb dieser Familie einen eigenen Zweig ohne Verwandte dar. Es wird von ca. 7 Millionen Menschen vor allem in Albanien (3,4 Mio), Kosovo, Makedonien, Südserbien, Montenegro und Griechenland (in der Tschameri, d.h. im Westepirus) gesprochen. Dazu kommen

---

[4] Kasus mit eher adverbialer Funktion.

[5] Verbform, die abgeschlossene Handlungen kennzeichnet.

[6] Passivartige Mittelkonstruktion, z.B. im Deutschen *Das Buch liest sich gut.*

als Folge historischer Migrationswellen isolierte Minderheiten, die ihre Sprache z.T. über Jahrhunderte erhalten haben: die Arvaniten in Griechenland (ab 14. Jh.), die Arbëreshen in Süditalien (ab 15. Jh.), weitere Gruppen in der Türkei, Bulgarien, der Ukraine und den USA. Durch die Migration der letzten Jahrzehnte lebt rund eine Million Albanerinnen und Albaner in verschiedenen, v.a. süd- und westeuropäischen Staaten.

Albanisch zählt zu den ältesten Balkansprachen. Seine Herkunft aus der Sprache der Illyrer, die bereits zu Beginn des 2. Jahrtausends v. Chr. in den Balkan einwanderten, ist kaum mehr bestritten. Allerdings ist die Quellenlage angesichts des weitgehenden Fehlens von Belegen für das antike Illyrische schlecht. Angenommen wird, dass von Albanisch als eigenständiger Sprache vom 7./8. Jahrhundert an gesprochen werden kann. Früheste albanische Schriftbelege finden sich vom 15. Jahrhundert an (Formula e pagëzimit, 1462). Bei einem angeblich aus dem Jahr 1210 stammenden Beleg (Handschrift des Theodorus Scodranus) dürfte es sich um eine Fälschung handeln.

Die albanische Sprache teilt sich in die zwei Hauptdialekte Toskisch und Gegisch, die ihrerseits je eine Reihe von Unterdialekten besitzen. Die Grenze der Hauptdialekte verläuft etwa entlang dem Fluss Shkumbin südlich von Tirana. Der Süden spricht Toskisch, der Norden – und damit der grösste Teil der albanischen Migration in Westeuropa – Gegisch. Die beiden Dialekte unterscheiden sich durch eine Reihe phonologischer, morphologischer und syntaktischer Phänomene (vgl. Gjinari/Shkurtaj 2000; Pani 2007, 294–300 und 304–308).

1972 wurde eine vereinheitlichte Schrift- und Standardsprache (die gjuha letrare shqipe e njësuar) geschaffen, in der allerdings der Einfluss des Toskischen vorherrscht. Dies führte und führt seitens des gegischsprachigen Kosovo immer wieder zu Widerständen bzw. zur Forderung, die standardsprachlichen Normen zu überdenken und neu zu definieren.[7] Insbesondere bei bildungsferneren Dialekt- bzw. Gegischsprechenden haben die teilweise prägnanten Unterschiede zwischen Dialekt und Standardsprache Probleme im Umgang mit letzterer zur Folge. – Ein eigenes Alphabet (auf der Basis lateinischer Grapheme) besitzt das Albanische seit 1908, vorher wurde es je nach kultureller Orientierung des Autors in lateinischer, griechischer oder arabischer Schrift geschrieben, daneben gab es punktuell einige lokal verbreitete Alphabete.

---

[7] Das Spektrum der Forderungen reicht von gemässigten Vorschlägen (Anerkennung des gegischen Infinitivs) bis hin zur Frage, ob für Kosova nicht eine eigene Schriftsprache zu schaffen sei.

Sprachtypologisch zählt Albanisch zur Gruppe der Satemsprachen [8]. Sein Bau ist synthetisch-analytisch, wobei die synthetische Komponente dank eines differenzierten Systems von morphologischen Markierungen stärker ist als im Deutschen. Im Deklinationssystem verfügt das Albanische gegenüber dem Deutschen zusätzlich über den Ablativ, im Verbalbereich über eigene, nicht zusammengesetzte Formen für Aktiv und (Medio-) Passiv, für die Modi Optativ [9] und Admirativ [10] und für die Zeitform Aorist, welche die Abgeschlossenheit einer Handlung markiert. Von den ursprünglich drei Genera ist das Neutrum nunmehr mit einer geringen Anzahl alter Wörter vertreten.

Der Wortschatz des Albanischen spiegelt die 2000-jährige Besatzungsgeschichte der albanischen Siedlungsgebiete. In verschiedenen historischen Schichten haben sich griechische, lateinische, türkische, südslawische, italienische und neuerdings auch englische Einflüsse eingelagert. Nur wenig betroffen wurde dabei die Morphologie. Bemerkenswert ist, dass die albanische Sprache sich über diese ganze Zeit überhaupt lebendig erhalten hat.

Albanisch weist einige sprachtypologische Gemeinsamkeiten mit anderen Balkansprachen (Bulgarisch, Rumänisch, Griechisch) auf, so etwa das Fehlen des Infinitivs, den nachgestellten Artikel, die Bildung der Zukunftsform mit dem Hilfsverb *do* (wollen) oder die Objektverdoppelung (s.u.).

4 Phonemsystem

Der Vokalbestand des Albanischen umfasst sieben Phoneme, einen Halbvokal (j) sowie diverse Di- und Triphtonge, die aber nicht als eigene Phoneme aufgefasst werden: *ua, ue, ye, ie (je), uaj, yej, iej (jej)*. Gegenüber dem Standardalbanischen sind im Gegischen manche Vokale dunkler (betontes ë wird oft zu â) und finden sich weitere Veränderungen (z.B. wird *-or* oft zu *-uer, -ua* zu *-ue*).

Die Vokale können unterschiedliche Quantitäten haben (Länge/Kürze; besonders ausgeprägt in den gegischen Mundarten). Im Gegensatz zum Deutschen spielt die Vokalquantität, also kurz oder lang gesprochene Vokale, hinsichtlich der Bedeutungsunterscheidung eine untergeordnete Rolle. Sie wird schriftsprachlich nicht markiert.

---

[8] Einem Zweig der indoeuropäischen Sprachenfamilien, die im östlichen Verbereitungsgebiet angesiedelt wird und sich von den im westlichen Verbreitungsgebiet entstandenen Kentumsprachen nach Ansicht einiger Sprachforscher in einigen Merkmalen unterscheidet.

[9] Verbform, die den Modus eines Wunsches ausdrückt.

[10] Verbform, die den Modus des Erstaunens ausdrückt.

Der Konsonantenbestand des Albanischen umfasst 28 Einheiten (+ *j* als Halbvokal; vgl. die Übersicht bei Schader 2006, 48). Gegenüber der Standardvariante unterscheidet sich das Gegische u.a. durch das Ausbleiben des Rhotazismus, also dem fehlenden Wechsel von anderen Konsonaten zu einem *r*-Laut, in innervokalischer Stellung (Bsp. *anmik* statt *armik*, der Feind; *zâni* statt *zëri*, die Stimme; vgl. Pani 2007, 294–296).

Intonation: Im Albanischen ist der Wortakzent grundsätzlich frei, er liegt aber bevorzugt auf der Paenultima[11] (bezogen auf die bestimmte Form des Nominativ Singular bei Nomen und auf die 3. Person Plural Präsens Indikativ Aktiv bei Verben). Seine Stellung verändert sich durch angefügte Flexionsmorpheme nicht. Der Satzakzent liegt auf dem letzten Wort; die Satzmelodie ist eher einförmig.

5 Graphemsystem

Das 1908 geschaffene albanische Alphabet umfasst die folgenden 36 Grapheme bzw. Graphemkombinationen: *a, b, c, ç, d, dh, e, ë, f, g, gj, h, i, j, k, l, ll, m, n, nj, o, p, q, r, rr, s, sh, t, th, u, v, x, xh, y, z, zh.*

Die folgenden Grapheme des albanischen Alphabets fehlen im Deutschen:

ç (entspricht deutschem <tsch>);

dh (stimmhaftes th wie in Englisch „that");

ë (in betonter Stellung wie offenes <ö>, in unbetonter schwach oder z.T gar nicht ausgesprochen);

gj (ähnlich <dj>),

ll (wie das „dicke" Kölner <l>);

nj (vgl. <ñ> in Span. „mañana"),

rr (gerolltes <r>);

sh (entspricht deutschem <sch>);

th (wie stimmloses <th> in Englisch „the");

xh (stimmhaftes <dsch>);

zh (stimmhaftes <sch>, im Deutschen nur in Fremdwörtern wie „Journal").

Die Lautwerte der folgenden Grapheme unterscheiden sich in Albanisch und Deutsch ganz oder teilweise:

c (im Albanischen immer [ts], im Deutschen [k] oder [ts]);

q (im Albanischen ein Laut zwischen <tj> und <tschj>), im Deutschen nur in Verbindung mit <u>, Lautwert [kv]);

---

[11] Bezeichnung für die vorletzte Silbe, auf die bei Zweisilbern die Betonung fällt.

v (im Albanischen nur stimmhaft ([v] wie deutsches <w>);
x (im Albanischen stimmhaftes [dz], im Deutschen [ks]);
y (im Albanischen immer [y] (<ü>);
z (im Albanischen stimmhaftes <s>, im Deutschen [ts]).

6   Hinweise zur Orthographie

Die im Deutschen übliche Markierung der Vokalquantität (Dehnungs-*h*, -*ie*(*h*), Konsonanten- oder Vokalverdoppelung etc.) ist im Albanischen unbekannt. <ll> und <rr> sind eigenständige Grapheme und keine Verdoppelungen in diesem Sinne.

Im Albanischen gilt Kleinschreibung; Ausnahmen sind der Satzbeginn und Eigen-, Städte- und andere Namen.

7   Morphologie

7.1   Deklinabilia [12]

Allgemeines

Genus: Das Albanische hat an sich drei Genera. De facto ist aber von zwei Geschlechtern (männlich und weiblich) zu sprechen. Die Neutra beschränken sich auf wenige alte Einzelwörter, die meist als Maskulina behandelt werden (Bsp. *drithë*, -*t* (n.) bzw. *drithë*, -*i* (m.): Getreide) und auf substantivierte Adjektive und Partizipien.

Kasus: Das Albanische verfügt über die fünf Fälle Nominativ, Genitiv, Akkusativ, Dativ und Ablativ und über die Numeri Singular und Plural.

Bestimmtheit/Unbestimmtheit: Im Albanischen wird die bestimmte Form durch den angehängten Artikel bzw. die Artikelendung angegeben (Bsp. *burr*: ein Mann; *burri*: der Mann). Für die bestimmte und die unbestimmte Form bestehen zwei unterschiedliche Deklinationsreihen.

Nomen

Genus: Das Genus kann nicht a priori aus der Lautgestalt des Wortes erschlossen werden. Bestimmte Typen männlicher Nomina wechseln im Plural ihr grammatisches Genus und werden weiblich (sog. Heterogenität).

---

[12] Merkmale der deklinarbaren Wortarten.

Pluralbildung: Die Pluralbildung folgt bestimmten Regeln, welche aber nur einge-schränkte Gültigkeit haben. Wie das Deutsche kennt das Albanische die Plural-bildung durch Suffixe (Bsp. *mal – male*: Berg – Berge), durch Veränderung des Stammvokals (Bsp. *dash – desh*: Widder) oder durch beides (Bsp. *thes – thasë*: Sack – Säcke). Dabei steht eine differenzierte Palette zusätzlicher Möglichkeiten der Pluralbildung zur Verfügung, so z.B. die Konsonantenveränderung *k > q* (*mik – miq*: Freund, -e) etc. Insgesamt kennt das Albanische über hundert Formen der Pluralbildung.

Deklination: Das Albanische kennt fünf Deklinationstypen, je mit bestimmter und unbestimmter Reihe. Pro Numerus bestehen je zwei, max. drei unterschiedliche Flexionsmorpheme. Genitiv, Dativ und meist auch Ablativ sind identisch.

Adjektiv

Typologie: Das Albanische unterscheidet zwischen artikellosen Adjektiven (Bsp. katror: viereckig) und Adjektiven, bei denen obligatorisch der männliche oder weibliche Artikel stehen muss (Artikel-Adjektive, Bsp. *i madh / e madhe*: gross).

Stellung: Das Adjektiv steht bei attributivem Gebrauch meist nach dem zugehö-rigen Nomen (Bsp.: *lulja e bukur* [Blume – die die schöne]: die schöne Blume).

Steigerung: Die Steigerung erfolgt gemäss dem romanischen Typus mit der Partikel *më* (mehr); Bsp. *i bukur* (schön) – *më i bukur* (mehr schön) – *më i bukuri i* + Genitiv (mehr der Schöne von …). Für den Superlativ besteht eine Reihe von alternativen Bildungen wie *fort i bukur* (sehr/stark schön).

Verwendung: Das Adjektiv kann attributiv, prädikativ und adverbial verwendet werden (Bsp. *nxënësja e mirë – nxënësja është e mirë – nxënësja këndon mirë*: die gute Schülerin – die Schülerin ist gut – die Schülerin singt gut). Das Genus des Adjektivs passt sich dem Nomen an, auf das es sich bezieht.

Artikel

Typologie: Im Albanischen gibt es
1. den suffigierten, also durch eine Endung angepassten, bestimmten Artikel (Artikelendung; Bsp. *burri*: der Mann),
2. den vorangestellten isolierten, also unveränderten, Artikel (Bsp. *e hëna*: [der] Montag),
3. den Gelenkartikel, welcher Nomina mit bestimmten Arten von Attributen verknüpft (Bsp. *çanta e Norës* : die Tasche der Nora).

Für 2.) und 3.) bestehen zwei Deklinationsparadigmata zur Unterscheidung von bestimmter und unbestimmter Form. Für 1.) wird die unbestimmte Form durch das Deklinationsparadigma ohne Artikelendung ausgedrückt, sie kann durch *një* (ein/e) unterstrichen werden.

Stellung: Bei Typ 1) als Endung zur Markierung der bestimmten Form nachgestellt (resp. dem Nomen als Suffix inkorporiert), bei 2) isoliert vorangestellt, bei 3) isoliert nachgestellt.

Pronomen

Personalpronomen: Sie sind dem Verb vorangestellt. Ihr Gebrauch ist wegen des stärker synthetischen Sprachbaus weniger zwingend als im Deutschen (Bsp. *shkojmë*: wir gehen: im Albanischen eindeutig als 1. Person Plural Indikativ Präsens Aktiv identifizierbar, im Deutschen repräsentiert „gehen" auch die 3. Person Plural Präsens Indikativ Aktiv und den Infinitiv und muss deshalb durch „wir" vereindeutigt werden).

Das deutsche „es" oder „das" zur Bezeichnung eines unpersönlichen Subjekts oder Objekts entfällt im Albanischen (Bsp.: *bie shi*: fällt Regen; es regnet:), sofern es nicht ausdrücklich betont ist. In diesem Falle entspricht ihm die weibliche Form des Demonstrativpronomens (*kjo*; Bsp.: *Kjo nuk më pëlqen fare*: Das gefällt mir gar nicht).

Charakteristisch für das Albanische sind Kurzformen von Personalpronomen. Sie gehen z.T. auf Verschmelzung (Krasis) zurück (Bsp. *i + e* [ihm es] = *ia, u + i* [ihnen (Dat. Pl.) sie (Akk. Pl.)] = *ua*), z.T. auf Tilgung nach der Partikel *të* (Bsp. *të + ju* + *e* [të + euch (Dat.) + es (Akk.)] = *t'jua*).

Zu den Besonderheiten des Albanischen zählt, dass beim Imperativ Plural Personalpronomen als pronominale Objekte zwischen Stamm und Endung treten können; Bsp. *jepiani*: gebt ihm es [eigentlich: *geb-* + *ihm* + *es* + *-t*]).

Possessivpronomen werden dem Nomen in der Regel nachgestellt. Das System der albanischen Possessivpronomina zählt aus sprachgeschichtlichen Gründen zu den komplexesten Erscheinungen dieser Sprache.

Demonstrativ- und Interrogativpronomen werden dem Nomen vorangestellt, die Relativpronomen folgen ihrem Bezugswort. Die Trennung von Demonstrativpronomen und zugehörigem Nomen ist nicht möglich.

Reflexivpronomen: Dem deutschen Reflexivpronomen entspricht im Albanischen *vetja* bzw. *vetvetja* (das Selbst), welches wie ein Nomen dekliniert wird (Bsp. *i lejoj vetes*: ich erlaube mir, wörtlich: ich ihm erlaube dem Selbst). Oft wird Reflexivität allerdings durch den Gebrauch der Passiv- bzw. Mediopassivformen ausgedrückt (Bsp. ich wasche mich: *lahem*).

Indefinitpronomen: Albanisch verfügt über eine breite Palette von Indefinitpronomen (z.B. *dikush* : (irgend)jemand, *shumëkush*: mancher, manch einer, *askush*: keiner, *gjithfarë*: allerlei). Dem deutschen „man" entspricht im Albanischen der Rückgriff auf die 3. Person Plural aktiv (*thonë* : sie sagen) oder auf die 3. Sg. Passiv (*thuhet*: es wird gesagt), bisweilen auch auf die 1. Pl. aktiv.

Numeralia

Bildung: Die albanischen Zahlwörter von *11* bis *19* werden nach dem Muster „Einer + *mbi* [auf] + Zehn" gebildet (Bsp. *tetëmbëdhjetë*: acht auf zehn). Ab *21* erfolgt die Bildung nach dem Muster „Zehner + *e* [und] + Einer" (*njëzetenjë*: zwanzig und eins). Bei den Zehnerzahlen fallen bei sonst regelmässiger Bildung die Zahlen für *20* und *40* (*njëzet* und *dyzet*) auf, welche auf ein altes Vigesimalsystem[13] zurückgehen.[14]

Deklination: *Një* (eins) ist indeklinabel, für die bestimmte Form wird es ersetzt durch *njëri, - a* (einer, - e, - es). Das Zahlwort für „drei" kommt im Albanischen in einer männlichen und einer weiblichen Form vor, die dem nachfolgenden Nomen anzupassen ist (*tre djem / tri vajza*: drei Jungen / drei Mädchen). Kardinalzahlen können unter bestimmten Umständen mit dem vorangestellten Artikel verwendet und in weiblicher sowie in männlicher Form dekliniert werden (Bsp. *të dhjeta*: die zehn (bezogen auf ein vorangegangenes weibliches Nomen im Plural).

Die Ordinalzahlen werden durch das Suffix - *të* gebildet. Ihnen geht obligatorisch der Adjektivartikel voraus (Bsp. *i pestë*: der fünfte).

7.2   Konjugierbare Wörter (Verb)

Tempora: Zu den sechs Zeitformen Präsens, Perfekt, Imperfekt/Präteritum, Plusquamperfekt, Futurum I und Futurum II kommen im Albanischen mit dem Aorist I und II zwei weitere dazu. Der Aorist markiert die Abgeschlossenheit einer Handlung; er wird sehr häufig verwendet. – Einfache (nicht zusammengesetzte) Formen existieren im Albanischen für die Tempora Präsens, Imperfekt und Aorist I. Das

---

[13] Zahlsystem, das auf der Zahl 20 basiert.

[14] In den Mundarten der süditalienischen Arbëreshen hat sich das Vigesimalsystem noch vollständiger erhalten, vgl. „trizet" (60) und „katërzet" (80) sowie „katërzet e dhjetë" (90).

Futurum wird gemäss der Formel „*do të* + Konjunktiv Präsens" gebildet; *do* ist eine unveränderliche Form des Hilfsverbs „wollen". Im Gegischen findet sich auch die Bildung des Futurums mit *kam* (ich habe) + Kurzform des Partizips; desgleichen finden sich für das Imperfekt teilweise abweichende Formen (z.b. *shkojsha* statt *shkoja*: ich ging). Als Hilfsverb für die Bildung der zusammengesetzten Zeitformen dient immer *kam* (haben). Die Bildung mit *jam* (sein) markiert die Passivform.

Modi: Albanisch verfügt neben Indikativ, Konjunktiv und Imperativ zusätzlich über die Modi Konditionalis[15], Optativ und Admirativ. Der Optativ drückt Wünsche aus (Bsp. *rrofsh!*: mögest du leben!), der Admirativ gibt Erstaunen oder Verwunderung wieder (Bsp. *Qenke e bukur!*: Du bist aber schön!). – Der Konjunktiv (mit der Partikel *të*) ist im Albanischen stark verbreitet und erfüllt andere Aufgaben als im Deutschen. Er dient zum Ausdruck einer Vielzahl von Modalitäten (Aufforderung, Konzession, Wunsch usw.), zur Bildung der abhängigen Verbalphrase und ist obligatorisch u.a. nach unpersönlichen modalen Ausdrücken wie *duhet të* (müssen), *mund të* (können) usf. – Die Modalität einer Aussage kann mit Modalverben markiert werden.

Genus Verbi: Unterschieden werden Aktiv und Passiv. Für Präsens und Imperfekt bestehen selbstständige Einwortformen für das Passiv; in den anderen Zeiten wird es analytisch gebildet. Reflexivität wird im Deutschen durch entsprechende Pronomen ausgedrückt, im Albanischen können die Passivformen diese Funktion übernehmen (s.o. *lahem*: ich wasche mich). Eine ganze Reihe von albanischen Verben kommt überhaupt nur im Passiv vor, so z.B. *përgjigjem*: antworten.

Infinite Formen: Im Standardalbanischen fehlt der Infinitiv, er wird durch die Hilfskonstruktion „*për të* + Partizip Perfekt" ersetzt oder durch den Konjunktiv umschrieben (Bsp. ich muss arbeiten: *kam për të punuar* resp. *duhet të punoj*). Im Gegischen gibt es einen Infinitiv, der analytisch aus der Partikel *me* (mit) + gegische Kurzform des Partizip Perfekts gebildet wird (*kam me punue*). Neben der Kurzform des Partizips Perfekt kennt das Gegische auch eine Langform (*i punuem*; bearbeitet). Das Partizip Präsens wird durch die Konstruktion mit der Gerundiumpartikel *duke* + Partizip Perfekt ersetzt oder umschrieben (Bsp. *jam duke punuar*: (ich) bin am Arbeiten).

Finite, gebeugte, Formen, Typologisches: Die Bildung der finiten Formen geschieht gemäss zwei Typen: 1.) durch Konjugationssufixe gekennzeichnete (synthetische) Formen (Bsp. *shkoj*: ich gehe), 2.) analytische Formen (Hilfsverb + infinite Form;

---

[15] Verbform, die ausdrückt, dass der ausgedrückte Sachverhalt bedingt ist.

Bsp. *kam shkuar*: ich bin gegangen). Dazu kommen 3.) analytische Formen, die aus mindestens einer Partikel und einer der obigen Formen gebildet werden. Zu 3.) zählt insbesondere der in vielen Satztypen obligatorische Konjunktiv, der mit der Partikel *të* + Konjunktivform gebildet wird, sowie das Futurum, das mit *do* + Konjunktiv gebildet wird. Der Typus 1) ist im Albanischen als stärker synthetischer Sprache deutlich ausgebauter als im Deutschen. Synthetische Formen bestehen im Albanischen für die Tempora Präsens (Aktiv und Passiv), Imperfekt (Aktiv und Passiv), Aorist I (Aktiv), sowie für die Modi Indikativ (Aktiv und Passiv), Konjunktiv, Imperativ, Optativ und Admirativ (nur Aktiv; Passiv mit Partikel *u* gebildet).

Das Prinzip des Ablauts ist sowohl innerhalb der einzelnen Tempora wie auch zwischen diesen sehr lebendig (Bsp. *dal/del/dilni/dola* (1.Sg./2.Sg./2.Pl.Präs.Ind. Akt./1.Sg.Aorist I Akt. von „hinausgehen").

Konjugationstypen: Es werden 55 Konjugationstypen unterschieden, die sich auf drei Kategorien mit diversen Unterklassen und eine Gruppe unregelmässiger Verben verteilen. Typus 1 umfasst die Verben, die auf Vokal + *-j* enden (Bsp. *punoj*: arbeiten), Typus 2 endet auf Konsonant (Bsp. *hap*: öffnen), Typus 3 auf Vokal (Bsp. *pi*: trinken).

Weiteres: Wie das Deutsche kennt das Albanische mit Präfixen gebildete Verben (Bsp. *çliroj*: befreien, *parashikoj*: voraussehen). Im Gegensatz zum Deutschen sind die Präfixe nicht abtrennbar (vgl. *ai e parashikon*: er sieht es voraus).

7.3   Indeklinabilia

Adverbien: Albanisch kennt primäre Adverbien (Bsp. *këtu*: hier, *sot*: heute) sowie Adverbien, die ohne Suffix zu einem Adjektiv in Beziehung stehen (Bsp. *mirë*: gut, vgl. Adj. *i/e mire*). Die letzte Kategorie, bei der im Albanischen der Adjektivartikel entfällt, entspricht der adverbialen Verwendung des Adjektivs im Deutschen (Bsp. das schöne Mädchen singt schön: *vajza e bukur këndon bukur*). Zusätzlich gibt es Adverbien, die mit Hilfe von Suffixen von anderen Wortarten abgeleitet sind, Bsp. *gjermanisht* (deutsch), *fshatarçe* (auf dörfliche Weise) etc.

Präpositionen: Albanisch kennt Präpositionen mit dem Nominativ (!), Genitiv, Akkusativ und Ablativ. Präpositionen, die zwei Fälle regieren können, sind im Albanischen sehr selten und betreffen Spezialfälle der Anwendung.

Konjunktionen: Albanisch kennt bei- und unterordnende Konjunktionen bzw. konjunktionale Wendungen, die ähnlich wie im Deutschen verwendet werden.

7.4 Wortbildung

Albanisch verfügt über ausgebaute Register hinsichtlich Wortbildung durch

1. Derivation (a: Affixe; b: innere Ableitung) und
2. Komposition (Zusammensetzung).

Beispiele für 1a, Suffixe und Präfixe: *punë – punoj – punëtor – punishte – përpunoj*: Arbeit – arbeiten – Arbeiter – Werkstatt – bearbeiten. Beispiele für 1b, innere Ableitung durch Ab- und Umlaut: *flas – folje – e folme* (sprechen – Verb – Mundart); *luaj – lojë* (spielen – Spiel). Der Typus 2 (Komposition) ist im Albanischen im Bereich der Nomina insofern weniger extensiv, als hier bestimmte Fälle durch die dem Französischen vergleichbare Genitivkonstruktion mit Gelenkartikel geregelt werden; Bsp. *kryeqytet*: Hauptstadt; *zemërmadh*: grossherzig; *bashkëjetoj*: zusammenleben; aber: *dera e dhomës*: Zimmertüre.

8 Syntax

Satzbau: Das zentrale Element im Satz ist das Verb mit seinen Valenzen[16]. Die im Deutschen geltende unterschiedliche Regelung für die Verbstellung im Haupt- und untergeordneten Nebensatz gilt im Albanischen nicht (Bsp. Er isst viel, weil er sehr hungrig ist: *Ai ha shumë, sepse është shumë i uritur*).

Die Stellung der Satzglieder ist grundsätzlich freier als im Deutschen. Das ausgebautere System morphologischer Markierungen am Wortende kennzeichnet die syntaktischen Beziehungen unerachtet der Stellung der Satzglieder. Unbekannt ist die für das Deutsche charakteristische Tendenz, zusammengehörende Bestandteile durch andere Satzglieder zu trennen (Distanzstellung).

Hauptsatz: Im Albanischen fehlt die fürs Deutsche charakteristische verbale Klammer. Die verbalen Teile bleiben grundsätzlich zusammen. Der Fragesatz wird, wenn kein entsprechendes Fragewort steht, durch die Fragepartikel *a* eingeleitet (Bsp. *A shkojmë tani?*: Gehen wir jetzt?).

Nebensatz: Beim untergeordneten Nebensatz bleibt die Stellung des Verbs dieselbe wie im Hauptsatz. Konditional- und Finalsätze werden tendenziell eher mit dem Konjunktiv gebildet. Die Wahl des Modus erfolgt aber nicht in Abhängigkeit vom Satztyp, sondern pragmatisch mit Bezug zur jeweiligen Sprecherintention, so dass in allen Satztypen beide Modi möglich sind. Infinitivkonstruktionen werden durch

[16] Fähigkeit des Verbs, bestimmte Ergänzungen zu fordern, z.B. fordert „lieben" i.d.R. zwei Ergänzungen, eine im Nominativ (z.B. ich) und im Akkusativ (z.B. dich).

den Konjunktiv oder Ersatzformen des Infinitivs (s.o.) wiedergegeben (Bsp.: Ich gehe in die Stadt, um Kleider zu kaufen: *Shkoj në qytet të blej tesha / për të blerë tesha*; gegisch: *me ble tesha*).

Objekte: Albanisch kennt Verben, die den Akkusativ, den Dativ, den Ablativ oder den Prädikatsnominativ regieren. Seltener sind Verben, die zusätzlich den Genitiv regieren können (Bsp. *i gëzohem diçkaje*: sich einer Sache erfreuen; *më duket e udhës*: es scheint mir des Weges (= angebracht)). Beispiele für den Ablativ: *më rrahu shpatullave*: er klopfte mir auf die Schultern; *ai pushoi së qeshuri*: er hörte zu lachen auf. Verben können ferner präpositionale Objekte regieren (Bsp. *interesohem për*: sich interessieren für).

Das Akkusativobjekt folgt meist unmittelbar auf das Verb, wohingegen die Stellung des Dativobjekts, wie auch diejenige von Präpositionalobjekten, freier ist.

Eine für das Albanische und andere Balkansprachen charakteristische Erscheinung ist die pronominale Verdoppelung des Objekts bzw. der Objekte (*rimarrja e kundrinave*). Vereinfacht gesagt bedeutet sie, dass vor dem Verb, welches das Objekt regiert, ein Zeichen gesetzt wird, das auf das Objekt hinweist. Hierfür dienen die in Kasus und Numerus angepassten Kurzformen des Personalpronomens, welche Verschmelzungen eingehen und z.T. den Imperativformen des Verbs eingelagert werden können. Bsp.: *Unë ia jap librin babait*: Ich ihm-es gebe Buch-das Vater-dem; *Jepuani këto molla*: Gebt ihnen-sie diese Äpfel. Bei den Objektzeichen geht jeweils dasjenige für den Dativ dem für den Akkusativ voraus (umgekehrt als bei den pronominalen Objekten im Deutschen!).

Negation: Die Negation, bezogen auf den ganzen Satz oder auf einzelne Satzglieder, wird durch eine Reihe von Negationswörtern ausgedrückt, deren Einsatz durch den semantischen Kontext geregelt ist. Dazu zählt im Albanischen auch das Adverb *jo* (nein), welches viele Funktionen des deutschen „nicht" übernimmt (Bsp. *Jo ti, por unë* …: Nicht du, sondern ich …).

Die Stellung der Negationswörter ist komplizierten Regelungen unterworfen. Ein prägnanter Unterschied zum Deutschen ergibt sich z.B. hinsichtlich der Negation des Verbs, indem das Negationsadverb im Albanischen vor, im Deutschen nach dem Verb steht (Bsp. *Unë nuk shkoj*: Ich gehe nicht). Ein weiterer Unterschied betrifft die Stellung von „nicht" bzw. *nuk* als Satznegation. Dieses steht im Deutschen eher am Schluss, im Albanischen eher am Anfang des Satzes (Bsp. Er liest dieses Buch nicht: *Ai nuk e lexon këtë libër*). Im Gegensatz zum Deutschen ist sodann im Albanischen die doppelte Negation sehr gebräuchlich (Bsp. *Kurrë nuk e kam parë atë*: Nie nicht ihn [ich] habe gesehen diesen).

Bibliografie

Agolli, Dritëro (1999): Zhurma e erërave të dikurshme. Tiranë: Botimet Dritëro.

Akademia e Shkencave e Republikës së Shqipërisë, Instituti i gjuhësisë dhe i letërsisë (Hrsg.) (1995, 1997): Gramatika e gjuhës shqipe. Tiranë: Akademia e shkencave; 2 Bde.

Beci, Bahri (2000): Gramatika e gjuhës shqipe për të gjithë. Shkodër: Camaj-Pipa.

Beci, Bahri (2001): Probleme të lidhjeve të shqipes me gjuhët e tjera ballkanike. Pejë: Dukagjini.

Buchholz, Oda; Wilfried Fiedler (1987): Albanische Grammatik. Leipzig: Verlag Enzyklopädie.

Demiraj, Shaban (1988): Gjuha shqipe dhe historia e saj. Tiranë: Shtëpia botuese e librit universitar.

Demiraj, Shaban (1993): Historische Grammatik der albanischen Sprache. Wien: Verlag der Österreichischen Akademie der Wissenschaften.

Elsie, Robert (1997): Historia e letërsisë shqiptare. Tiranë/Pejë: Dukagjini.

Gjinari, Jorgji/Gjovalin Shkurtaj (2000): Dialektologjia. Tiranë: Shtëpia botuese e librit universitar.

Hetzer, Armin; Zuzana Finger (1991): Lehrbuch der vereinheitlichten albanischen Schriftsprache. Hamburg: Buske.

Mansaku, Seit (2001): Albanian Language. In: Myftiu, Genc: Albania. A Patrimony of European Value. Guide of Albanian History and Albanian Cultural Heritage. Tiranë: SEDA; S. 79–92.

Pani, Pandeli (2007): Albanisch intensiv. Lehr- und Grammatikbuch (…). Wiesbaden: Harrassowitz.

Poda, Lolita (2000): Sprachvergleich Deutsch – Albanisch. Die Modalverben. Zur Theorie und Praxis der kontrastiven Analyse. Giessen: Focus.

Poda, Lolita (2002a): Präpositionen im Deutschen und Albanischen im Vergleich (unpubl. Typoskript).

Poda, Lolita (2002b): Die Stellung der Negation im Deutschen und Albanischen (unpubl. Typoskript).

Rieder, Karl (2000): Herkunftssprache – Zielsprache. Eine Handreichung für den Unterricht in multikulturellen Klassen. Innsbruck/Wien: Studien-Verlag.

Schader, Basil (2006): Albanischsprachige Kinder und Jugendliche in der Schweiz. Hintergründe, sprach- und schulbezogene Untersuchungen. Zürich: Verlag Pestalozzianum.

Shkurtaj, Gjovalin; Enver Hysa (1996): Gjuha shqipe për të huajt dhe shqiptarët jashtë Atdheut. Tiranë: Toena.

Thomai, Jani (2002): Leksikologjia e gjuhës shqipe. Tiranë: Shtëpia botuese e librit universitar.

Deutsch als Fremdsprache

SIMONA COLOMBO-SCHEFFOLD

Deutsch wird in Deutschland, Österreich, Luxemburg, Südtirol, Liechtenstein, in Teilen Belgiens, Dänemarks und in der Schweiz als Muttersprache gesprochen. Deutsch ist, wie Englisch und Französisch, Amts- und Arbeitssprache in der Europäischen Union. Die deutsche Sprache hat aufgrund der ökonomischen Stärke und der kulturellen sowie wissenschaftlichen Bedeutung Deutschlands in der EU einen hohen Stellenwert, obwohl sie sich wegen der komplexen Verhältnisse in der europäischen Sprachenpolitik nicht als wichtigste Sprache durchsetzen kann (vgl. Ammon 2004, 407–414; vgl. Bader 2006, 4).

Ca. 120 Millionen weltweit (95 Millionen in Europa) beherrschen Deutsch als Muttersprache. Mit 23,3% der Bevölkerung der gesamten EU hat Deutsch den größten Anteil an Muttersprachlern. Davon leben ca. 75,1 Millionen in Deutschland[1] und 8,2 Millionen in Österreich. Deutsch wird aber nur von 10,3% der EU-Bürger als erste oder zweite Fremdsprache gelernt bzw. gesprochen, während Englisch die am meisten gelernte Zweitsprache (L2) bzw. Drittsprache (L3) mit 40,5% in der EU darstellt (vgl. Europäer und Sprachen 2001, 4). Weltweit sind die Sekundärsprechenden des Deutschen 40 bis 50 Millionen (vgl. Bader 2006, 4).

Deutsch als Fremdsprache (DaF) ist zwar eine relativ neue Disziplin an den deutschen Hochschulen, aber der DaF-Unterricht im Ausland sowie in den deutschsprachigen Ländern gewinnt immer mehr an Bedeutung. Verteilt auf allen Kontinenten lassen sich insgesamt 151 Goethe-Institute bzw. Goethe-Zentren finden (vgl. www.goethe.de) und in der ganzen Welt gibt es 128 deutsche Schulen, die nicht nur von deutschen, sondern auch von den dort einheimischen Kindern, für die das Fach Deutsch als Fremdsprache besonders wichtig ist, besucht werden (vgl. Auslandsschulverzeichnis).

Deutsch als Fremdsprache unterscheidet sich einerseits von Deutsch als Muttersprache und andererseits vom Deutsch als Zweitsprache (DaZ). Wenn vom DaF die Rede ist, versteht man darunter den gesteuerten Erwerb der deutschen Sprache im Fremdsprachenunterricht (FU), der in einem Land stattfindet, in dem kein Deutsch – zumindest als L1 – gesprochen wird. Aus diesem Grund ist kein direkter, alltäglicher Kontakt zu Muttersprachlern möglich.

---

[1] Deutschland hat 82,5 Millionen Einwohner, davon sind 7, 3 Millionen Ausländer. Vgl. dazu folgende Internetseite: http://www.derweg.org/deutschland/gesamt/menschen.html.

Obschon eine solche Definition auf den ersten Blick sehr präzise und eindeutig ist, lässt sich bei den Lernerbiografien nicht immer eindeutig festlegen, ob es sich um DaF oder DaZ handelt (vgl. Rösler 1994, 1–13).

Das wird beispielsweise aus meiner Sprachbiografie ersichtlich: Mit 15 Jahren fing ich an, Deutsch an einer italienischen Schule zu lernen und bis auf sporadische Kontakte mit Deutschen konnte ich mir die Sprache nur im Fremdsprachenunterricht in der Schule und an der Universität aneignen. Da ich aber seit 2001 in Deutschland lebe und im Alltag mit der deutschen Sprache konfrontiert werde, kann man in diesem Fall nicht mehr nur vom DaF sprechen.

Obwohl empirische Studien entweder DaF-Lernende oder Deutschsprechende mit Migrationshintergrund, die in einem deutschsprachigen Land wohnen, untersuchen, lassen sich *mutatis mutandis* für beide Gruppen von Nicht-Muttersprachlern ähnliche Phänomene und Probleme mit der deutschen Sprache, die oft als besonders schwer eingeschätzt wird, beobachten. Dies hängt einerseits damit zusammen, dass die Lernenden nur über ein eingeschränktes sprachliches Wissen in der Fremdsprache Deutsch verfügen; andererseits können Schwierigkeiten bei der Performanz auftreten, wie z.B. eine Gedächtnislücke oder eine Überlastung des Arbeitsgedächtnisses, die zu Flüchtigkeitsfehlern führen kann. Einige Probleme werden beispielsweise mit den zur Verfügung stehenden interimsprachlichen Mitteln durch Generalisierungen und Analogiebildungen gelöst (vgl. u.a. Colombo 2005).

Die Schwierigkeiten des Deutschen reichen von der Genus- und Kasusmorphologie über die Verbkonjugation bis zur Syntax, wenn man sich auf die Grammatik beschränkt, denn ansonsten müssten auch Ausspracheprobleme und lexikalische sowie semantische Schwierigkeiten herangezogen werden.

Im folgenden Teil wird sowohl auf die Genus- und Kasusproblematik als auch auf die Schwierigkeiten bei der Verbkonjugation im morphologischen Bereich und auf die syntaktische Besonderheit der Verbalklammer in der deutschen Sprache eingegangen.

Das Genus

Das Genussystem des Deutschen weist drei Genera auf: Maskulinum, Femininum und Neutrum, welche sich bei den Substantiven, Artikeln, Adjektiven und Partizipien im attributiven Gebrauch, aber nicht in prädikativer und adverbialer Funktion, sowie bei den Demonstrativ-, Personal- und Possessivpronomina manifestieren. Diese Genusunterscheidung lässt sich jedoch nur beim Singular beobachten, denn im Plural verschwindet die Genusmarkierung. Das ist ein distinktives

Merkmal eines konvergenten Systems, bei dem ein einziges Plural-Genus mehreren Singular-Genera entspricht, aber nicht umgekehrt (vgl. Hoberg 2004, 12). Die Unterscheidung zwischen Maskulinum, Femininum und Neutrum teilt das Deutsche z.B. mit dem Russischen (slawisch) und z.T. mit dem Niederländischen (germanisch) unter den indoeuropäischen Sprachen. Kein Genus haben nur die Ugro-Finnischen Sprachen und Türkisch in Europa, wobei das Englische lediglich über eine schwache Genusmarkierung (nur bei Personalpronomina, Possessiva, Objektivusformen und Reflexivpronomina in der 3. Person Singular) verfügt.

Schwierigkeiten bei der Genuszuweisung lassen sich sowohl bei DaF-Lernenden, deren Muttersprache nur das Maskulinum und das Femininum (z.B. Italienisch, Französisch und Spanisch) oder überhaupt kein Genus (z.B. Ungarisch und Türkisch) aufweist, als auch bei Deutschlernenden, die mit den drei Genera in der L1 (z.B. Polnisch, Russisch und teilweise Niederländisch) vertraut sind.

Die Genuszuweisung basiert auf verschiedenen Mechanismen, die je nach Sprache eine unterschiedlich relevante Rolle spielen. Es handelt sich dabei um folgende Prinzipien:

- Sexusprinzip: Es besteht eine semantische Motivierung mit Bezug auf die außersprachlichen Denotate. Es handelt sich dabei um Bezeichnungen für Menschen und häufig auch für Tiere. Um die Unterscheidung auch formal deutlich zu machen, stehen entweder unterschiedliche Lexeme für männliche und weibliche Personen (z.B.: *Vater – Mutter, Sohn – Tochter, Bräutigam – Braut)* und Tiere (*Stier/Bulle – Kuh, Hengst – Stute*) zur Verfügung, oder die weibliche Nomina werden von den Maskulina durch die Suffigierung abgeleitet (z.B.: *Freund – Freundin, Fahrer – Fahrerin*). Bei den substantivierten Adjektiven und Partizipien wird ein und dasselbe Lexem im Singular je nach dem Genus flektiert (z.B.: *Kranker – Kranke, Angestellter – Angestellte*). In manchen Fällen werden jedoch insbesondere Maskulina als geschlechtsneutrale Personenbezeichnungen verwendet (z.B.: *Mensch, Gast, Flüchtling, Häftling*), aber auch weibliche Substantive, wie *Person* und *Bedienung*, und Neutra, beispielsweise *Kind* und *Baby*, erfüllen diese Funktion (vgl. Hoberg 2004, 99–102).
- Morphologisches Prinzip: Es beruht auf der Derivation mithilfe von Suffixen, der Konversion von Verben in Substantive, der Komposition und der Kürzung. Dieses Prinzip ist im Deutschen sehr produktiv. Viele Suffixe sind ein eindeutiges Signal für ein bestimmtes Genus. In der folgenden Tabelle werden die geläufigsten Suffixe mit Beispielen aufgelistet, die typisch für Maskulina, Feminina und Neutra sind. Dabei wird keine Vollständigkeit angestrebt.

Maskulinum	Femininum	Neutrum
- *er*: Musiker, Leser, Lehrer	- *in*: Studentin, Freundin	- *chen*: Mäuschen, Händchen
- *ist*: Journalist, Lagerist, Tourist	- *schaft*: Kundschaft, Landschaft	- *lein*: Spieglein, Tischlein
- *ismus:* Kapitalismus, Egoismus	- *heit*: Freiheit, Frechheit	- *tum*: Bürgertum, Eigentum
- *or*: Direktor, Motor	- *keit*: Aufmerksamkeit	- *ment*: Dokument, Parlament
- *ant*: Lieferant, Querulant	- *ung*: Bewerbung, Trennung	- *at*: Plagiat, Sekretariat
- *ent*: Student, Dirigent	- *(t)ion*: Funktion, Aktion	- *um*: Visum, Datum
- *ling*: Lehrling, Schmetterling	- *tät*: Nationalität, Universität	

- Phonologisches Prinzip: Dieses Prinzip ist für die deutsche Sprache von marginaler Bedeutung. Ein Beispiel dafür ist der Wortauslaut [iç], wie z.b., bei *Essig, Honig* und *Teppich*, der dem Maskulinum zugewiesen wird. Es handelt sich aber um eine kleine Anzahl von Lexemen. Dass dieses Prinzip nur selten funktioniert, wird aus den nicht abgeleiteten Nomina auf -*el* und -*er* ersichtlich, welchen allen drei Genera zugeordnet werden können (vgl. Hoberg 2004, 96):
  Maskulina: *Spiegel, Muskel, Löffel* und *Hammer*
  Feminina: *Gabel, Pappel, Kugel, Feder, Kammer* und *Sprossenleiter*
  Neutra: *Kabel, Segel, Messer, Zimmer, Leder* und *Pflaster*.
- Leitwortprinzip bzw. semantisches Prinzip: Den Unterbegriffen wird dasselbe Genus des Hyperonyms zugewiesen, wie z.B. *der Mercedes, der Golf, der Passat* (*der Wagen*). Im Deutschen sind alle Monate und Tage – so wie die Oberbegriffe *der Monat* und *der Tag* – männlich (vgl. Weinrich 1993, 327).
- Prinzip der semantischen Analogie: Es wird oft bei Entlehnungen aus Fremdsprachen verwendet, insbesondere bei Anglizismen, welche in den deutschen Wortschatz aufgenommen werden. Ausschlaggebend ist das deutsche Wort, das die meisten semantischen Ähnlichkeiten mit der Entlehnung aufweist, wie z.B. *die CD – die Schallplatte, die Show – die Schau, das Rendez-vous – das Treffen* (vgl. Hoberg, 2004, 97–98).

Bei manchen Nomina stimmt das deutsche Genus mit dem in anderen Sprachen überein, wie z.B. *der Vater, il padre, le père, el padre.* Das ist meistens bei den Substantiven der Fall, die auf dem natürlichen Geschlecht basieren. Die Kriterien für die Zuweisung werden jedoch in jeder Sprache weitgehend anders gewichtet. Für einen Fremdsprachenlernenden ist es demzufolge schwer zu erkennen, welches

Prinzip anzuwenden ist, denn die Genuszuweisung erfolgte zum größten Teil als willkürlicher Prozess und ist aus der heutigen Sicht nicht mehr transparent.

Für DaF-Lernende, die nicht alltäglich und ständig Inputdaten in der deutschen Sprache bekommen, ist es sehr schwierig, das Genus der erworbenen Lexeme treffsicher zu bestimmen. Deswegen wird im DaF-Unterricht empfohlen, jedes Substantiv mit dem dazu gehörenden, genusmarkierenden bestimmten Artikel zu lernen. Synonyme (z.B.: *das Zeichen* ≈ *das Signal, der Eid* ≈ *der Schwur*, aber *das Ende* ≈ *der Schluss, der Kopf* ≈ *das Haupt*) und Wörter, bei denen eine Bedeutungsdifferenzierung durch unterschiedliches Genus entsteht (z.B.: *das Band* ≠ *der Band, das Steuer* ≠ *die Steuer*), sowie doppelte Genuszuweisungen bzw. Genusschwankungen (z.B. *der/das Kaugummi, der/das Event*) sind typische Elemente, welche DaF-Lernende irritieren können.

Je umfangreicher der Wortschatz ist, umso größer müsste die Wahrscheinlichkeit sein, dass die Lernerhypothesen über das Genus der deutschen Nomina mit den Prinzipien der Genuszuweisung im Deutschen übereinstimmen. Es lassen sich allerdings auch bei fortgeschrittenen DaF-Lernenden Abweichungen vom richtigen Genus beobachten. In diesen Fällen kann es sich um eine Fossilisierung oder um eine Interferenz aus der L1 oder einer anderen Fremdsprache sowie um eine vorläufige Lernerhypothese, die noch revidiert werden muss, handeln (vgl. Colombo 2005).

Folgende Beispiele stammen aus DaF-Lernenden unterschiedlicher Nationalitäten und zeugen davon, dass das Genus eine der Schwierigkeiten der deutschen Sprache ist, welche nicht nur oder nicht unmittelbar von Interferenzen mit der Ausgangssprache ausgelöst wird.

1. Rebellion gegen **den** Machtprinzip
2. **Der** „Chaos" ist ihr Zustand
3. Diese Vorlieben haben **das** Geschmack Elses beeinflusst
4. **Die** Schlusssatz ist sehr wichtig, weil **sie** diese Thematik entwickelt
5. Im zweiten Akt hat der Sohn **die** erste Liebeserlebnis
6. Ich möchte **meine** Reisebüro haben
7. Sie haben, ja, **keinen** Problem äh ihre Meinungen zu äußern
8. Das war **die** erste Mal
9. **Eine** Freund besucht uns
10. Siehst du **die** Fußballspiel?
11. **Das** Verwaltung
12. **Der** Ei ist kaputt
13. Rufen wir **das** Schulleiter an?

14. Trifft er **den** Kind?
15. **Der** Geschenk von euch ist schön
16. Wie viel kostet **der** Strandtuch? Und **das** Kompass?[2]

Dass die Genuszuweisung und die Verteilung des grammatischen Geschlechts im Deutschen für Irritation sorgen und auf Unverständnis stoßen können, kommt deutlich in Mark Twains *Die schreckliche deutsche Sprache* zum Ausdruck:

> Jedes Substantiv hat ein Geschlecht, und in dessen Verteilung liegt weder Sinn noch System; also muss man das Geschlecht jedes einzelnen Hauptwortes für sich auswendig lernen. Es gibt keinen anderen Weg. Dafür muss man das Gedächtnis eines Notizbuches haben. Im Deutschen hat ein Fräulein kein Geschlecht, während eine weiße Rübe eines hat. [...] Es ist wahr, dass im Deutschen durch irgendein Versehen des Erfinders der Sprache die Frau weiblich ist, aber das Weib nicht - was bedauerlich ist (Twain 1999, 25, 27).

Der Kasus

Twain erkennt eine weitere Schwierigkeit, mit der sich DaF-Lernende auseinandersetzen müssen: den Kasus.

> Jedesmal, wenn ich glaube, einen **dieser vier verwirrenden Fälle** [m.H.] da zu haben, wo ich ihn meistern kann, schleicht sich eine scheinbar unbedeutende Präposition in meinen Satz ein, ausgestattet mit einer furchtbaren und ungeahnten Macht, und lässt den Boden unter mir wegbröckeln (Twain 1999, 7).

Im Deutschen existieren vier Kasus: Nominativ, Genitiv, Dativ und Akkusativ. Traditionell hat man jedem Kasus eine bestimmte Funktion zugewiesen: Im Nominativ werden Subjekte ausgedrückt; der Genitiv ist der Kasus für die adnominale Bestimmung; im Dativ erscheinen die Elemente, wofür die Konsequenzen einer Handlung gelten (benefaktiv), und der Akkusativ ist die prototypische Form für das Direktobjekt, worauf die Handlung zielt. Allerdings handelt es sich dabei auch nicht um durchgängige Regelmäßigkeiten.

Die Entscheidung über den Kasus hängt von verschiedenen grammatischen und lexikalisch-semantischen Faktoren ab.

---

[2] Die Beispiele 1–8 stammen aus dem Datensatz in Colombo 2005, 107, 119, 122, 157, 180, 205, 215, 243. Die folgenden Beispiele wurden beim Sprachförderungsprogramm des Berufsausbildungszentrums Esslingen für ausländische Ausbildungssuchende gesammelt. Die Beispiele 9–10 sind von einer Türkin, die Ausdrücke 11–12 von einem Iraker, die Items 13–14 von einem Amerikaner und die Formulierungen 15–16 von einer Russin.

Wenn man beispielsweise erklären möchte, dass man Hilfe bekommen hat, kann man sich entweder für das Verb *helfen* (Er hat *mir* beim Umzug geholfen) oder für *unterstützen* (Er hat *mich* beim Umzug unterstützt) entscheiden. Je nach der Wortwahl ist ein anderer Kasus erforderlich, obwohl die mitgeteilte Information im Grunde genommen dieselbe bleibt.[3] Es lassen sich auch weitere Beispiele finden:

Er *erkundigt sich nach den* Preisen ↔ Er *informiert sich über die* Preise

Deutschland *gehört zur* Europäischen Union ↔ Deutschland *gehört der* Europäischen Union *an*

Es *kommt auf das* Ergebnis *an* ↔ Es *hängt vom* Ergebnis *ab*

Der Kasus wird vom Verb und seiner Rektion bestimmt. Wenn ein Verb eine präpositionale Ergänzung verlangt, wird der Fall von der Präposition bestimmt. Diese Rektion wird auch für die vom Verb abgeleiteten Substantive (z.B.: *hoffen auf + Akkusativ* und *Hoffnung auf + Akkusativ*) beibehalten; auch nach manchen Adjektiven muss eine Präposition gebraucht werden (z.B.: *neidisch auf + Akkusativ, gierig nach + Dativ*). Dass bei manchen Präpositionen eine Doppelrektion (Dativ und Akkusativ) möglich ist, erschwert den Lernenden die Kasusentscheidung. Dass gilt nicht nur für die Ergänzungen eines Verbs sondern auch für Zeit-, Orts- und Richtungsangaben, welche in der Regel von einer Präposition eingeleitet werden.

1. Das Gründungsmanifest bezeichnete **der Anfang** des Futurismus
2. Die Platte ... trägt das Trinkglas und **der** Handleuchter
3. Er spricht über seine Heimreise und **der** Ausflug nach Maulbronn
4. Im Jahr 1850 man kämpft **der Krieg** zwischen Österreich und Preussen
5. Es hängt von **die** Aufgabe ab
6. **Einen** Student kommt ins Klassenzimmer
7. Klaus holt das Vesper aus **den** Rucksack
8. Ich habe **einem** Bruder [4]

Die oben angeführten Beispiele zeigen deutlich erkennbare Kasusfehler. Diese lassen sich vor allem bei Maskulina leicht feststellen, da bei der Deklination der

---

[3] Dass keine vollkommene Synonymie erreicht werden kann, muss von vornherein in Kauf genommen werden.

[4] Die Beispiele 1–5 wurden dem Datensatz in Colombo 2005, 103, 150, 151, 210 entnommen. Die weiteren Beispiele wurden beim Sprachförderungsprogramm des Berufsausbildungszentrums Esslingen für ausländische Ausbildungssuchende gesammelt. Das Beispiel 6 ist von einer Türkin und die Sätze 7–8 von einem Iraker.

männlichen Substantive im Singular kein Formsynkretismus zu verzeichnen ist, obwohl Dativ und Akkusativ (*dem/einem – den/einen*) beim Zuhören für Fremdsprachenlernende schwer zu unterscheiden sein können. Bei Feminina und Neutra sowie beim Plural sind hingegen einige formgleiche, polyfunktionale Kasusmarkierungen vorhanden: *die/eine* für Nominativ und Akkusativ, *der/einer* für Genitiv und Dativ, *das/ein* für Nominativ und Akkusativ, *die* kommt zusätzlich auch im Nominativ und Akkusativ Plural vor, während *der* auch die Flexionsform im Genitiv Plural darstellt. In solchen Fällen besteht die Möglichkeit, dass ein DaF-Lernender ein dem Anschein nach korrektes Ergebnis liefert, obwohl er einen falschen Kasus anwendet. Wenn man beispielsweise *Eine neue Jacke muss ich mir unbedingt kaufen* schreibt, ist der Satz richtig. Wenn man aber bei *eine neue Jacke* von einem im Vorfeld typischen Nominativ ausginge, würde ein Fehler vorliegen.

Dass der Kasus keine rein morphologische Erscheinung ist, kann man m.E. eindeutig daran erkennen, dass er von anderen Satzelementen im Syntagma bestimmt wird. Aus der Einbettung des Kasus in die Syntax geht auch hervor, dass die verschiedenen Ergänzungen und Angaben in einer bestimmten Reihenfolge vorkommen sollen, damit die Äußerung verstanden und richtig interpretiert werden kann. Dabei darf man jedoch nicht vergessen, dass die Satzgliedstellung auch von kommunikativ-pragmatischen Faktoren mitgeprägt wird (vgl. Eroms 2000, 309–382).

Er gibt dem Mädchen das Buch.
Er gibt das Buch einem Mädchen.

In der Regel steht das nominale Indirektobjekt vor dem nominalen Direktobjekt, aber im zweiten Beispiel steht das Indirektobjekt am Ende des Satzes, damit man es als Rhema – neue Information – hervorheben kann.

Die Konjugation der Verben

Im Deutschen lassen sich drei Klassen von Verben unterscheiden: starke bzw. unregelmäßige, schwache bzw. regelmäßige Verben sowie Verben mit gemischter Form.

Schwache Verben behalten bei der Konjugation in allen Tempora und Modi ihren Stammvokal bei, wie z.B. *machen, sagen* und *fragen*. Im Präteritum können die regelmäßigen Verben anhand des *-t* zwischen dem Stamm und der Endung zur Erkennung der Person und des Numerus identifiziert werden (z.B.: *machtest, sagten, fragte*); im Partizip II werden sie mit dem Zirkumfix *ge-/-t* um den Stamm gebildet, wie z.B. *gemacht, gesagt* und *gefragt*.

Starke Verben erfahren im Präteritum und im Partizip der Vergangenheit sowie in manchen Fällen auch bei der 2. und der 3. Person Singular im Indikativ Präsens einen Vokalwechsel im Verbstamm, der als Ablaut bezeichnet wird (vgl. Weinrich 1993, 185).

Die Bezeichnung als unregelmäßige Verben, die häufig synonym zur Definition als starke Verben gebraucht wird, trifft m. E. nicht genau zu, denn der Stamm bleibt zwar nicht unverändert, aber es lassen sich wiederkehrende Ablautreihen beobachten, die eine gewisse Regelmäßigkeit aufweisen, beispielsweise *e/o/o* → *heben, hob, gehoben; flechten, flocht, geflochten; i/a/u* → *singen, sang, gesungen; trinken, trank, getrunken* und *e/a/e* → *geben, gab, gegeben; essen, aß, gegessen; lesen, las, gelesen* (vgl. Weinrich 1993, 187–188).

Das Partizip II, das u. a. zur Bildung des (Plusquam)Perfekts und des Passivs gebraucht wird, wird immer vom ablautierten Stamm ausgehend mit dem Zirkumfix *ge-/-en* gebildet, wie *gewaschen, genommen* und *geblieben*.

Verben mit einer gemischten Konjugationsform weisen sowohl Merkmale der starken als auch Eigenschaften der schwachen Verben auf. Sie erfahren einerseits eine Voköländerung im Stamm, andererseits werden sie mit dem Flexiv *-t* im Präteritum und mit *ge-/-t* im Partizip II gebildet. Zu dieser Klasse gehören nur wenige Verben: *wissen, denken, kennen, brennen, nennen, rennen* und die Modalverben *können, dürfen, müssen, sollen, mögen* und *wollen*.

Die Schwierigkeiten für DaF-Lernende bestehen oft darin, erstens ein starkes Verb als solches zu erkennen und zweitens es in der richtigen Form einzusetzen. Aufgrund der ähnlichen bzw. identischen Form sind Verbpaare, wie *legen/liegen, stellen/stehen* und *hängen/hängen*, besonders schwer. Die transitiven Verben (*legen, stellen* und *hängen*) sind schwach und verlangen in der Regel eine adverbiale lokale Bestimmung zur Richtungsangabe im Akkusativ, während die intransitiven starken Verben einen Zustand bzw. eine Position beschreiben, wofür eine Bestimmung des Ortes im Dativ erforderlich ist.

Ich lag im Bett.
Ich legte mich ins Bett.

Die Verbalklammer

Das finite Verb, das im Gegensatz zu allen anderen Satzelementen einen festen Platz im Satz innehat, gilt als syntaktischer Kern eines Satzes.

Im DaF-Unterricht werden meistens folgende Grundregeln genannt:

- Zweitstellung des finiten Verbs in Hauptsätzen (Aussagen)
  und in durch Fragepronomina und Adverbien eingeleiteten Fragen:
  Der Lehrer bringt den Schülern die Adjektivdeklination bei.
  Heute habe ich Urlaub.
  Wie heißt du?
- Spitzenstellung des finiten Verbs bei Entscheidungsfragen
  und im Imperativ:
  Ist das Ihr Kugelschreiber?
  Bring mir die Zeitung!
- Endstellung des finiten Verbs bei Nebensätzen
  Als er nach Hause kam, war die Tür nicht abgeschlossen.

Bei dieser Erläuterung der Stellung des finiten Verbs wird jedoch ein wichtiges Merkmal der deutschen Syntax nicht hervorgehoben: die Verbalklammer. Die o.g. Grundregeln berücksichtigen nicht, dass trennbare Verben im Präsens und Präteritum sowie Vollverben in zusammengesetzten Zeiten (Perfekt, Plusquamperfekt und Futur), im Passiv und in Verbindung mit Modalverben diskontinuierlich erscheinen, d.h. die Verbteile kommen nicht unmittelbar hintereinander im Satz vor und bilden dementsprechend eine Verbalklammer.

Der Begriff *Verbalklammer* kann so weit gefasst werden, dass auch die lexikalisch einteiligen Verben im Präsens und Präteritum eine Klammer bilden, in der das klammerschließende Element durch eine Null-Besetzung gekennzeichnet ist (vgl. Weinrich 1993, 33).

Nach Weinrich lassen sich die Verbalklammern in vier Gruppen unterteilen: Lexikalklammern, Kopulaklammern, Adjunktklammern und Grammatikalklammern, wobei sich letztere wiederum in folgende Subkategorien untergliedern lassen: Tempus-, Passiv- und Modalklammern. Die Lexikalklammer entsteht bei zusammengesetzten Verben, während bei der Kopulaklammer das Verb (z.B.: *sein, werden, bleiben* oder *scheinen*) als klammereröffnendes und das Prädikativ als klammerschließendes Element stehen. Bei den Adjunktklammern handelt es sich um die Diskontinuität zwischen der Subjunktion und dem finiten Verb am Ende des Nebensatzes (vgl. Weinrich 1993, 41–59).

Die Klammerstrukturen werden oft für die Schwierigkeiten bei der Erlernung der deutschen Sprache verantwortlich gemacht. Unter den stark negativen Meinungen zu diesem sprachlichen Phänomen lässt sich wieder Twains Stellungnahme zitieren:

Die Deutschen haben noch eine Art von Parenthese, die sie bilden, indem sie ein Verb in zwei Teile spalten und die eine Hälfte an den Anfang eines spannenden Absatzes stellen und die andere Hälfte an das Ende. Kann sich jemand etwas Verwirrenderes vorstellen? Diese Dinger werden „trennbare Verben" genannt (Twain 1999, 17).

Genauso ausgesprochen negativ ist die Auffassung von Ludwig Reiners:

Das Nachhinken des Zeitwortes ist besonders lästig bei den sogenannten trennbaren Zeitwörtern wie *ankommen, feststellen, vornehmen* usw. *In diesem Augenblick platzte Emanuel, der nur mit Mühe seine Erregung so lange gebändigt hatte, mit den Worten heraus.* Der Satz ist ungeschickt: erstens bleiben wir lange im Unklaren, was mit Emanuel geschehen ist, und zweitens gibt das Nachklappen dem Satze einen elenden Rhythmus (Reiners 1944, 78).

In der neueren Fachliteratur lassen sich jedoch auch positive Ansichten finden, insbesondere Weinrich, Eroms und Preuß betonen die herausragende Rolle der Verbalklammer. Dadurch dass das klammerschließende Element – sei es als Nachverb, als Partizip II oder als Infinitiv – vom finiten Verb getrennt wird, entsteht zwischen den zwei Teilen ein Spannungsverhältnis, das beim Zuhörer einen hohen Aufmerksamkeitsgrad erforderlich macht. Bis der Satz zu Ende kommt, weiß der Zuhörer im Gegensatz zum Sprecher noch nicht genau, worum es in der Äußerung geht, da das klammerschließende Elemente für den lexikalisch-semantischen Inhalt ausschlaggebend ist. Neben einem hohen Aufmerksamkeitsgrad bewirkt die Klammerstruktur auch eine Bedeutungserwartung beim Zuhörer, dessen Hypothese am Ende des Satzes bestätigt oder widerlegt werden kann (vgl. Weinrich 1993, 35–37; Eroms 2000, 309–382, Preuß 2000, 16–30).

Ob diese Besonderheit der deutschen Sprache eher positiv oder negativ zu beurteilen ist, sei hier dahingestellt. Interessant für den DaF-Unterricht ist, dass Lernende vor allem bei der Produktion in der L2 Probleme mit der Verbalklammer haben. Wenn die DaF-Lernenden ihre Aufmerksamkeit hauptsächlich auf die Verbalklammer richten, ist ihr Arbeitsgedächtnis u.U. so ausgelastet, dass ihre Verarbeitungskapazität nicht ausreicht, um auch die Genuszuweisung, die Kasusdeklination und andere morphosyntaktische sowie lexikalisch-semantische Aspekte zu berücksichtigen. Wenn DaF-Lernende hingegen der Verbstellung keine große Aufmerksamkeit schenken und sich auf die anderen Elemente konzentrieren, kann es vorkommen, dass die Klammer unvollständig bleibt. Darüber hinaus ist es für Nicht-Muttersprachler schwer zu erkennen, welche Verben bei der Lexikalklammer trennbar sind, insbesondere wenn die Verben mit den Präfixen *unter-, um-, durch-, wieder-, wider-* und *über-* auftreten, denn hier können die Verben je nach der Betonung trennbar oder untrennbar sein. Selbst die Regel, dass Verben bei Betonung der Vorsilbe trennbar sind, ist nicht besonders hilfreich, da Nicht-Muttersprachler oft den Wortakzent nicht intuitiv erkennen können.

1. dies läßt sich **erklären** aus den politischen und sozialen Erfordernissen in Italien aus Beginn des zwanzigsten Jahrhunderts
2. Nur unter dieser Bedingung kann man **fühlen** den Strom der Liebe Gottes, der die Welt ausfüllt
3. Ich **habe gewählt** Else Lasker-Schüler als Thema meiner Hausarbeit
4. ich **habe beschreibt** das Film
5. ..., **dass sie müssen zerstört werden.**
6. ..., **weil man bewundert die Vergangenheit**
7. ich erinnere mich, dass ich muss äh die Wendeltreppe sagen
8. Es könnte vielleicht sich auf ihre Kokainvergiftung
9. Don Fernando schaut sein Stiefkind
10. die Erfahrungen der Hauptfigur spiegeln zum Teil die Erfahrungen des Autors
11. Ja, ich denk über das Wort
12. auf Deutsch kann es negativ gemeint
13. **Morolt vor dem Tod** sagt ihm, dass ...
14. **wie ich schon gesagt habe, am Anfang** hab ich also äh Englisch äh ähm ausgenutzt
15. **die deutsche Sprache für mich** ist sehr wichtig [5]

Diese Beispiele zeigen zwei weitere syntaktische Probleme: die mehrfache Besetzung des Vorfelds [6] und die Übertragung des Syntaxmusters der Hauptsätze auf die Nebensätze. Die Syntax der Nebensätze mit der Adjunktklammer, die eine Besonderheit der deutschen Sprache ist, ist für das Kontextgedächtnis der DaF-Lernenden vor allem beim Sprechen eine große Herausforderung. Die Regel der Endstellung des finiten Verbs in Nebensätzen kann schnell gelernt werden, verlangt aber m.E. viel Übung bis zur automatisierten Umsetzung in die Praxis.

---

[5] Die Beispiele 1–15 wurden dem Datensatz in Colombo: 2005, 101, 113–114, 121, 128, 165, 170, 187, 198, 201, 206, 217, 222, 235 entnommen.

[6] Zu den Schwierigkeiten bei der Besetzung des Vorfelds siehe u.a. Mode 1987 und Weinrich 1993, S. 61–80.

Literatur

Ammon, Ulrich (2004): Ein Gespräch über Schwierigkeiten europäischer Sprachenpolitik, besonders im Hinblick auf die deutsche Sprache. In: Altmayer, Claus/Forster, Roland/Grub, Frank Thomas (Hg.): Deutsch als Fremdsprache in Wissenschaft und Unterricht: Arbeitsfelder und Perspektiven. Frankfurt/M.: Lang, S. 407–414.

Auslandsschulverzeichnis. In: http://www.auslandsschulwesen.de/cln_046/nn_389946/Auslandsschulwesen/Auslandsschulverzeichnis/Schulverzeichnis/Auslandsschulverzeichnis,templateId=raw,property=publicationFile.pdf/Auslandsschulverzeichnis.pdf (Stand: 25.06.2008).

Bader, Wolfgang (2006): Die Stellung der deutschen Sprache in Europa – Probleme und Perspektiven in sechs Stichworten. In www.goethe.de/mmo/priv/936041-STANDARD.pdf (Stand: 27.05.2006).

Colombo, Simona (2005): Deutsch als Fremdsprache. Kommunikationsstrategien im geschriebenen und gesprochenen Deutsch italienischer Studierender. Frankfurt/M.: Lang.

Eroms, Hans-Werner (2000): Syntax der deutschen Sprache. Berlin/New York: De Gruyter.

Europäische Kommission (2001): Europäer und Sprachen: eine Sondererhebung von Eurobarometer. In: http://www.ec.europa.eu/educatin/policies/lang/policy/consult/ebs_de.pdf (Stand: 25.06.2008).

Hoberg, Ursula (2004): Grammatik des Deutschen im europäischen Vergleich: Das Genus des Substantivs. Mannheim: Institut für Deutsche Sprache.

http://www.derweg.org/deutschland/gesamt/menschen.html (Stand: 27.05.2006).

http://www.goethe.de/ins/wwt/sta/deindex.htm (Stand: 25.06.2008).

Mode, Donatien (1987): Syntax des Vorfelds. Zur Systematik und Didaktik der deutschen Wortstellung. Tübingen: Niemeyer.

Preuß, Gerhard (2000): Die Gedächtnisrelevanz der Verbalklammer. Untersuchung zur kognitiven Funktionalität einer topologischen „Kapriole" der deutschen Sprache. Hamburg: Kovač.

Reiners, Ludwig (1944): Deutsche Stilkunst. Ein Lehrbuch deutscher Prosa. München: Beck.

Rösler, Dietmar (1994): Deutsch als Fremdsprache. Stuttgart/Weimar: Metzler.

Twain, Mark (1999): The Awful German Language, Die schreckliche deutsche Sprache, übers. v. Ana Maria Brock, Waltrop/Leipzig: Manuscriptum.

Weinrich, Harald (1993): Textgrammatik der deutschen Sprache. Mannheim/Leipzig/Wien/Zürich: Duden.

Das Englische – Zur Sprache der Angelsachsen

PETER FENN

1   Verbreitung

Weltweit gibt es (nach Crystal 1995) 75 Länder oder Territorien, in denen Englisch eine „Sonderstellung" genießt, d.h. als Landessprache (in England, etwa), als Ko-Landessprache (in Wales, Kanada, usw.), als Verkehrs- und/oder Amtssprache anderer Art (z.b. in Indien mit Hindi, Englisch und 17 gleichberechtigten Regionalsprachen als Amtssprachen) oder als Pidgin- oder Kreolsprache, wie z.b. in Nigeria (Pidgin), Trinidad und Tobago (Kreolsprache) oder Papua-Neuginea (beides). Diese 75 Territorien haben eine Gesamtbevölkerung von etwa 2.000.000.000 Menschen, was ca. ein Drittel der Weltbevölkerung ausmacht. In den meisten dieser Länder ist Englisch Haupt- oder alleinige Bildungssprache. Von den 2 Milliarden Menschen ist Englisch für 337 Millionen die Erstsprache (L1) und für 235 Millionen die Zweitsprache (L2). Darüber hinaus ist Englisch die weltweit wichtigste Fremdsprache (z.B. die erste Fremdsprache in mehr als 50% der Länder der Welt) sowie die wichtigste internationale Verkehrssprache in den meisten Kulturbereichen des Lebens (z.B. Wirtschaft, Recht, Politik, Reisen, Sport, und in vielen anderen Sparten des Berufslebens).

2   Geschichte

Mit dem „Urbritischen" hat Englisch nichts zu tun. Die „Altbriten" (vor und während der römischen Besatzung) waren Kelten und sprachen keltische Dialekte, die in Schottland, Irland und Wales in kleinen Resten heute noch erhalten sind.

   Englisch hingegen ist eine germanische Sprache, und hat sich aus dem Altsächsischen und anderen nordseegermanischen Mundarten entwickelt, die im heutigen Niedersachsen, Friesland und Schleswig-Holstein im ersten Millenium unserer Zeitrechnung heimisch waren. Diese Varianten der altdeutschen Sprache waren im Gegensatz zum Althochdeutschen nicht von der Zweiten Lautverschiebung (um 600 n. Chr.) betroffen und gaben die Basis für das spätere Holländische, Plattdeutsche, Friesische und Englische ab. Nordseegermanen, die nach Ende der Römerzeit England besiedelten, brachten als Angeln, Sachsen und Jüten ihre Dialekte mit, die das Altkeltische vertrieben und im Laufe der nächsten 3 Jahrhunderte (bis 700 n.Chr.) zu einer „englischen" Sprache verschmolzen. Dieses Old English (oder Anglo-Saxon) ist dem Althochdeutschen grammatisch und semantisch recht ähnlich (aber eben „unverschoben", vgl. engl.-dt. *tin/Zinn, apple/Apfel*, usw. aus heutiger Zeit). Vor allem war es eine stark flektierte Sprache, wie es das heutige Deutsch geblieben ist. Wer Althochdeutsch lesen kann, tut sich nicht schwer, Old English zu lernen. Vom heutigen Englisch aus jedoch kann die Altsprache (im Gegensatz zum Middle English des Mittelalters) kaum erschlossen werden.

Für den ersten deutlichen Fremdeinfluss aufs Altenglische haben die Wikinger gesorgt, die vom 9.–11. Jahrhundert das Land wiederholt überfielen und zeitweise besetzt hielten. Wörter, die z.B. mit /sk/ und /g/ anfangen (*sky, skirt, give, get*), sowie die Pronomina *they, their, them* gehen auf die Wikingersprache zurück, das Altnordische, den Vorläufer der modernen skandinavischen Sprachen.

Aber die radikalsten Veränderungen des Angelsächsischen in Richtung modernes Englisch geschahen durch die im Jahre 1066 beginnende normannische Eroberung des Landes. Damit wurde Französisch auf die Insel gebracht, und blieb unter den Normannen 300 Jahre lang Sprache der Oberschicht und Monarchie. Mit der Zeit gewann das eingeborene Idiom zwar wieder die Oberhand, hatte aber unter romanischem Einfluss bis dahin sehr viel von seiner typisch germanischen Grammatik- und Wortschatzstruktur eingebüßt. Durch die neue, französisch beeinflusste Aussprache verschoben sich die Betonungsmuster dermaßen, dass die meisten grammatisch entscheidenden Flexionen verschwanden und mit ihnen auch die Nominalkategorien *Genus* und *Kasus* sowie die Morphologie der vielfältigen germanischen Mehrzahlformen. Gleichzeitig hatte die Flut von französischen Lehnwörtern bis zu 40 % des Vokabulars romanisiert. Das daraus hervorgehende Middle English (bis etwa 1500) ist damit zur erkennbaren Grundlage der modernen Sprache geworden. Diese Phase der Entwicklung hat auch deutliche Spuren im empfindlichen Verhältnis zwischen Rechtschreibung und Aussprache hinterlassen. Die Rechtschreibung blieb und bleibt heute noch, etwas grob verallgemeinert, mittelalterlich. Bis zum Erwachen der Renaissance und zur Thronbesteigung der mächtigen Tudor-Dynastie jedoch hatte die „Große Vokalverschiebung" den Klang der Sprache erheblich verändert: eine beträchtliche Kluft zwischen Aussprache und Orthografie hatte sich aufgetan, und die moderne Ära der „Rechtschreibverwirrung" eingeläutet.

3   Der englischsprachige Lerner und das Deutsche

Schwierigkeiten I: der morphologische Bereich

Für englischsprachige Lernende der Anfänger- bis fortgeschrittenen Mittelstufen ist es die morphologische Komplexität der deutschen Nominalphrase, die zunächst wohl die größte Herausforderung darstellt. Die meisten Schüler machen ihre ersten Erfahrungen mit dem Phänomen des grammatischen Geschlechts, das vom Englischen her ja unbekannt ist, normalerweise anhand des Französischen oder Spanischen, da diese in der Regel (zumindest traditionell) die ersten Fremdsprachen sind. Gegenüber dem romanischen Genussystem ist das deutsche allerdings aufwändiger, weil um ein Geschlecht erweitert (nämlich ums Sächliche). Zusätzlich lassen sich deutsche Substantive geschlechtsmäßig nur sehr bedingt an ihrer Form bestimmen (*-e* ist zwar eine typisch weibliche Endung, *-er* eine allgemein männliche, aber Ausnahmen sind häufig, außerdem handelt es sich hierbei um keine Regel, sondern lediglich um eine gewisse Regularität). Ein erster, sehr wichtiger Schritt besteht in der Erkenntnis, dass Artikelwörter die Hauptmerkmalsträger des Genus sind, und dass sich das Geschlecht eines Nomens am ehesten einprägen lässt, wenn man das Wort in fester Verbindung mit dem entsprechenden bestimmten Artikel lernt. Mit diesem „didaktischen" Prinzip des bewussten Vokabelerwerbs ist zumindest der Französischlerner im Grunde vertraut.

Im Falle der deutschen Sprache ist das Erlernen des „richtigen" Artikels aus einem weiteren Grunde allerdings noch wichtiger, denn der deutsche Artikel ist Merkmalsträger nicht nur des Geschlechts, sondern auch des Kasus. Im Gegensatz zu anderen, der angelsächsischen Sprachdidaktik geläufigen Kasussprachen (Latein etwa, oder Russisch), weist das Deutsche die Deklinationsformen nicht am Substantiv selbst, sondern am Artikel aus. Man hat also bei drei grammatischen Geschlechtern und vier Fällen nicht weniger als zwölf Artikelfunktionen zu berücksichtigen, denen sich im Plural noch weitere vier hinzugesellen.

Schließlich bilden auch die Mehrzahlformen der Substantive selber ein zentrales Kapitel in diesem überaus komplexen Bereich. Wie bei der Geschlechtsbestimmung gilt hier auch, dass es zwar gewisse Muster und Regelmäßigkeiten in der Verteilung der immerhin acht verschiedenen Formen der Pluralbildung, aber keine ausgesprochenen Regeln gibt. So gelten *-n* und *-en* als charakteristisch weibliche Mehrzahltypen (*Lampen, Frauen, Taten*), *-e* und Umlaut + *-e* als männliche (*Tage, Hunde, Fälle*), *-er* und Umlaut + *-er* als sächliche (*Bretter, Fässer, Räder*). Allerdings wüten gerade im Alltagsbereich die Ausnahmen: neben *Bretter* z.B. *Fette* und *Betten*, außer *Hunde* auch *Männer* und *Götter*, andererseits aber *Schmerzen* und *Vettern*, sowie umgekehrt eine Reihe von Feminina, die „männliche" Mehrzahlformen aufweisen, z.B. *Städte, Würste, Äxte, Mäuse* usw. Beim Maskulinum quält grundsätzlich die Entscheidung für oder gegen Umlaut: z.B. *die Haken, Wagen, Knochen* versus *die Nägel, Öfen und Väter*. Daneben gibt es sogenannte „schwach" zu deklinierende Maskulina (*Held, Nachbar, Herr und Mensch*), die außer im Nominativ auch in der Einzahl mit *(-e)n* flektiert werden.

Im syntaktischen Zusammenhang entsteht bei der Nominalphrase die zusätzliche Schwierigkeit der schwachen und starken Deklination von Adjektiven, je nachdem, was für ein Artikelwort das Nomen begleitet: z.B. *das rote Dach, die roten Dächer* (schwach), *ein rotes Dach, rote Dächer* (stark).

Abhilfe bieten bei diesem ganzen Themenkomplex im Wesentlichen eine sorgfältige Formenlehre und ein extensiver Übungsapparat, der stets ganze syntaktische Zusammenhänge berücksichtigt. Es ist jedoch auch dann zu erwarten, dass eine relativ fehlerfreie Beherrschung der deutschen Morphologie erst nach langem, intensivem Übungsprozess gelingen wird. Auch bei fortgeschrittenen Sprachteilnehmern, die das Deutsche weitgehend fließend und auch sonst syntaktisch korrekt verwenden, sind der „Flexionsteufel", sowie das falsch gewählte (oder flüchtig verwählte) Genus häufig noch lange Zeit allgegenwärtige Erscheinungen. Solche Probleme werden auf etwas niedrigerer Lernstufe durch phonetisch-lexikalische Schwierigkeiten manchmal noch intensiviert. Zum Beispiel führen Homonyme und sonst recht ähnlich klingende Wörter bei nichtgefestigtem lexikalischem Wissen öfter zu „Trennschärfenstörungen" in der akustischen Speicherung, die Verwechslungen grammatischer Art nach sich ziehen können:

der/das Band (Pl.: *Bände* vs. *Bänder*), *der/das Bund* (Pl.: *Bünde* vs. *Bunde*), *die Bande* (Pl.: *Banden*); *die Bank* (Pl.: *Bänke* vs. *Banken*); *die Bude/der Boden, der Gedanke/das Getränk/der Gestank/das Gesteck*, usw.

Morphologisch gesehen bietet das deutsche Verb weitaus weniger knifflige Lernprobleme (zumal aus angelsächsischer Sicht) als das Substantiv. Konjugationsformen sind (verglichen z.B. mit denen romanischer Verbsysteme) relativ einfach. Präteritums- und Perfektbildung bei den starken („unregelmäßigen") Verben erfolgt nach Grundsätzen der Vokaländerung (Ablaut), mit denen der englische Muttersprachler zumindest prinzipiell schon vertraut ist (z.B. bei *swim/swam/swum, eat/ate/eaten*, usw.). Es ist von daher naheliegend, dass sie sich für ihn (schon vom Klang her) leichter einprägen lassen. Konjunktivformen bilden hier allerdings wieder eine Ausnahme.

Schwierigkeiten II: die Syntax des Kasus

Kasus ist die am Substantiv vollzogene, morphologische Signalisierung gewisser grundlegender phrasen- oder satzsyntaktischer Funktionen (z.B. Subjekt, Objekt, Präpositionalergänzung, usw.). Abgesehen von ein paar Resterscheinungen bei den Personalpronomina (*I/me, she/her, we/us*, usw.) besitzt die englische Sprache seit dem Untergang des Altenglischen kein Kasussystem mehr. Beim Erlernen von Kasussprachen wie Latein, Russisch oder Deutsch sieht sich daher der angelsächsische Lerner zunächst mit einer ihm neuen Begrifflichkeit konfrontiert. Termini wie Akkusativ oder Dativ bedeuten ihm von seiner eigenen Sprache her nichts. Diese kennzeichnet Satzfunktionen im Wesentlichen durch Wortstellung. So sind die grundlegenden Unterschiede in den Subjekt-Objekt-Verhältnissen zwischen den beiden Sätzen *The man bit the dog* und *The dog bit the man* lediglich durch den Stellungstausch von *the dog* und *the man* markiert. Im Deutschen hingegen ist dies nicht zwingend der Fall, vgl. *Der Mann biss den Hund* und *Den Hund biss der Mann.* Hier stehen Kasusmittel zur Verfügung, um die gleiche Subjekt-Objekt-Relation auch bei veränderter Wortstellung zu kennzeichnen. Andererseits ist zur korrekten Wiedergabe der beabsichtigten syntaktischen Struktur eines deutschen Satzes die Kasusmarkierung genauso zwingend wie im Englischen die Wortstellung. Dies muss man als DaF-Lerner erst begreifen und dann stets darauf achten. Was den Prozess sicher erleichtert, ist die weitgehende Übereinstimmung – zumindest in groben Zügen – zwischen den englischen Funktionen *Subjekt, direktes Objekt* und *indirektes Objekt* einerseits, und den deutschen Kasusbegriffen *Nominativ, Akkusativ* und *Dativ* andererseits.

Kasusforderungen bestimmter Verben weichen allerdings manchmal von erwarteten Mustern ab, z.B. beim Satzpaar *Ich habe dich etwas gefragt* und *Ich habe dir schon geantwortet.* Nach englischer Auffassung wären hier die funktionalen Kasusentsprechungen vertauscht: das *dich* kennzeichnet im ersten nämlich das indirekte Objekt und das *dir* im zweiten das direkte. Grund dafür ist, dass die deutsche Rektion ungeachtet allgemeiner semantischer Bezüge auch eine (historisch bedingte) Eigenschaft individueller Verben sein kann und in dem Fall entsprechend vereinzelt gelernt werden muss. *Fragen* regiert auch bei Personen immer den Akkusativ, *antworten* hingegen immer den Dativ. Beim Letzteren hängt die Besonderheit wohl damit zusammen, dass das Verb *antworten* nur die persönliche Objektbildung (und nicht die unpersönliche) erlaubt, und damit stets in der Bedeutung *jemandem eine Antwort geben* gesehen wird. Ähnliche Beispiele sind die Verben *glauben* und *helfen*, deren englische Entsprechungen als normal monotransitiv aufgefasst werden (*Do you believe me?; She helped him with his homework*).

Was sich u. A. an solchen Beispielen eindrücklich zeigt, ist die völlige Unbrauchbarkeit von Begriffen wie „Akkusativobjekt" und „Dativobjekt", die aus der deutschen Syntaxlehre muttersprachlicher Prägung stammen. Solche Termini vermischen in unzulässiger Weise zwei Ebenen, die vor allem aus kontrastiv-linguistischer Sicht unbedingt auseinandergehalten werden sollen: zum einen die syntaktisch-semantische (*Subjekt/Objekt,* usw.), zum anderen die formal-morphologische (Kasus als Flexionssystem). Denn nur bei einer sorgfältigen konzeptuellen Unterscheidung können Entsprechungen und Abweichungen in der Beziehung zwischen den Ebenen explikativ erfasst und der Sprachgebrauch tatsächlich erklärt werden. Beliebte Benennungsfaustregeln für Muttersprachler, wie „Ein Substantiv steht dann im Dativ, wenn ich danach mit *wem* fragen kann" sind in einem DaF geprägten Rahmen natürlich unsinnig. Der Ausländer weiß nämlich erst dann, dass er eine Frage mit *wem* stellen muss, wenn ihm schon klar ist, dass das zu erfragende Wort im Dativ zu stehen hat. Ist ihm beispielsweise die Dativrektion des Verbs *glauben* unbekannt, wird er als Objekt-Fragepronomen vermutlich *wen* (oder gar *wer*) wählen, z. B. **Wen soll ich glauben?*

Besonders komplex, weil auch teilweise redundant, gestaltet sich die deutsche Kasusforderung nach Präpositionen. In vielen Sprachen, vor allem in Nicht-Kasussprachen, haben Präpositionen kasusergänzende bzw. kasusersetzende Bedeutung. Das sieht man im Englischen sehr genau: Hier werden viele semantische Funktionen, die klassischerweise durch den Kasus ausgedrückt werden (z. B. der Instrumentalfall, der Lokativ und der Ablativ) präpositional vermittelt. Umgekehrt machen Kasussprachen gewöhnlich viel weniger häufig Gebrauch (wenn überhaupt) von Präpositionen. Das Deutsche hat jedoch beides: ein ausgeklügeltes Präpositionalsystem wie im Englischen, und dazu noch ein (vor allem aus Lernersicht) recht verzwicktes System der Präpositionalrektion. Dieses ist teilweise rein grammatisch, teilweise auch semantisch und zu einem dritten Teil idiomatisch bedingt. So verbindet sich eine Reihe von Präpositionen nur mit dem Dativ (*aus, bei, mit, nach, seit, von, zu*), eine weitere Gruppe hingegen entweder mit Dativ oder mit Akkusativ, je nach Bedeutung (*an, auf, hinter, neben, in, unter, über, vor, zwischen*). Wieder andere regieren nur den Akkusativ (*bis, durch, für, gegen, ohne, wider*) und einige sogar (vor allem abgeleitete) den Genitiv (*trotz, während, wegen, statt, außer- /ober- /innerhalb,* usw.). Problematisch ist die zweite Gruppe, da bei der Kasuswahl semantische Kriterien herangezogen und gedeutet werden müssen (d. h. für den Akkusativ die Bezeichnung der Richtung, für den Dativ die Bezeichnung der Lage). Schwierigkeiten können zum einen besonders durch bestimmte „Deutungsfälle" entstehen: z. B. *auf dem Platz landen,* aber *auf den Platz fallen; an den*

Bahnhof kommen, aber *am Bahnhof ankommen*; *Sie stellte den Korb auf den Tisch*, aber *Sie stellte den Korb auf dem Tisch ab*; zum anderen verlangen übertragene Bedeutungen und idiomatische Verbindungen immer wieder eine große Aufmerksamkeit beim Lerner: z.b. *sich an Gesetze halten, sich an Gesetzen freuen; auf eine Lösung fixiert sein, auf einer Lösung bestehen*, usw.

Die lebendige, immer wieder faszinierende Andersartigkeit einer fremden Sprache spiegelt sich unter anderem in der Art und Weise wider, wie sich grundlegende syntaktische Eigenschaften sich gleichsam „kreativ" zu typischen Formen des Ausdrucks verdichten und die verschiedensten Wendungen und semantischen Fügungen prägen. Wie sehr der Kasus einen integrierten Bestandteil des deutschen Ausdrucksinventars darstellt, sieht man z.b. an den diversen Gewändern, in denen sich der Dativ als „sekundäres Satzglied" präsentiert: *Meinem Vater schmerzt der Kopf; Er sieht seiner Tochter in die Augen; Dem Kind fiel die Mütze vom Kopf; Der Pförtner öffnet der Frau die Tür; Der Schlüssel ist dem Kind ins Wasser gefallen* (alle Beispiele aus Helbig/Buscha, 1988, 289). Und auf der Phrasenebene: *jemandem treu, nahe, ähnlich*, usw. *sein*.

Das Englische muss sich hier ganz anderer Ausdrucksmittel bedienen: *My father has a headache; He looks into his daughter's eyes; The doorman opens the door for the woman; The child dropped its key in the water; to be true, close, similar to someone.*

„Gute" Sprachenlerner begegnen solchen kontrastierenden Spracheigenschaften mit großer Freude und Aufmerksamkeit. Gleichzeitig brauchen sie aber Lehrer, die sie darin unterstützen, die fähig sind, „knifflige" strukturelle Eigenarten zu vermitteln und mit ihren Schülern gezielt zu üben, und zwar nicht nur um der Beherrschung willen, sondern auch um sprachliche Neugier und kommunikative Motivation schon in der Beobachtung des „anders Gearteten" zu wecken.

Schwierigkeiten III: die Syntax der Wortstellung im Hauptsatz

Bekanntlich bereiten FS-Lernern häufig gerade jene Strukturen der Zielsprache Probleme, die sich im Gebrauch teils mit ähnlichen in der Muttersprache decken und teils hiervon erheblich abweichen. Es kommt dann zur Problematik der fehlenden „Trennschärfe", bei der das Ähnliche in fehlerhafter Weise aufs Unterschiedliche ausgedehnt, d.h. übergeneralisiert wird. Die Gefahr solcher unzulässigen Verallgemeinerungen ist aus englischsprachiger Sicht beim deutschen Satzbau gegeben, und zwar besonders hinsichtlich der Wortstellung. Weist das Deutsche nämlich zunächst eine dem Englische ähnliche S-P-O-Grundstruktur auf, verändert sich dies bereits durch die Platzierung einer Adverbialbestimmung an den Satzanfang, z.b. *Papa kocht schnell einen Tee in der Küche* → *In der Küche kocht Papa schnell einen Tee.* Die so bewirkte Umkehrung von Subjekt und Verb (Inversion) ist dem englischen Sprecher von seiner Muttersprache her nur in Fragesätzen geläufig, und widerstrebt ihm bei einer normalen Aussage. Hier würde das Englische also wie sonst überall die S-P-Form beibehalten: *In the kitchen Dad quickly makes a cup of tea* (weswegen dann der typische Fehler im Deutschen: **In der Küche Papa kocht schnell einen Tee*).

Ganz fremd ist dem Englischsprachigen die deutsche Inversion allerdings nicht, denn es gibt bei gewissen verneinenden oder einschränkenden Adverbialien in Anfangsstellung auch im Englischen einen Inversionszwang: *Scarcely was he in the room when they started to bombard him with questions (Kaum war er im Zimmer, fingen sie an…); Not only did John arrive late, but he had also forgotten to bring money with him (Nicht nur kam John zu spät, sondern er hatte es auch vergessen, …).* Diese germanischen „Restspuren" im heutigen Englisch können u.U. als Erklärungsgrundlage bzw. als Einstiegshilfe bei der akustischen Gewöhnung an das deutsche Muster dienen. Besinnt sich der Lerner nämlich darauf, klingt die deutsche Wortstellung dann gar nicht so fremd und lässt sich leichter merken.

Letzteres gilt leider nicht mehr für die berüchtigte deutsche Klammerstellung. Diese Regel fordert unter gegebenen Umständen, dass das Prädikat bzw. ein Teil davon ans Satzende wandert, während das Subjekt mit etwaigem Hilfsverb in der Normalstellung verbleibt und so eine „Einklammerung" der weiteren Satzglieder (Objekte, Adverbialien) bewirkt. Dem angelsächsischen Schüler begegnet das Phänomen üblicherweise zunächst bei mehrteiligen Prädikaten, wie z.B. im Falle des Perfekts oder des Passivs: *Ich fuhr mit dem Zug nach Schifferstadt* → *Ich bin mit dem Zug nach Schifferstadt gefahren; Das Kinopersonal schloss nach Beginn des Films die Türen zum Auditorium* → *Die Türen zum Auditorium wurden nach Beginn des Films vom Kinopersonal geschlossen.*

Als nächster Schritt werden dann meistens ähnliche Konstruktionen mit modalen Hilfsverben in das gleiche Muster gepasst: *Ich soll mit dem Zug nach Schifferstadt fahren; Das Kinopersonal muss nach Beginn des Films die Türen zum Auditorium schließen.* Auf den englischsprachigen Lerner wirkt dieses drastische Auseinanderreißen dessen, was nach der im Grundsatz schließlich auch vom Deutschen befolgten S-P-O-Logik zusammengehören müsste, zunächst vollkommen unnatürlich. Der Drang, derartig „Unnatürliches" in englische Richtung wieder zu „korrigieren", ist häufig geradezu unwiderstehlich (**Ich soll fahren mit dem Zug nach Schifferstadt*), und das durchaus nicht nur bei Anfängern. Darüber hinaus kann das verzögerte syntaktische Auftreten das Hauptverbs kurzfristig gesehen zu gewissen lernpsychologischen Bremswirkungen führen. Zum einen kann sich der unerfahrene Lerner beim Produzieren seiner ersten Sätze nicht einfach mit der mentalen Methode der linearen Übersetzung eines englischen Ausgangssatzes (wie etwa im Französischen möglich) behelfen, da ja in der zielsprachigen Äußerung wichtige Satzkomponenten in ganz anderer Stellung vorkommen müssen. Zum anderen werden kollokative Einheiten sequentiell unterbrochen, sodass, wie sich FS-Schüler oft beklagen, das anvisierte lexikalische Verb von den eingeklammerten Satzteilen aus dem Gedächtnis verdrängt wird, ehe man am Satzende sozusagen „angekommen" ist. Auf obige Beispiele bezogen könnte es der Sprecher also schwierig finden, sich bis zum Satzabschluss noch zu merken, was es genau war, was das Kinopersonal tun muss bzw. welcher Vorgang mit dem Zug nach Schifferstadt verbunden ist. Darin scheinen sich interessante sprechprozessuale Differenzen der beiden Sprachen widerzuspiegeln. Während die englische Äußerung mental stets vom Satzkern her determiniert und hauptsächlich vorgangsverankert ist, scheint sich der Sinn des Satzes für den deutschen Sprachbenutzer umgekehrt von der Prädikatsergänzung aus (semantisch also vom Ziel her) zu erschließen. Dafür spricht auch die Tatsache, dass deutsche Infinitivphrasen, sogar in isolierter Form, immer mit dem Verb in Endstellung erscheinen. Sagt also der Angelsachse z.B. *to drink beer* oder *to eat fish,* ist das für den Deutschen *Bier trinken* und *Fisch essen.* In kommunikativer Umgebung fällt dem Ausländer diese Struktur besonders dann auf, wenn Anweisungen durch den Infinitiv ausgedrückt werden, so etwa bei Kochanleitungen: *Zwei Pfund Suppenspargel waschen, ungeschält in Stückchen schneiden, mit Wasser bedeckt aufsetzen, auf kleinem Feuer 20 Minuten kochen* … (Aureden 1965, 32).

Darin ist gleichzeitig ein Hinweis zum besten Lernzugang enthalten: neue Vokabeln und Strukturen sollten immer in Sinnsequenzen, d.h. in versatzstückartigen Sinnbrocken, oder, wie die neuere englische Sprachdidaktik es gelegentlich nennt, in *chunks* gespeichert werden (vgl. z.B. Timm 1998, 264). Dadurch festigt sich sowohl die assoziative semantische Verbundenheit als auch die grammatische Kohäsion unter den einzelnen Gliedteilen der betreffenden Sinneinheit, was bei einer morphologisch komplexen Sprache wie Deutsch als besonders wichtig erscheint.

Diese Komplexität geht bei der Satzklammer weiter. Sind nämlich weitere Hilfsverben vorhanden, kommen auch sie ans Satzende, und zwar in umgekehrter Reihenfolge: *Er soll mit dem Zug nach Schifferstadt gefahren sein.* Gleichzeitig kann dem Lerner gerade in diesem Zusammenhang eine Eigenart der Modalverben begegnen, die eine besondere Relevanz hat für den Konditional II: die Übernahme der Partizipialfunktion durch den Infinitiv: *Er hätte mit dem Zug nach Schifferstadt fahren sollen.* Beim Irrealis können auch zwei Hilfsverben (auch wieder in der

Inversionsfolge) am Satzende vorkommen: *Er hätte zu dem Zeitpunkt schon gefahren sein sollen.* Bedenkt man den Verbreitungsgrad des Irrealis in der Alltagssprache („was hätte sein müssen, und was nicht hätte vorkommen dürfen"), wird einem schnell bewusst, wie kompliziert schon im relativ normalen (auch gesprochenen) Gebrauch der Sprache grammatische Operationen sein können, vor allen Dingen dann, wenn sie sich von syntaktischen Mustern mit ähnlicher Bedeutung in der Muttersprache erheblich unterscheiden. Die englischen Entsprechungen der letzten drei Sätze lauten: *He is supposed to have gone by train to Schifferstadt; He should have gone by train to Schifferstadt; By that time he should already have left* (bzw. *gone*).

Am Rande sei zum Gebrauch von *sollen* bemerkt, dass englisch *should have* zwei verschiedene Bedeutungen undifferenziert beinhaltet, die im Deutschen auseinandergehalten werden müssen: zum einen die irreale Aussage, zum anderen die rein perfektisch-spekulative. Das heißt, *He should have left already* bedeutet sowohl *Er hätte schon abfahren sollen* als auch *Er sollte schon abgefahren sein.* Vom Gebrauch des deutschen Konjunktivs wird noch in anderem Zusammenhang zu sprechen sein. Auf die Modalverben kommen wir ebenfalls zurück.

Zwei weitere wichtige Punkte bezüglich der Klammerstellung sollen hier noch angesprochen werden. Der erste betrifft im einfachen Satz das Phänomen des Präfixverbs mit trennbarer Vorsilbe. Beim zweiten kommen wir auf einen syntaktischen Großbereich zu sprechen, der vom Lerner eine besonders behände Handhabung der Verbklammer fordert, nämlich den deutschen Nebensatz.

Schwierigkeiten IV: Die Klammerstellung beim Präfixverb

Trennbare Vorsilben haben uralte englische Partner in den sogenannten Adverbpartikeln, die zur Bildung von *Phrasal Verbs* beitragen. Wie deutsche Präfixe, sind die Partikeln mit Präpositionen verwandt (in den meisten Fällen sogar mit ihnen identisch) und wirken bedeutungsmäßig auf das Grundverb adverbial-modifizierend ein. In beiden Sprachen sind solche Elemente wichtige Bausteine im Wortbildungsprozess und unterliegen einer semantischen Systematik, die vom FS-Lerner unabdingbar erfasst werden muss, selbst wenn die Beherrschung der Fremdsprache nur bis auf einigen Stufen über dem Grundbereich gelingen soll.

Zunächst einmal aber zur Auswirkung der deutschen Vorsilbe auf die Wortstellung. Der Lerner muss erst einmal wissen, dass es zwei Präfixkategorien gibt, die eine aus trennbaren, die andere aus untrennbaren Präfixen bestehend. Die untrennbaren (*be-, ent-, er-, ver-, zer-,* usw.) haben keinerlei Relevanz für die Wortstellung, da sie stets als verbundener Teil des jeweiligen Verbs erscheinen. Die trennbaren (*ab-, an-, auf-, aus-, bei-, mit-, nach-, vor-, zu-, ein-, fort-, her-, hin-, nieder-, weg-, weiter-, wieder-*, usw.) lösen sich jedoch immer vom (eingliedrigen) konjugierten Verb und bilden am Satzende in ähnlicher Weise wie Partizipien und Infinitive den Schlussteil einer Satzklammer, z.B.: *Wir kauften heute morgen viel für das Fest ein; Ich schlage zwei mögliche Aktionspläne vor; Die Firma stellt Lampenschirme her.*

Im Englischen gibt es hier auch wieder eine germanische Restspur, die gewisse Parallelen aufweist, und zwar beim schon erwähnten *Phrasal Verb*, das eine enge Klammerbildung um ein direktes Objekt bilden kann: *I looked the word up in a dictionary (ich schlug das Wort in einem Wörterbuch nach); The children put their toys away (die Kinder räumten ihre Spielsachen weg).* Diese Nachstellung der Partikel ist bei Vollsubstantiven allerdings fakultativ (*I looked up the word…; The children put away their toys*). Nur bei Pronominalisierung greift sie obligatorisch in das Geschehen: *I looked it up in a dictionary, The children put them away.* Zudem umfasst die englische Klammer lediglich das Objekt und keine weiteren Satzteile wie im Deutschen. Trotzdem bewirkt die ähnliche Konstruktion in der Muttersprache eine gewisse Vertrautheit mit dem Phänomen, die den Erwerb der allgegenwärtigen deutschen Satzklammer günstig beeinflussen kann.

Doch ist der deutsche Fall weitaus komplexer. Beim *zu*-Infinitiv und Partizip Perfekt verbindet sich die Vorsilbe wieder mit dem Verb, dann allerdings noch vor dem *zu* bzw. dem Partizipialpräfix *ge-*: *Ich habe nicht die Absicht, morgen früh aufzustehen; Ich bin gestern bereits früh aufgestanden.* Von daher mag die englische Entsprechung ein relativ schwacher Trost sein, ist sie doch viel eingeschränkter in der syntaktischen Reichweite. Aus der Sicht des englischsprachigen Lerners können sich dem Konglomerat syntaktischer und morphologischer Probleme durch entstehende Konsonantenhäufungen auch noch phonetische hinzufügen. Hier wären beispielsweise im Wort *aufzustehen* der Übergang zwischen [f] und [ts] und das weitere Folgen einer schwierigen Zischlautverbindung [ʃt] zu erwähnen. Solche Lautfolgen sind für sich allein schon durchaus übungsbedürftig und steigern noch die Gesamtkomplexität der grammatischen Lernaufgabe. Gerade in solchen Fällen ist die Anwendung von *Chunk-Learning*-Techniken wieder sehr empfehlenswert. Allerdings sind akustisch-artikulatorische Übungsmethoden, muss man warnender Weise sagen, keine Taschenspielertricks oder sonstigen Kunstgriffe. Der angestrebte Automatisierungseffekt kann nur auf der Grundlage des morpho-syntaktischen Verständnisses gelingen. Das wiederholte Aufsagen und Auswendiglernen allein bringt wenig. Praktisches linguistisches Wissen muss mitgespeichert werden, sonst sind die erlernten Kommunikationsmittel nicht wirklich frei abrufbar.

Schwierigkeiten V: Die Klammerstellung im Nebensatz

Der durch Konjunktion eingeleitete Nebensatz bedingt grundsätzlich die Klammerstellung. Sie ist jedoch eine etwas andere als die der Hauptsatzklammer, denn der erste Klammerteil im Nebensatz ist nur das Subjekt des Verbs. In diesem Fall verschiebt sich also das ganze Prädikat (auch wenn es nur aus einem Verb besteht) ans Satzende. Das ergibt sich logischerweise aus der Grundsätzlichkeit der Klammerstellung. Wäre sie, wie im Hauptsatz, erst durch die Mehrteiligkeit des Prädikats oder die sonstige Trennbarkeit von dessen Teilen bedingt, dann würde sie natürlich nicht immer greifen. Weil sie aber greifen muss, wird aber im Nebensatz auch aus dem einteiligen Prädikat eine Klammer gebildet. Das einzelne Hauptverb, wie auch sonst die gesamte Verbalphrase, befindet sich also in der Endstellung: *Er will, dass ich ihm helfe.* Anders als im Hauptsatz bleiben dann trennbare Vorsilben als Anfangselemente sogar mit dem finiten Verb verbunden: *Er will, dass ich die Tat zugebe.* Sind Hilfsverben vorhanden, gehen sie die übliche, weiter oben schon erklärte Inversionsbeziehung zum Hauptverb ein und werden danach gestellt: *Ich bedaure, dass ich die Tat zugegeben habe.* Anhäufungen von Hilfsverben in der Endklammer kommen besonders gern im Nebensatz vor. Auf die entsprechende Reihenfolge muss natürlich vom Lernenden geachtet werden: *Ich glaube nicht, dass sie bis um 12.30 Uhr schon gegessen haben werden.*

Es besteht diesbezüglich eine weitere Eigenart des Modalperfekts darin, dass das Zeithilfsverb nicht als letztes, sondern als erstes Glied in der Endklammer vorkommt: vgl. *Er hat den Gehweg vorm Haus auch mitkehren müssen* und *Er wusste nicht, dass er den Gehweg vorm Haus hat mitkehren müssen.* Es ist wieder der Irrealis, der von dieser Regel besonders betroffen ist: *Er wusste nicht, dass er den Gehweg vorm Haus hätte mitkehren müssen.*

Schwierigkeiten VI: Der Gebrauch von Tempus und Modus

Das deutsche Tempus bereitet dem englischsprachigen Deutschlerner eigentlich viel weniger Schwierigkeiten als umgekehrt dem Deutschen der englische Zeitengebrauch. Zum einen begegnen dem Angelsachsen germanische Zeitformen, mit denen er von seiner eigenen Sprache her durchaus vertraut ist, z.B. sowohl zusammengesetzte, wie Perfekt und modales Futur (*er wird kommen*), als auch einteilige wie Präsens und Präteritum. Diese werden dann auch relativ ähnlich verwendet, nur im Gebrauch weitaus weniger streng voneinander getrennt als dies im Englischen der Fall ist. So kann z.B. im Deutschen das Perfekt für das Präteritum (und weitgehend sogar umgekehrt) verwendet werden, was bei den entsprechenden englischen Tempora überhaupt nicht zulässig ist. Englisch und Deutsch haben beide kein futurisches Tempus im engeren Sinne und bedienen sich ähnlicher Mittel, um Zukünftiges auszudrücken. In der futurischen Anwendung wird aber semantisch relativ deutlich unterschieden zwischen dem englischen Präsens und den Formen *will* und *going to*, wohingegen deutsches Präsens und modales Futur weitgehend austauschbar sind. Zum anderen wundert sich der Angelsachse wohl mit Freude darüber, dass Deutsch kein Aspektsystem kennt und z.b. für *I read* und *I am reading* nur die eine Präsensform *ich lese* bereithält.

Dafür gibt es im Deutschen die Modalformen des Konjunktivs, der aus der englischen Sprache nahezu völlig verschwunden ist und nur noch in gewissen spruchartigen Wendungen als Fossil erscheint. Unter anderem deswegen kann er englischsprachigen FS-Schülern unterschiedliche Schwierigkeiten bereiten. Ein erster Punkt ist der Formenbestand. Dieser ist einerseits nicht sehr vielfältig und verhältnismäßig leicht aus dem Indikativ abzuleiten. Weil er aber teilweise mit dem Indikativ identisch ist, sich andererseits wiederum auf mehrere Tempusstufen verteilt und manchmal (etwa im Präteritum) eine Morphologie annimmt, die Muttersprachler selbst häufig als „schwierig" oder „unnatürlich" empfinden und daher meiden, unterliegt er in gewissen Fällen erheblichen Formschwankungen. Dies gilt besonders für den sehr breiten stilistischen Ermessensspielraum zwischen sehr formellem Gebrauch und regionalgefärbter Umgangssprache. Auf solche Verschwommenheiten in der formalen Anwendung wird gleich eingegangen.

Der Gebrauch ist aber auch sonst recht uneinheitlich. Gerade deshalb und vor allen Dingen bei Schülern, die den Konjunktiv von ihrer Muttersprache her überhaupt nicht kennen, muss er im DaF-Unterricht anhand einzelner Sprechabsichten und spezifischer grammatischer Umgebungen sehr genau erklärt und eingeübt werden. Da helfen verallgemeinernde Etikettierungen wie „Möglichkeitsform" oder „Wunschform" wenig, denn solche Bedeutungen lassen sich in sehr unterschiedlicher Weise versprachlichen; der Konjunktiv ist jedoch auf ganz bestimmte Verwendungsfälle beschränkt. Diese sind im Wesentlichen syntaktisch definiert, d.h. sie hängen weitgehend mit gewissen Satzformen oder sonstigen grammatischen Ausdrucksmitteln zusammen.

Der wohl häufigste und eindeutigste Gebrauchsfall ist der des Konditionals. Hier ergibt die Bezeichnung „Möglichkeitsform" einen gewissen Sinn, aber einen semantisch und grammatisch eng definierten, bei dem es sich um hypothetische oder irreale Bedingungssätze handelt, z.B. *Wenn ich zum Fest käme, würde ich relativ früh wieder gehen.* Vorteilhaft für die Lernperspektive wäre in diesem Fall der Hinweis auf das entsprechende englische Satzmuster: *If I came to the party, I would leave again relatively early.* Wie hier deutlich zu erkennen, behilft sich das Englische bei fehlenden Konjunktivformen häufig mit dem „irrealen" Präteritum. Auch *would* ist das morphologische Past Tense von *will*, gilt aber im entsprechenden semantisch-syntaktischen Zusammenhang (*if*-Satz!) als *conditional form.* Der Form *würde* kommt in diesem Zusammenhang und in mehrfacher Hinsicht eine besondere Bedeutung zu. Sie kann auch im *wenn*-Satz stehen (*Wenn ich zum Fest kommen würde,* …), was die grundsätzliche Äquivalenz vom Konjunktiv Präteritum und der Umschreibungsform mit *würde* aufzeigt. Es ist zwar so, dass durch das englische „*would*-Verbot" im *if*-Satz, die *würde*-Umschreibung für angelsächsische Ohren etwas ungewohnt klingt. Andererseits liefert sie ein gutes Erklärungsmodell für alle weiteren Konjunktiv-Präteritalformen, z.B. *wäre = würde sein, hätte = würde haben,* usw. *Würde* stellt natürlich auch selber ein Konjunktiv Präteritum dar, und zwar vom modalen Hilfsverb *werden.* Es steht somit für ein wichtiges allgemeines Konjunktivparadigma bei den Modalverben, zu dem auch *könnte, müsste,* und *möchte* gehören, alle Formen, die die Konditionalbedeutung der englischen „Unreal Past-Formen" *could, should* and *would like* in grammatisch differenzierterer Weise wiedergeben. So könnte, nicht vom Formenbestand *per se,* sondern vom Gebrauch ausgehend, eine erste, didaktisch fassbare und plausible Bekanntschaft des englischsprachigen Schülers mit dem deutschen Konjunktiv erfolgen. Auch wenn dies gegen formal betonte Auffassungen verstößt, macht es aus englischer Sicht Sinn, den Konjunktiv zunächst im Präteritum zu behandeln, da das englische Unreal Past eine ähnliche Form in ähnlicher Funktion darstellt. Gleiches gilt auch für den Konjunktiv Plusquamperfekt, das dem englischen Unreal Past Perfect in hypothetischen (= rückwärts gewandten) Bedingungssätzen entspricht.

Neben dem Konditional ist der häufigste Verwendungsfall des Konjunktivs die indirekte Rede, in der auch Präsens- und Perfektformen auftreten können. Eine geschlossene, direkt erfassbare Bedeutung wie beim Konditional ist hier allerdings weitaus weniger gegeben. Es handelt sich vielmehr um eine grammatisch bedingte Formveränderung des Verbs, die aber andererseits nicht in strenger Konsequenz (wie etwa bei der Zeitenfolge der englischen indirekten Rede) gehandhabt wird, sondern in der Formenwahl z.T. verwirrenden Schwankungen unterliegt. Diese können sogar den Indikativ miteinschließen, vgl. *Sie behauptet, dass sie krank sei/ wäre/ist.* Auch dann, wenn das Einleitungsverb im Präteritum steht, sind die Wahlmöglichkeiten (außer der indikativen) genau die gleichen: *Sie behauptete, dass sie krank sei/wäre,* plus, je nach untergeordneter Referenzzeit, *ist* oder *war.* Die Trennschärfe beim Konditional verschwimmt in diesem Fall also gewissermaßen zu einem undurchsichtigen Brei. Was aber hier auch didaktisch hilft, ist, dass das

Englische einen ähnlichen Zugriff bereithält wie bei den Bedingungssätzen, da es in diesem Fall auch wieder, wie gerade angedeutet, Tempusmittel einsetzt, um den „fehlenden" Konjunktiv auszugleichen. Wenn das einleitende Verbum dicendum im Past Tense steht, wird im Nebensatz eine entsprechende Tempusverschiebung (der sogenannte *Backshift*) ungeachtet der tatsächlichen Referenzzeit konsequent angewandt: *She said, "I am ill"* (direkte Rede) → *She said (that) she was ill* (indirekte Rede). Möglich wäre also auch hier die Gleichsetzung des englischen Past Tense mit dem deutschen Konjunktiv Präteritum: *Sie sagte, sie wäre krank.* Anders als im Englischen könnte dies dann auf den Präsens- und Perfektfall übertragen werden (*Sie sagt, sie wäre krank / wäre krank gewesen*), um vorerst – bis zur Festigung der Formen beim Lerner – dabei belassen zu werden. Präsensformen des Konjunktivs würden dann erst auf späterer Stufe zur stilistischen Ausdruckserweiterung hinzugefügt.

Schwierigkeiten VII: Einzelheiten zu Wortschatz und Idiomatik

Zum Schluss wollen wir ein paar Eigenarten aus deutscher Lexik und Pragmatik betrachten, die Lernprobleme aufwerfen. Beim ersten Punkt kommen wir wieder zum Thema ‚Vorsilbe' zurück. Diese ist als Wortbildungselement im Deutschen viel weiter verbreitet als im Englischen die entsprechende Adverbpartikel. Tatsächlich ist das Präfix ja nicht nur im Bereich des Verbs, sondern auch bei anderen Wortarten (z. B. beim Substantiv und sogar beim Adjektiv) ein im Prinzip allgegenwärtiger lexikalischer Baustein. Die deutsche Sprache hat im Vergleich zum sprachhistorischen ‚Gemischtwarenladen' Englisch ihre ursprüngliche germanische Reinheit eben beibehalten. Der hohe Prozentsatz von Wörtern französischen Ursprungs im Englischen bewirkt beim angelsächsischen Französisch- oder auch Spanischlerner einen Wiedererkennungsgrad, der den Wortschatzerwerb, zumal in der Anfangsphase, sehr erleichtern kann. Das Deutsche hingegen schüchtert zunächst mit seiner Fremdheit ein. Hier muss sich der englischsprachige FS-Anfänger mit einem Arsenal völlig unbekannter Wortbildungs- und Ableitungselemente auseinandersetzen, die erst im Laufe eines recht langen Lernprozesses ihre Gewöhnungsbedürftigkeit allmählich verlieren. Dieser Effekt entsteht nicht zuletzt durch die Macht der Vorsilbe, die zahlreiche Herleitungsmöglichkeiten aus einer begrenzten Anzahl von Grundelementen möglich macht und im didaktischen Rahmen bewirkt, etwas einfach ausdrückt, dass der Deutschanfänger sich mit einer verwirrenden Vielfalt sehr ähnlich klingender Wörter konfrontiert sieht: *Anfall, Abfall, Ausfall, Einfall, Beifall, Vorfall, Zufall,* usw., oder *Antrag, Abtrag, Ertrag, Beitrag, Eintrag, Nachtrag, Vertrag, Vortrag,* usw. Hinzu kommt, dass viele darunter eine wahrliche Fülle verschiedener Bedeutungen haben. Als rein willkürlich gewählte Beispiele seien die Wörter *Absatz* und *Ansatz* angeführt. Ersteres hat mindestens 6 verschiedene englische Entsprechungen aus diversen Sachfeldern (*paragraph, section, overhang, ledge, landing, heel, sales*), Letzteres mindestens 11 (*base, hairline, attachment, extension, join, formation, deposition, layer, beginnings, signs, attempt*). Auf den ersten Blick mag es dem Laien so erscheinen, als ob es die Lernarbeit erleichtert würde, wenn das gleiche Wort für mehrere Bedeutungen eingesetzt werden kann. Tatsächlich aber ist es aus Lernersicht eine große Erschwernis, denn es handelt sich in Wirklichkeit nicht um *ein* Wort, sondern um ganz verschiedene Elemente des Lexikons, die alle gleich klingen (d.h. um sogenannte Homonyme). In solchen Fällen gibt es nur eine Lösung, nämlich das kontextuelle Lernen von jedem individuellen Gebrauch als Element für sich, damit eine von den anderen Verwendungen ganz getrennte mentale Speicherung ermöglicht wird. Eine wertvolle Technik könnte diesbezüglich auch wieder das ‚Chunk-learning‘ bieten.

Schließlich wollen wir auf eine ganz besondere Eigenart der deutschen Sprache im idiomatisch-pragmatischen Bereich aufmerksam machen, nämlich auf die häufige Verwendung von Modaladverbien. Darunter fallen Wörter, wie beispielsweise *schon, noch, eben, wohl, halt, nämlich, doch, also, allerdings, eher, dennoch, durchaus, schließlich, zwar, zumal, vielmehr, wiederum*, und sehr viele mehr. Neben direkten Entsprechungen im Adverbialbereich werden im Englischen ganz andere Sprachmittel eingesetzt, z.B. Verbaleinschübe wie *I think, I expect*, sogenannte *Question-*, bzw. *Answer-Tags*, Betonung durch die Hilfsverbperiphrase mit *do* oder auch nur die phonetische Hervorhebung. Problematisch an solchen Elementen ist, dass sie zwar sehr genau gebraucht werden, von Muttersprachlern sogar viel und reichlich, aber in ihrer semantischen Wirkung schwer zu erfassen sind. Sie werden daher von Lehrkräften leicht übergangen, und zwar häufig mit dem Hinweis, dass sie „eigentlich nichts" bedeuteten, sondern lediglich als „Füllsel" gebraucht würden. Das stimmt aber in keiner Weise, wie schon eine kleine Ersatzprobe zeigt. *Er kommt schon / noch / doch / also*, usw. Hier hat jedes Wort eine ganz eigene Bedeutung. Diese ist zwar keine referentielle, sondern eine modale oder text-relationale. Das heißt, solche Elemente zeigen Sprechereinstellungen zum Gesagten auf oder semantisch-pragmatische Beziehungen zum Kotext, wie z.B. Widerspruch, Folge, Einschränkung, usw. Womöglich sollten solche Bedeutungen durch Übersetzung (*Du kommst also doch* − *So you are coming, then*), Umschreibung und Illustrierung klargestellt und eventuell noch durch Lückentexte geübt werden. Auf jeden Fall müssen sie im Unterricht fokussiert und wiederholt zum Gegenstand der Lernerbeobachtung gemacht werden.

Schlussbetrachtung

Unter anderem weisen diese Ausführungen auf die Notwendigkeit einer sprachwissenschaftlichen Sichtweise in der muttersprachlich-deutschen Lehrerausbildung hin, die sich nicht nur der Angewandten, sondern auch der Komparativen Linguistik verpflichtet fühlt. Die deutsche Sprache verliert nicht, sondern im Gegenteil gewinnt, wenn sie im Spektrum ihrer Nachbarsprachen gesehen wird. Die ihr innewohnenden Eigenschaften, ihre tausend Individualitäten, nehmen erst dann Kontur und Profil an, wenn wir uns ihr sozusagen „von außen" annähern, das heißt, wenn die Sicht des Fremden das Heimische beleuchten darf. Erst dann auch verstehen wir ihre Komplexitäten, und nicht zuletzt die Lernprobleme (um die es uns hier im Kern geht), die diese aufwerfen. Erst dann erfassen wir aber ebenso die Magie ihrer Idiomatik, den Reichtum ihres Ausdrucks und die alltägliche Dichtung ihrer ganz gewöhnlichen Seele. Der muttersprachliche Deutschunterricht begeht einen nie wieder gut zu machenden Fehler, wenn er den häuslichen Rasen lediglich vom eigenen Balkon aus besieht. Die deutsche Sprache wollen wir in die Welt hinaustragen. Deshalb müssen wir sie mit den Augen der Welt betrachten.

Literatur

Berndt, Rolf (1989): A History of the English Language. Leipzig: Enzyklopädie Verlag.

Butzkamm, Wolfgang (2004): Lust zum Lehren, Lust zum Lernen. Eine neue Methodik für den Fremdsprachenunterricht. Tübingen: Francke.

Crystal, David (1995): The Cambridge Encyclopedia of the English Language. Stuttgart: Klett.

Fenn, Peter (1985): The All-in-One Package of English: Grammar and Style, Zürich: Sabe.

Gibson, Martha/Hufeisen, Britta (2007): Deutsch als eine dritte Sprache lernen. Überlegungen zur Tertiärsprachenproblematik aus Sicht der Psycholinguistik und der Fehleranalyse. In: Zeitschrift für Fremdsprachenforschung, Heft 1, Band 18, S. 27–41.

Griesbach, Heinz (1986): Neue deutsche Grammatik, München: Hueber.

Helbig, Gerhard/Buscha, Joachim (1988): Deutsche Grammatik. Ein Handbuch für den Ausländerunterricht, Leipzig: VEB Verlag.

Jodl, Frank (2006): Form und Funktion: Welchen Beitrag kann die Sprachwissenschaft im Sprachunterricht leisten? In: Zeitschrift für Fremdsprachenforschung, Heft 1, Band 17, S. 3–33.

Knapp, Karlfried (Hrsg.) (2007): Angewandte Linguistik. Ein Lehrbuch, Tübingen: Francke.

Gürtler, Ingrid (1981): Kontrastive Grammatik, kommunikativ. Tübingen: Narr.

Störig, Hans Joachim (1992): Abenteuer Sprache. München: dtv.

Timm, Johannes-P. (Hrsg.) (1998): Englisch lernen und lehren, Berlin: Cornelsen.

Französisch

NATHALIE ARNAULT-KREUTZER, CLEMENS KLÜNEMANN

1   Die Herkunft und das Selbstverständnis der französischen Sprache

In seiner Studie über die Romanischen Sprachen[1] charakterisiert Rainer Schlösser jede Tochter der Mutter Latein mit einer für sie typischen Beschreibung: Spanisch sei „die Sprache der Herrschaft", Katalanisch ein „Phönix aus der Asche" und Okzitanisch „die Sprache der Trobadors". Dem Französischen dagegen wird kein partikulares Charakteristikum zuteil, da es nichts weniger als die „Kultursprache Europas" sei. Diese Einschätzung hat sehr viel mit dem Selbstverständnis französischer Sprachpolitik seit dem Dekret François I. von Villers-Cotterêts und Richelieus Gründung einer Académie française im Jahre 1635 zu tun, vor allem aber mit der Tatsache, dass trotz aller Nähe des Spanischen und Italienischen zur lateinischen Lexik die erste und damit älteste „Erbin der Mutter Latein" in der Tat die französische Sprache ist: Das dafür entscheidende Sprachdenkmal sind die Straßburger Eide aus dem Jahre 842, in denen sich Karl der Kahle und Ludwig der Deutsche bei der Aufteilung des von ihrem Großvater Karl dem Großen ererbten Reiches gegenseitige Hilfe zusicherten. Obwohl zu dieser Zeit das Lateinische die offizielle Schriftsprache war, gerade für besondere Dokumente, wird der Text zweisprachig verfasst und bezeugt die frühe und irreversible Trennung in einen romanischen und einen germanischen Sprachraum, was aus einem Vergleich des Textanfangs unschwer deutlich wird: „pro deo amur et pro christian poblo et pro nostro commun salvament" steht dem althochdeutschen „in godes minna ind in thes christianes folches ind in unser bedhero gehaltnisse" gegenüber.

Wenn der Bezug des Althochdeutschen zum heutigen Deutsch nicht sofort offenkundig ist, so gilt dies nicht minder für die romanische Version (vom „Französischen" zu sprechen verbietet sich in dieser frühen Phase), und zwar selbst für einen Kenner lateinischer Texte. Die aus der Goldenen Latinität bekannte Sprache ist zwar die Mutter der romanischen Sprachen[2] und insbesondere des Französischen, aber deren Ziehmutter – um im genannten Bild zu bleiben – ist die bezeichnenderweise Vulgärlatein genannte gesprochene und, im Gegensatz

---

[1] Schlösser 2001.

[2] Vgl. Vossen 1968.

zur Schriftsprache, dem Wandel und den geographischen Varietäten unterworfene Sprache.

Die deutsche Sprachwissenschaft des 19. Jahrhunderts hat in der Tat eine interessante, jedenfalls kaum dem Ideal objektiver, ja wertfreier Analyse verpflichtete Terminologie entwickelt: Der Begriff ‚Vulgärlatein' suggeriert ein Verfallsprodukt aus der Endzeit des Römischen Imperiums und ist mithin ein Indiz für eine durchaus kulturpessimistische (Sprach-)Geschichtsbetrachtung. Dem widersetzt sich die Theorie, der zufolge die romanischen Sprachen letztlich Kreolsprachen sind[3] und damit Ausdruck einer kulturellen Diversität in der Folge der territorialen Ausweitung des Imperium Romanum. Auch die Rede vom ‚Quantitätenkollaps', mit dem die Linguisten das Ende der bedeutungsunterscheidenden Relevanz der Vokallängen im gesprochenen Latein bezeichnen, formuliert die Furcht, dass die aus ihm resultierenden Sprachen weniger wertvolle, weil weniger Differenzierung ermöglichende Ausdrucksweisen seien; ebenso wird oftmals der Verlust des Kasussystems bewertet bzw. bedauert. Wer sich indes mit dem Gebrauch der französischen Präpositionen, dieser Erben der fünf lateinischen Kasus, auseinandergesetzt hat, weiß, dass die Ausdrucksmöglichkeiten des Französischen der lateinischen Deklination in nichts nachstehen.

Anstatt also das sog. Vulgärlatein als ein Verfallsprodukt unwiederbringlicher kultureller Blüte anzusehen, dessen Resultat u.a. das Französische sei, scheint zutreffender, weil historisch einleuchtender zu sein, das in allen Teilen des Römischen Reiches und so auch in Gallien gesprochene Latein als eine *lingua franca* anzusehen, die von denen, die sie sprachen, als Verkehrssprache neben ihrer „eigentlichen" (Mutter-)Sprache benutzt wurde – vergleichbar dem restringierten Englisch, das heutzutage in vielen Teilen der Welt eine, wenn auch oftmals lediglich oberflächliche, Verständigung ermöglicht. Ein eindrückliches Beispiel für die Dominanz der gesprochenen über die Schriftsprache bei der Weitergabe des römisch-lateinischen Erbes bietet das französische Wort *tête*: Bezeichnete es ursprünglich einen Gegenstand aus Ton und schließlich eine Tonscherbe (der *Testaccio* als achter Hügel Roms und antike Müllhalde bezeugt noch heute diese Bedeutung des Wortes), wurde es zu einer derb-umgangssprachlichen Bezeichnung des Kopfes und trat in Konkurrenz zum klassisch-literarischen Wort *caput*. In den romanischen Sprachen hat sich *tête* für die konkrete Bezeichnung durchgesetzt, während zu einem späteren Zeitpunkt im Französischen die Wörter *capital(e)* oder *chef* als Derivate (Ableitungen) von *caput* die übertragene Bedeutung übernahmen.

---

[3] Vgl. Kramer 1999. Kreolsprachen sind Sprachen, die als neue Sprachen aus der Mischung mehrerer anderer Sprachen entstanden sind.

Das gesprochene und zum Zweck der Verständlichkeit stark vereinfachte Spätlatein (ca. 180−650 n.Chr.) unterlag einem permanenten Wandel, und zwar wegen des doppelten Einflusses, dem es ausgesetzt war: Zum einen dem Substrat (der Grundlage) der vor der Romanisierung gesprochenen Sprachen − für das heutige Frankreich ist dies das Keltische − und zum anderen dem Superstrat (die darüber liegende Schicht) der durch die Völkerwanderung „importierten" Sprachen, welche für Frankreich die der Burgunder, Vandalen, Goten und natürlich vor allem der Franken waren. Diese doppelte Determinierung führte ab dem 6. Jahrhundert zu einer sog. Diglossiesituation, d.h. dass sich romanische Volkssprachen herausbildeten, die zunehmend in Konkurrenz zum lateinischen Akrolekt (die Sprache mit dem höchsten Prestige) traten, diesen schließlich verdrängten und somit das Verhältnis zwischen Basilekt (die Sprache mit dem geringsten Prestige) und Akrolekt umkehrten. Für die Entwicklung des späteren Französisch sind die Straßburger Eide deshalb eminent wichtig, weil sich in ihnen die Abnabelung der romanischen Volkssprache von der lateinischen ‚Ziehmutter' vollzieht.

Auch wenn der Schritt vom 9. ins 17. Jahrhundert und der Verzicht darauf, die einzelnen Entwicklungen von den Anfängen der romanischen Sprache im Frankenreich Karls des Kahlen (823 bis 877 n. Chr.) bis zur Fixierung sprachlicher Normen durch die Académie française (1635) nachzuzeichnen, kühn wirkt, will der Blick auf die definitive Emanzipation des Französischen vom Lateinischen gelenkt werden. Diese ist nicht mehr lexikalisch-grammatikalisch-syntaktischer Natur und nicht mehr durch sprachliche Sub- oder Superstrate geprägt, sondern durch den Entwurf eines eigenen kulturellen Modells, welches sich von der Vorbild- und Modellhaftigkeit der Antike zu lösen sucht und als Resultat der ‚Querelle des Anciens et des Modernes' anzusehen ist. Fluchtpunkt dieses Entwurfs ist Ludwig XIV. und Motor dieser Entwicklung ist Charles Perraults Gedicht *Le siècle de Louis le Grand*, dessen erste Verse lauten: „La belle Antiquité fut toujours vénérable / Mais je ne crus jamais qu'elle fut adorable" (Verehrenswürdig war sie, die schöne Antike / Bewunderungswürdig indes, davon war ich immer überzeugt, war sie nicht). Quintessenz ist für die ‚Modernes', dass der Sonnenkönig auf Augenhöhe zu Augustus stehe, die civilisation française (ein Begriff, der zum ersten Mal in der Mitte des 18. Jahrhunderts auftaucht) die Spitze des Fortschritts und Paris glänzender als Rom sei.

Es versteht sich für die ‚Modernes' und ihre Nachfahren, dass Französisch − dieses von der Académie und unter dem wachsamen Blick königlicher, kaiserlicher und inzwischen republikanischer Sprachhüter bis in seine feinsten Verästelungen reglementierte System − die Kultursprache schlechthin ist, und dies nicht obwohl, sondern weil es das Lateinische mit seinem Flexions- und Kasussystem, dem Supinum oder dem AcI hinter sich gelassen hat. Was den einen, nämlich den (oftmals deutschen) Latinisten und Sprachhistorikern, als kultureller Verfall erschien, galt den anderen, für die die Sprache der Garant der „France une et indivisible" (das einzige und unteilbare Frankreich) war und ist, als zivilisatorischer Fortschritt; es wäre übrigens interessant, aus der Perspektive der Sprachgeschichte und -wissenschaft die deutschen und französischen Stereotypen über das jeweilige Nachbarland zu skizzieren, die sich um die Begriffe *Kultur* und *civilisation* kristallisieren.

Der im 17. Jahrhundert in Paris beginnende Streit zwischen ‚moderni' und ‚antiqui', zwischen den Neuerern und den Hütern der lateinischen Tradition, trägt neben vielen anderen Zügen [4] eben auch den eines klassischen Familienkonflikts, und was in den besten Familien vorkommt, das passiert eben auch in den Sprachfamilien: Da meint die Tochter, sich ganz von ihrer Mutter gelöst zu haben und ein eigenes Leben führen zu können, das sich von den Maßstäben der älteren Generation emanzipiert hat; und plötzlich zeigt sich, dass man – nolens volens – die wesentlichen Charakterzüge geerbt hat. Denn aus dem gleichen Selbstverständnis, mit dem Rom die Welt unterwarf, sie zivilisierte und an den Segnungen der pax romana teilhaben ließ (Vergil preist in seiner Aeneis „die glänzende Roma, welche die Macht mit der Erde begrenzt, den Mut mit dem Himmel" VI/781), erklärt sich Paris zum neuen, ja zum wahren Rom und den Louvre zum neuen Kapitol – und die Idee einer modernen *francité* erscheint als Mimesis, gewissermaßen als Kopie, der zivilisatorischen Sendung der ewigen Stadt: „La docte Antiquité, dans toute sa durée,/ À l'égal de nos jours ne fut point éclairée (Niemals war die gebildete Antike/ unserer Zeit an Gelehrsamkeit auch nur ebenbürtig)" schreibt Charles Perrault in seinem Gedicht auf Ludwig XIV.; damit unterstreicht er – wenngleich ungewollt – das kraftvolle römisch-lateinische Erbe im Selbstverständnis der französischen Tradition.

2   Wo spricht man Französisch?

Französisch ist zusammen mit dem Englischen eine der beiden Sprachen, die auf allen Kontinenten gesprochen wird. Bis zum Vertrag von Versailles im Jahr 1919 war das Französische die ausschließliche Sprache der Diplomatie. Seit der Mitte des 20. Jahrhunderts verliert das Französische gegenüber dem Englischen jedoch zunehmend an Boden.

---

[4] Vgl. dazu den Essay ‚Les abeilles et les araignées' von Marc Fumaroli in: ‚La Querelle des Anciens et des Modernes' (hrsg. v. Anne-Marie Lecoq), Gallimard, Paris 2001.

Das Französische kann sich in der Welt nach wie vor als zweite Fremdsprache nach dem Englischen behaupten und laut einer französischen Quelle[5] gibt es ungefähr 200 Millionen „Frankophone", von denen 72 Millionen als eingeschränkt „Frankophone" gelten. Als „Frankophone" gelten Personen, die das Französische fließend beherrschen, während „eingeschränkt Frankophone" nur über eine eingeschränkte, auf funktionale Situationen bezogene Sprachkompetenz verfügen.

In 29 Ländern gilt das Französische heute entweder allein oder zusammen mit anderen Sprachen als die offizielle Landessprache. Von daher kann man im Grunde nicht von dem Französischen, sondern müsste vielmehr von vielen Variationen des Französischen sprechen.

Europa

Außer in Frankreich wird Französisch in Belgien, in der Schweiz, in Luxemburg, in Monaco und im Aostatal (Norditalien) offiziell gesprochen. In Belgien sind ca. 40 % der Bevölkerung und in der Schweiz sind 20 % französischsprachig, während in Luxemburg das Französische als offizielle Sprache mit dem Deutschen und Luxemburgischen konkurriert. Gemessen an der Anzahl der Muttersprachler steht das Französische nach dem Deutschen, aber vor dem Englischen, daher in Europa an zweiter Stelle.

Amerika

Den paradigmatischen Fall eines „clash of civilization" bzw. einer sprachpolitischen und soziokulturellen Konfliktlinie zwischen englischer Weltsprache und einer frankophonen Insel stellt die Provinz Quebec in Kanada dar. Denn einerseits ist das Französische zusammen mit dem Englischen die offizielle Landessprache von ganz Kanada, andererseits gilt das Französische jedoch als die einzige offizielle Sprache in Quebec. In Quebec sind etwa 82 % der Bevölkerung bzw. etwas mehr als sechs Millionen Menschen französische Muttersprachler, während in den anderen Provinzen Kanadas – vor allem in Ontario und in New Brunswick – nur insgesamt etwa eine Millionen französische Muttersprachler leben.[6] Die Menschen in Quebec fühlen sich in ihrer sprachlichen und kulturellen Identität von einer englischsprachigen Hegemonie sowohl im eigenen Land als auch seitens der USA bedroht. Wie auch sonst in der Welt sind die Anglizismen und Lehnwörter aus

---

[5] La Documentation francaise.

[6] Huchon 2002.

dem Englischen überall gegenwärtig. Zur Abwehr des Englischen wurde im Jahr 1977 das Französische per Gesetz (loi 101 – Charte de la langue francaise[7]) zur einzigen offiziellen Sprache der Provinz erklärt und ein Amt (l´Office québécois de la langue francaise) zur Bewahrung der französischen Sprache eingerichtet.

Eine der zentralen Aktivitäten dieses Amtes besteht darin, Anglizismen zu vermeiden, indem es neu aufkommende englische Begriffe ins Französische übersetzt. So wurde der englische Terminus *e-mail* in *courriel* übersetzt und hat sich erfolgreich in der französischen Sprachgemeinschaft durchgesetzt. Und seit diesem Jahr hat die französische Sprachgemeinschaft dank dieses Amtes die Wahl zwischen *scrapbooking* und *collimage* für ein liebgewordenes Hobby zu wählen. Es gibt jedoch auch Beispiele des offiziellen Widerstandes gegen die Spracherneuerer aus Quebec. So wehrt sich die Académie Francaise[8] gegen die Feminisierung der Professionen, wie zum Beispiel die Bezeichnung *une écrivaine* für eine Schriftstellerin anstatt des männlichen *un écrivain*. Hier wiegt die Abwehr gegen den Barbarismus einer solchen Feminisierung, die sich auf „den allgemeinen kollektiven und generischen Wert des Maskulinums im Französischen" beruft, dann doch schwerer als die Abwehr gegen die barbarischen Anglizismen.

In Lousiana haben 250.000 Menschen in der letzten Zählung aus dem Jahr 1990 angegeben, Französisch als ihre erste Sprache zu verwenden. In Louisiana, das bis zum Jahr 1869 frankophon war, wurde danach Englisch zur offiziellen Sprache. Das Französische wurde seit 1916 in den Schulen untersagt und durfte offiziell nicht einmal in den Familien gesprochen werden. 1921 wurde Englisch zur einzigen offiziellen Sprache erklärt, so dass im 20. Jahrhundert das Französische auszusterben drohte. In den sechziger Jahren entstand jedoch eine Gegenbewegung, die wie andere Bürgerrechtsbewegungen die Bewahrung der französischen Sprache und Identität verteidigte. Das Französische wurde wieder zur Schulsprache, viele Gemeinden sind dominant französischsprachig und eine offizielle Institution, das CODOFIL (Conseil pour le Développement du Francais en Lousiane)[9] setzt sich für den Schutz und die Verbreitung des Französischen in Louisiana ein.

In Guadeloupe und Martinique, den französischen Antillen, die seit 1946 als extraterritoriale *Départements* zu Frankreich gehören, spricht die Bevölkerung sowohl Französisch als auch Kreolisch, eine Mischung aus Französisch und anderen Herkunftssprachen auf der lexikalischen Basis des Französischen. Auch auf Haiti ist

---

[7] http://www.oqlf.gouv.qc.ca/.

[8] Im Gegensatz zu deren offiziellen Einführung und Benutzung z.B. in der Schweiz und in Belgien, http://www.academie-francaise.fr/actualites/feminisation.asp.

[9] http://www.codofil.org/francais/index.html.

Französisch die offizielle Sprache, teilt aber seit 1987 diesen Status mit dem Kreolischen. Die Sprache der Administration, der Schule und der Eliten ist allerdings nach wie vor Französisch, obwohl 95 % der Bevölkerung kreolischsprachig ist.

Afrika

In vielen Ländern Afrikas ist das Französische, das früher durch die Kolonialherrschaft eingeführt wurde, die offizielle Landessprache, derweil der Großteil der Bevölkerung ihre jeweilige Muttersprache spricht. So ist Französisch u.a. an der Elfenbeinküste, in Kamerun, im Senegal, in Mali, in Guinea, Gabun und der Demokratischen Republik Kongo die offizielle Sprache. Dabei kennt das Französische in den verschiedenen Ländern viele Variationen, je nachdem, wie es sich mit den verschiedenen afrikanischen Herkunftssprachen vermischt und in seiner konkreten Verwendung weiterentwickelt hat.

In Madagaskar wurde das Französische im Jahr 1972 durch die Landessprache Madagasse offiziell ersetzt, wird jedoch nach wie vor als administrative Sprache verwendet, die vor allem von den Eliten gesprochen wird.

Auf der Insel Reunion ist Französisch die offizielle Sprache, die von 70 % der Bevölkerung gesprochen wird. Aber auch hier hat das lokalspezifische Kreolisch einen großen Einfluss.

In Nordafrika, in den drei Ländern des Maghreb, Marokko, Algerien und Tunesien, wurde das Französische als Kolonialsprache eingeführt und konnte sich bis heute halten.

In Algerien wurde im Jahr 1989 Arabisch zur offiziellen Sprache und in den 90er Jahren wurde sogar versucht, das Französische aus allen Lebensbereichen durch Verbot zu verdrängen. Ungeachtet dessen, konnte sich das Französische bis heute in breiten Bevölkerungskreisen als Verkehrssprache halten, so dass Algerien mit ungefähr 60 % Französischsprechenden das zweitgrößte frankophone Land nach Frankreich ist.[10]

In Marokko, wo Arabisch seit 1956 die offizielle Landessprache ist, hat das Französische als „zweite Landessprache" nach wie vor einen privilegierten Status vor anderen Sprachen, wird jedoch wie anderenorts mehr und mehr vom Englischen verdrängt.

In Tunesien wird Französisch ab der dritten Grundschulklasse unterrichtet und ist wie in den anderen Ländern des Maghreb die Sprache der höheren Bildung und Zweitsprache der Eliten.

---

[10] FDM (Le Francais Dans le Monde) de Novembre-Décembre 2003.

Mittlerer Orient

Da der Libanon zwischen 1920 und 1940 unter französischem Mandat war, findet sich dort auch heute noch eine bedeutende frankophone Gemeinschaft von ca. 1 Million Menschen, obwohl auch hier Arabisch die offizielle Landessprache ist. Der ‚Frankophonie-Gipfel' von 2002 gibt für den Libanon an, dass etwa die Hälfte der Libanesen über französische Sprachkompetenzen verfüge.

Asien

In Indochina, d.h. dem ehemaligen französischen Kolonialreich in Vietnam, Laos und Kambodscha, existiert die Frankophonie eher durch offizielle Deklaration als in gelebter Realität. So wurde auf dem 7. Gipfel der Frankophonen Länder, der im Jahr 1997 in Hanoi stattfand, Vietnam zu einem der bedeutenden Akteure der Frankophonie erklärt. Tatsächlich sind jedoch nur noch 0,5% der Bevölkerung bzw. 100.000 Menschen bedingt frankophon, während die Zahl der wirklich Frankophonen auf 2.000 begrenzt ist.[11]

Die Geschichte des Französischen ist etwas paradox. Obwohl das heutige Französisch wesentlich mehr Sprecher zählt als zu irgendeinem Zeitpunkt in seiner Geschichte, wird es in seiner Rolle als Weltsprache von Englisch zunehmend zurückgedrängt. Daher, nach Claude Hagège,[12] ist die französische Sprache, die in ihrer Geschichte zahlreiche Kämpfe um ihre Existenz geführt hat, von Neuem bedroht. Der Linguist bemerkt dazu, dass, wollen wir der anglo-amerikanischen Sprachhegemonie entgegenwirken und für das Weiterleben einer kulturellen und linguistischen Vielfalt angemessen sorgen, eine plausible Lösung u.a. in der Unterstützung der französischsprachigen Kulturgemeinschaften zu sehen sei, denn diese sind selbst lebende Symbole einer kulturellen und zivilisatorischen Vielfalt.

3   Sprachliche Schwierigkeiten von Franzosen beim Erlernen der deutschen Sprache

a)   Aussprache und Phonologie

Verglichen mit dem Aussprachesystem anderer Sprachen (wie z.B. des Englischen) stellt die deutsche Aussprache für Franzosen keine besonders schwerwiegenden

---

[11] http://www.tlfq.ulaval.ca/axl/asie/vietnam.htm.

[12] Claude Hagège: Le Francais histoire d'un combat. Éditions Michel Hagège 1996.

Probleme dar. Zu den eher punktuellen Schwierigkeiten gehört allerdings eine, die gleich zu Beginn des Spracherwerbs auftritt. Unter den Konsonanten verursacht das stimmlose glottale Frikativ /h/, das in vielen anderen Sprachen bekannt ist, den Franzosen Probleme, da sie keinen gehauchten (expiriertes) /h/-Laut – wie z.B. in den Wörtern *Haus* oder *Hemd* – kennen. Die französische Morphologie betrachtet zwar das in Wörtern wie *le hérisson* vorkommende /h/ als aspiriertes (in Opposition zum so genannten ‚stummen‘ /h/, so etwa in *l'hôpital*, was den Normalfall darstellt), aber dies wirkt sich lediglich auf die Artikelform aus. Eine Ausspracheunterscheidung in der Artikulation des /h/-Lautes ist trotzdem nicht vorhanden.

Ein anderes Problem verursacht das deutsche palatale /ch/ (der so genannte *ich*-Laut), das die Franzosen tendenziell wie ein /r/ oder ein /sch/ aussprechen. So sagen sie /*Lor*/ anstatt *Loch* bzw. /*nischt*/ anstatt *nicht*.

Eine weitere Schwierigkeit ist die Opposition zwischen langen und kurzen Vokalen. Während diese Unterscheidung noch zu Beginn des 20. Jahrhunderts im Französischen allgegenwärtig war, ist sie den heutigen Franzosen – außer in einigen Regionen wie z.B. Lothringen – nicht mehr geläufig. So konnten nach Mireille Huchon die Franzosen früher zwischen einem langen /ɛ:/ in *maître* und einem kürzeren /ɛ/ in *mettre* phonetisch unterscheiden. In der Gegenwartssprache wird aber nicht mehr differenziert. Daher fällt es den Franzosen schwer, zwischen deutschen Wörtern wie *bitten* und *bieten* zu unterscheiden.

Den bekanntesten Fallstrick stellen jedoch sicherlich die Nasale dar, die von Franzosen häufig vokalisch ‚verschluckt‘ werden und vor allem bei /a/ als nasale Komponente des Vokals, d.h. als /ã/, ins Deutsche übertragen werden. So sprechen sie z.B. *krank* als /krãk/ und *Gang* tendetiell als /gãg/. Allerdings gilt dies nicht für die Sprecher aus Südfrankreich, da diese vom Occitanischen her den Nasal /ã/ bereits denasaliert aussprechen.

Weit größere Probleme als die Aussprache einzelner Laute wirft jedoch die vollkommen unterschiedliche Betonung der beiden Sprachen auf. So wird man einen Franzosen, selbst wenn er über eine perfekte Aussprache verfügt, immer daran erkennen, dass er immer dazu neigt, die letzte Silbe einer Wortgruppe zu betonen. Denn während im Französischen der Akzent ganz entscheidend von der Stellung in der Wortgruppe abhängt, akzentuiert das Deutsche die Silben eines Wortes relativ unabhängig von dessen Stellung innerhalb eines Satzgefüges. Dieser Gegensatz zwischen französischem Wortgruppenakzent und deutschem Wortakzent führt zu einer vollkommen verschiedenen Art und Weise der Wortbetonung und Satzmelodie, die so tief sitzt, dass sie selbst bei perfekten Sprechern die jeweilige Herkunft durchscheinen lässt.

b) Grammatik

Allgemein lässt sich sagen, dass die Grammatik des Deutschen französischsprachigen Lernern erhebliche Schwierigkeiten bereitet. Diese fangen schon bei den Artikeln an. Deutsch ist zwar wie Französisch eine Genussprache, aber das verspricht dem Lerner keineswegs Erleichterung, denn Entsprechungen bei der grammatischen Geschlechtsgebung sind zwischen den beiden Sprachen eher zufällig. Was z.B. im Deutschen weiblich ist, kann das Französische durchaus als männlich ansehen und umgekehrt. Als gängiges Beispiel wird häufig das ‚Kosmospaar' *Sonne* und *Mond* genannt: *die Sonne* → *le soleil; der Mond* → *la lune*. Erschwerend kommt hinzu, dass die deutschen Geschlechtskategorien noch einen sächlichen Partner besitzen, der im Französischen unbekannt ist. Somit steigen Lernleistung und Fehlerpotenzial natürlich um weitere 50%.

Das grammatische Geschlecht (Genus) eines deutschen Substantivs muss also vom französischen Schüler in jedem Einzelfall sorgfältig und gesondert gelernt werden, wobei dann die muttersprachliche Genusvorstellung häufig erst ‚gelöscht' werden muss, wenn nachhaltige Interferenzerscheinungen (Übertragung von Strukturen der Erstsprache auf die Zweitsprache) vermieden werden sollen. Es hat nämlich den Anschein, dass das muttersprachliche grammatische Geschlecht von Sprechern psychologisch in die Wortsemantik übertragen wird, was sich dann besonders empfindlich auf den Gebrauch der fremdsprachlichen Pronomen auswirken kann. Fehler wie *Die Sonne ist untergegangen.* *Er ist verschwunden,* oder *Der Mond ist aufgegangen.* *Sie ist ganz rund* sind ein offenkundiger Beleg dafür, dass Pronomen nicht nur grammatisch-verweisenden Charakter haben, sondern häufig direkt vom Wort allein und sogar vom Referenten selber hergeleitet werden: Für Französischsprechende ist *der Mond* trotz (richtig gesetzten) Artikels eben doch eine ‚sie', und *die Sonne* ein ‚er'. Hier hilft es nur, wenn der Schüler sich sprachpsychologisch umpolen lässt und bei neuen substantivischen Vokabeln den richtigen Artikel gleich dazu lernt, und zwar als Teil des Wortes.

Weitere Schwierigkeiten wirft die Notwendigkeit auf, deutsche Deklinationsformen auswendig zu lernen und an der richtigen Stelle automatisch anzuwenden. Französisch ist im Gegensatz zum Deutschen keine Kasussprache und dekliniert daher nicht. Fälle wie Akkusativ, Genitiv und Dativ werden im Französischen häufig durch Präpositionen oder Satzstellung ausgedrückt:

J'ai offert des fleurs à ma grand-mère (ich habe meiner Großmutter Blumen gegeben): *des fleurs* = direktes Objekt; *à ma grand-mère* = indirektes Objekt.

Ein zusätzliches Problem besteht darin, dass die Deklination auch das Adjektiv erfasst, und dass Adjektive in attributiver Stellung eigene (also vom Artikeltyp her bestimmte, dennoch vom Artikel selbst abweichende) Deklinationsformen aufweisen.

Im Französischen steht das Adjektiv üblicherweise hinter dem Substantiv und verändert sich in sehr überschaubarer Weise lediglich nach Zahl und Geschlecht. Auch andere Begleiter des deutschen Substantivs müssen mitdekliniert werden, so z.B. Demonstrativ- und Possessivpronomen. Außerdem geben für Franzosen die deutschen Possessivpronomen besonderen Anlass zu Interferenzfehlern, da sich die Wahl eines französischen Possessivbegleiters nur z.T. nach dem Besitzer richtet. So unterscheidet der Franzose einerseits sehr wohl zwischen *mein, dein* und *sein*, differenziert aber in der 3. Person das Geschlecht des Besitzers nicht weiter:

*Il a rencontré **sa** cousine au théâtre* (er hat **seine** Cousine im Theater getroffen); *elle a rencontré **sa** cousine au théâtre* (sie hat **ihre** Cousine im Theater getroffen).

Von daher neigen französische Deutschlerner dazu, auch *sein* ununterschieden für männliche und weibliche Personen zu verwenden (**Marie hat sich von seinem Mann scheiden lassen*).

Ein großer Schwierigkeitsfaktor ist der deutsche Satzbau, der im Gegensatz zum Französischen sehr variabel sein kann. Die Satzklammerforderung in Nebensätzen, die das Französische überhaupt nicht kennt, wird z.B. gern missachtet:

Je ne sais pas si elle étudie l'histoire → **Ich weiss nicht, ob sie studiert Geschichte.*
Je ne sais pas pourquoi il est si mécontent → **Ich weiss nicht, warum er ist so unzufrieden.*
Ebenso die Inversion nach einer Adverbialbestimmung am Satzanfang:
*In Paris er war sehr glücklich (frz. *À Paris il était très heureux*).

Weitere Schwierigkeiten im syntaktischen Bereich stellen Verneinung und indirekte Rede dar:

Die Verwendung von *nicht* ist aus französischer Sicht mit zwei Problemen verbunden. Das eine betrifft die Wortstellung: Während im Französischen die negierende Doppelpartikel *ne ... pas* eng mit dem Verb assoziiert ist und es gleichsam ‚umklammert' (*je n'aime pas les escargots*), hat häufig die deutsche Negierungspartikel *nicht* eher eine Satzklammerfunktion und schließt den Satz meistens ab (*ich mag*

Schnecken nicht). Französischsprechende Deutschlerner neigen aus diesem Grund dazu, *nicht* direkt nach dem Verb zu setzen (z.B. *ich kaufe nicht den Stuhl*), was zwar nicht unbedingt grammatisch falsch ist, aber die Betonung etwas verzerren kann und auf jeden Fall gegen das in der Standardsprache bevorzugte Endstellungsprinzip stilistisch verstößt.

Zum anderen gibt es im Deutschen eine zweite Verneinungsart mit dem Substantivbegleiter *kein*: *Wir kaufen kein Haus*. Hier wird die Verneinung vom Verb weg in ein besonders dafür vorgesehenes Artikelwort (*kein*) hineintransportiert, was die Verneinung syntaktisch auf das Substantiv bezieht, auch wenn sie semantisch dem Prädikat (bzw. dem Vorgang selber) gilt. Auch die zu Grunde liegende Regel hängt vom Substantiv ab, und zwar von dessen Bestimmungsreferenz. Bestimmte Nominalphrasen werden durch *nicht* verneint (*Wir kaufen das Haus nicht*), unbestimmte hingegen durch *kein* (*Wir kaufen kein Haus*). Ein typischer Fehler wäre hier die Beibehaltung von *nicht* bei unbestimmter Referenz: **Wir kaufen nicht ein Haus*. Verwirrenderweise können bei unbestimmter Referenz in der Mehrzahl häufig beide Formen auftreten, zumeist mit kleinen semantischen Betonungsunterschieden: *Ich mag keine Schnecken* vs. *Ich mag Schnecken nicht*.

Zur Gestaltung der indirekten Rede macht das Französische, ähnlich wie das Englische, von Tempusverschiebungen Gebrauch:

> *Elle dit: „J'ai deux enfants"* → *Elle dit qu'elle a deux enfants.*
> Sie sagt: „Ich habe zwei Kinder" → Sie sagt dass sie hat zwei Kinder
>
> *Elle a dit: „J'ai deux enfants"* → *Elle a dit qu'elle avait deux enfants.*
> Sie hat gesagt: „Ich habe zwei Kinder" → Sie hat gesagt dass sie hatte zwei Kinder.

Das heißt, die Zeitenfolge im Nebensatz richtet sich nach dem Tempus des Verbs im übergeordneten Satz.

Im Deutschen wird nun der französische Lerner mit einem ganz anderen syntaktischen System konfrontiert, das sich einer eigenen Verbalform dafür bedient, nämlich des Konjunktivs:

> *Sie sagt: „Ich habe zwei Kinder"* → *Sie sagt, sie habe zwei Kinder.*

Zudem gelten im informelleren Sprachgebrauch andere Regelformen, nämlich bevorzugt der so genannte Konjunktiv II (d.h. die Präteritalform) oder sogar der ganz normale Indikativ: *Sie sagt, sie hätte zwei Kinder* bzw. *Sie sagt, sie hat zwei Kinder.*

Letztere Form kann unter Umständen (vorwiegend in der Umgangssprache) auch dann gebraucht werden, wenn das übergeordnete Verb in einem Vergangenheitstempus steht, also *Sie sagte, sie hat zwei Kinder.* Hier wird auch sogar formell eine Präsensform verwendet und zwar der so genannte Konjunktiv I: *Sie sagte, sie habe zwei Kinder.* Weniger formell, aber dafür noch komplizierter ist der umgangssprachlich gebrauchter Konjunktiv II : *Sie sagte, sie hätte zwei Kinder.* Im Deutschen hat also das Tempus des übergeordneten Verbs wenig zu sagen, im Französischen aber alles. Hinzu kommt, dass die deutsche indirekte Rede nicht nur eine morphologische Sonderform verwendet (nämlich den Konjunktiv), sondern hier sogar zwischen zwei möglichen Tempora je nach Stilart wechselt, und unter stilistischem Vorbehalt die Präsensform im Indikativ auch noch zulässt.

Abschließend kann man also sagen, dass derjenige, der sich aus französischer Perspektive auf das Erlernen der deutschen Sprache einlässt, mit einer Vielfalt ungewohnter, Fehler provozierender Phänomene im strukturellen Bereich rechnen muss, die schon auf relativ einfacher Ebene und vielleicht sogar besonders im Anfängerstadium nicht unerhebliche Hürden darstellen.

Bibliographie

Claude Hagège (1996): Le Francais histoire d'un combat. Éditions Michel Hagège.

Mireille Huchon (2002) : Histoire de la langue francaise. LGF.

Louis-Jean Calvet (1999) : La guerre des langues et les politiques linguistiques, Hachette.

Schlösser, Rainer (2001): Die romaischen Sprachen. München: Beck.

Vossen, Carl (1968): Mutter Latein und ihre Töchter. Düsseldorf: GFW.

Kramer, Johannes (1999): Sind romanische Sprachen kreolisiertes Latein? In: Zeitschrift für romanische Philologie 115/1. Tübingen.

Griechisch[1]

GIULIO PAGONIS

1 Einführung

Innerhalb der indoeuropäischen Sprachfamilie bildet das Griechische einen eigenen Sprachzweig. Zwar sind Ähnlichkeiten zu anderen indoeuropäischen Sprachen belegbar; so z.B. die Verwendung des Negationsadverbs *mi(n)* (μη(ν)) im Griechischen und Armenischen (s. auch Tabelle 1). Doch weist das Griechische zahlreiche charakteristische Merkmale auf, die es von den übrigen Sprachen derselben Sprachfamilie unterscheiden; z.B. die Verwendung eines Passivmarkers *thi* (θη) am Verb (2.); (vgl. Joseph 1994, 411):

Aktiv

1. ο 'ανεμος   ξε'ριζωσετο   'δεντρο
   o 'anemos   kse'risose   to 'dentro
   der Wind   entwurzelte   den Baum
   Der Wind entwurzelte den Baum.

Passiv

2. το 'δεντρο   ξεϱι'ζω**θη**κε
   to 'dentro   kseri'so**thi**ke
   der Baum   entwurzeln (PASSIV/VERGANGENHEIT)
   Der Baum wurde entwurzelt.

Obwohl auch das Deutsche zur indoeuropäischen Sprachfamilie gehört und sprachtypologisch eine Verwandtschaft zwischen dem Deutschen und dem Griechischen besteht, sind die Ähnlichkeiten zwischen den beiden Sprachen oberflächlich betrachtet wenig auffällig. Eine genauere Analyse offenbart aber sowohl hinsichtlich sprachstruktureller Merkmale (Formenbildung, Satzbau; s.u.) als auch in einzelnen Bereichen des Wortschatzes (Stedje 1989, 39) Übereinstimmungen:

---

[1] Ich danke Styliani Flamouropoulou für die kritische Revision des Artikels.

Tabelle 1	germanisch	schwedisch deutsch englisch	tre drei three	är ist is
	baltisch slawisch	litauisch polnisch	trỹs trzy	ĕsti jest
	keltisch	altirisch	tri	as (é)
	italisch	lateinisch französisch	trēs trois	est est
	griechisch		**treis**	**estí**
	indisch	altindisch	trayas	ásti
	dagegen nicht-indoeu. Sprachen	finnisch hebräisch	kolome šaloš	on (hové)

Sprachgeschichtlich ist das Griechische außergewöhnlich lange und gut schriftlich dokumentiert. Abgesehen von einer relativ kurzen Unterbrechung (von etwa 1150 bis 800 v. Chr.) liegen für die vergangenen 3400 Jahre kontinuierliche Zeugnisse über die Sprache vor. In dieser Zeit war das Griechische wesentlichen Veränderungsprozessen unterworfen. Die Unterscheidung verschiedener Perioden des Griechischen spiegelt diese Veränderungen z. T. wider:

a) Mykenisches Griechisch (ab 1500 v. Chr.),
b) Altgriechisch (ab 8. Jh. v. Chr.),
c) Hellenistisches Griechisch (ab 3. Jh. v. Chr.)
d) Mittelgriechisch (ab 4. Jh. n. Chr.),
e) Neugriechisch (ab 16. Jh. n. Chr.).

Die griechische Umgangssprache, die heute ca. 12 Mio. Menschen weltweit als Muttersprache sprechen, wird als *Neoelliniki* (Neugriechisch) bezeichnet. Sie stellt eine Mischung aus zwei neugriechischen Standard-Varietäten dar, die bis in die 70er Jahre des 20. Jahrhunderts miteinander um Verbreitung konkurrierten: Der *Dimotikí*, einer ursprünglichen Volkssprache, und (zu einem geringen Anteil) der *Katharévousa* (die Reine), einer „gelehrten" Kunstsprache, die den Versuch einer sprachlichen Anknüpfung an das Altgriechische und damit an die „klassische" Vergangenheit darstellte (heute noch als Schriftsprache in kirchlichen oder juristischen Dokumenten nachweisbar).

Das Neugriechische ist offizielle Amtssprache in Griechenland und Zypern und eine der Amtssprachen der Europäischen Union. In Deutschland leben etwa 300.000 Griechen (Statistisches Bundesamt, 31.12.2007). Welche Rolle das Griechische im familiären Alltag der Migranten der 3. und 4. Generation spielt, kann nicht pauschal gesagt werden. Einen wenn auch eingeschränkten Einblick in die sprachliche und kulturelle Integration bieten Angaben zum Erfolg im Bildungssystem: Aus den Angaben des Statistischen Bundesamtes (Bildung und Ausbildung von Migrantinnen und Migranten, 2005) zur Frage der Schulbesuchsquote im Sekundarbereich geht hervor, dass 22,3 % der Schüler aus Griechenland (ohne deutsche Staatangehörigkeit) das Gymnasium besuchen (bei Schülern aus Italien beträgt die Quote 13,1 % bei Schülern aus der Türkei 12 %).

2   Schrift und Aussprache

Die griechische Orthographie ist seit ca. 2500 Jahren praktisch unverändert. Das griechische Alphabet geht auf das nord-seminitische Schriftsystem zurück und unterscheidet sich deutlich vom deutschen Alphabet (Großbuchstabe, Kleinbuchstabe, Name des Buchstabens):

A	α	'alpha	I	ι	'iota	P	ρ	rho
B	β	'beta	K	κ	'kappa	Σ	σ	'sigma
Γ	γ	'gamma	Λ	λ	'lambda	T	τ	tau
Δ	δ	'delta	M	μ	mi	Y	υ	'epsilon
E	ε	'epsilon	N	ν	ni	Φ	φ	phi
Z	ζ	'zeta	Ξ	ξ	xi	X	χ	chi
H	η	'eta	O	o	'omicron	Ψ	ψ	psi
Θ	θ	'theta	Π	π	pi	Ω	ω	om'ega

Während die 24 griechischen Buchstaben (Grapheme) also dem Stand von 400 v.Chr. entsprechen, hat sich die Zuordnung von Lauten und Buchstaben im Laufe der Zeit wesentlich gewandelt. So liegen im Neu-Griechischen beispielsweise sechs verschiedene Grapheme (bzw. Graphemverbindungen) vor, die für den gleichen Laut [i] stehen: η, υ, ει, οι, υι und ι. In früheren Perioden standen diese Buchstaben für sechs verschiedene Laute. Man spricht im Falle des heutigen griechischen Alphabets infolgedessen von einem „historischen" Alphabet.

Wie im Deutschen gibt es auch im Neugriechischen sowohl Einzelbuchstaben, die eine Lautverbindung wiedergeben (z.B. ξ = [ks]), als auch Buchstabenverbindungen, die einen Laut wiedergeben (z.B. ου = [u]).

Das Neugriechische hat 5 Vokale und 20 Konsonanten. Anders als im Deutschen (mit insgesamt 16 Vokalphonemen; vgl. Hall 2000, 68) gibt es im Griechischen keine langen Vokale, was bei griechischen Muttersprachlern zu charakteristischen Abweichungen in der Aussprache und Verschriftlichung entsprechender Lautfolgen im Deutschen führen kann: [gɛtʰ] statt [geːtʰ]; [hɔl tʰə] statt [hoːl tʰə]. Weitere phonologische Merkmale des Griechischen, die zu spezifischen „Akzentfehlern" im Deutschen führen, betreffen z.B.:

die gerundeten vorderen Vokale (Umlaute)	im Griechischen unbekannt	[glʊkʰ] statt [glʏkʰ]
des Phonem /x/	wird im Griechischen in Abhängigkeit vom **nachfolgenden** (nicht wie im Deutschen vom vorausgehenden) Laut als [x] oder [ç] realisiert; das Allophon [ç] erscheint nur vor /e/ und /i/	[lixt] statt [liçt]
den *sch*-Laut	im Griechischen unbekannt	[saːf] statt [ʃaːf]
die Verbindung /n/ + /t/ oder /d/	im Griechischen wird gewöhnlich das /n/ nicht ausgesprochen und /d/ gesprochen	[ɛdɛn] statt [ɛntn]

(Vgl. Ruge 2002, 17); einen Überblick über typische Schwierigkeiten und „Fehlerquellen" bei Lernern des Deutschen mit griechischer Muttersprache bieten Meese et al. 1980.

Wie das Deutsche kennt auch das Griechische das Phänomen der Kontaktassimilation: Treffen zwei Konsonanten oder zwei Vokale aufeinander, können bestimmte Unterschiede in der Artikulationsweise der beiden Laute angeglichen werden bzw. Laute wegfallen. So wird das stimmlose [s] im Auslaut des Wortes [iˈos] (γιˈος Sohn) zu einem stimmhaften [z] [iˈoz], wenn der nachfolgende Konsonant ebenfalls stimmhaft ist: [iˈozmu] (γιˈοςμου; mein Sohn]. Treffen zwei unterschiedliche Vokale aufeinander, kann einer von ihnen getilgt werden. Eine Hierarchie bestimmt, welcher Vokal wegfällt (Elision): *to aga'po* (το αγαˈπω; ich liebe es) → *t'aga'po* (τ᾽αγαˈπω). (Weitere „Lautveränderungen in der laufenden Rede" fasst Ruge (2002, 24 ff.) zusammen).

Der Wortakzent wird im griechischen Schriftbild durch einen Akut (´) ausgedrückt. Die so markierte betonte Silbe wird lauter gesprochen als die unbetonten. Dabei fällt der Ton im Neugriechischen immer auf eine der letzten drei Silben (Dreisilbenregel). Fügt sich an ein Wort, das auf der drittletzten Silbe betont ist (4.), eine weitere Silbe an, etwa das Pluralmorphem *ta* (τα), das unbetont ist, so „wandert" der Hauptakzent um eine Silbe nach hinten (5.). So bleibt die Dreisilbenregel gewahrt.

4. 'α.γαλ.μα
   'a.gal.ma
   Statue

5. α.'γαλ.μα.τα
   a. 'gal.ma.ta
   Statuen

Im Gegensatz zum Deutschen erfüllt die Betonung im Griechischen eine umfassendere bedeutungsunterscheidende Funktion, insofern sich zahlreiche Wörter nur hinsichtlich der Betonung voneinander unterscheiden: *'pote* ('ποτε wann) vs. *po'te* (πο'τε nie).

Während sich die griechischen Buchstaben substantiell von den deutschen unterscheiden, stimmen die Satzzeichen (Punkt, Komma, Ausrufezeichen, Doppelpunkt etc.) in beiden Schriftsystemen überein. Allerdings wird das Fragezeichen im Griechischen wie ein deutsches Semikolon (;) geschrieben. Und anders als im Deutschen werden Substantive im Griechischen (wie in den allermeisten Sprachen) nicht mit großem Anfangsbuchstaben geschrieben. Lediglich am Satzanfang sowie bei bestimmten Namen und Titeln (z.B. Eigennamen, Wochentage, Bezeichnung von Ämtern etc.) wird der Anfangsbuchstabe großgeschrieben (vgl. Wendt 2000, 32 f.).

3   Formenbildung

Die morphologische Struktur des Griechischen ist im Verlauf der vergangenen 3500 Jahre relativ stabil geblieben. Demnach dominieren flektierende Züge, auch wenn das Neugriechische eine Tendenz zu analytischen Konstruktionen aufweist,- so z.B. der Gebrauch der Präposition *se* (σε) + Akk. zur Markierung des Rezipienten (statt des Kasus „Dativ" im Altgriechischen oder Deutschen):

6. '**δ**ινω   '**τ**ο   τε'τρ**α**διο   **στον**   'Π**α**υλο
   'dino   to   te'tradio   ston   'Pavlo
   gebe   das   Heft   zu den   Paul
   Ich gebe das Heft dem Paul.

Lerneräußerungen wie *Ich gebe das Heft zu den Paul* könnten also im Zusammenhang mit der Struktur der Muttersprache stehen.

Ein typisches Beispiel für den flektierenden Charakter des Griechischen ist die Endung -ους (-ous) im Flexionsparadigma der sogenannten o-Stamm-Substantive der maskulinen Deklination (die Substantive lassen sich abhängig von der Genuszugehörigkeit in drei Deklinationen einteilen):

7. Nom. Sg. 'λογ**ος**   Nom. Pl. 'λογ**οι**
    Akk. Sg. 'λογ**ο**   Akk. Pl. 'λογ**ους**
    Gen. Sg. 'λογ**ου**   Gen. Pl. 'λογ**ων**
    Voc. Sg. 'λογ**ε**   Voc. Pl. 'λογ**οι**

Die Endung -ους markiert hier eindeutig den Kasus (Akkusativ, nach dem Nominativ der zweithäufigste Kasus), den Numerus (Plural) und das Genus (Maskulinum; im Unterschied zu -ες bzw. -α für Femininum bzw. Neutrum). Das Phänomen, dass ein nicht weiter zerlegbares Morphem mehrere grammatische Funktionen markiert, ist auch in der Nominalflexion des Deutschen bekannt (-es in *Baumes* markiert sowohl Kasus „Genitiv" als auch Numerus „Singular"). Die Veränderung des Stammvokals zur Markierung des Plurals (*Haus−Häuser*) ist im Griechischen hingegen unbekannt. Insgesamt betrachtet kann festgestellt werden, dass das griechische Nominalsystem grundsätzliche Ähnlichkeiten mit dem Deutschen aufweist: So werden vier Kasus, zwei Numeri und drei Genera unterschieden. Wie im Deutschen unterliegen Substantive, Adjektive und Artikel (bestimmte und unbestimmte) der Deklination. Entsprechend sind dem griechischen Lerner des Deutschen bestimmte Strukturphänomene bereits aus der Muttersprache „bekannt". So z.B.:

- dass sich die Formbildung des Adjektivs in Kasus, Numerus und Genus nach dem Bezugsnomen richtet;
- dass der Artikel u.a. die Genuszugehörigkeit als inhärentes Merkmal jedes Substantivs wiedergibt;
- dass die Genuszugehörigkeit nur für einen Bereich des Nominalwortschatzes semantisch motiviert ist (das Natürliche Geschlechtsprinzip): Substantive, die auf maskuline Lebewesen referieren, haben den maskulinen Artikel o (o; der), Substantive, die auf feminine Lebewesen referieren, den femininen Artikel i (η, die):

8.	Männlich = Maskulinum	weiblich = Femininum
	o pa'teras (**o** πα'τερας; der Vater)	i mi'tera (**η** μη'τερα; die Mutter)
	o 'xaderfos (**o** 'ξαδερφος; der Cousin)	i 'xaderfi (**η** 'ξαδερφη; die Cousine)

Anders als im Deutschen ist das grammatische Geschlecht im Griechischen am Substantiv selbst markiert. An der Endung des Substantivs ist i.d.R. also die Genuszugehörigkeit erkennbar (allerdings kommen bestimmte Auslaute in verschiedenen Geschlechtern vor):

9.	Substantive, die im Nominativ/Singular auf **-ς** enden, sind i.d.R. **Maskulina**	Substantive, die im Nominativ/Singular auf **-α, -η** enden, sind i.d.R. **Feminina**	Substantive, die im Nominativ/Singular auf **-ο, -ι** enden, sind i.d.R. **Neutra**
	ο ουρ αν'ος o oura'nos *der Himmel*	η 'χωρα i 'chora *das Land*	το βου'νο to vu'no *der Berg*
	ο αναπ'τηρας o anap'tiras *das Feuerzeug*	η 'ζαχαρη i 'zachari *der Zucker*	το 'σπιτι to 'spiti *das Haus*

Ausgeprägtere Unterschiede (aber auch grundsätzliche Ähnlichkeiten) zwischen der Formbildung des Deutschen und Griechischen betreffen die Konjugation, die im Griechischen eine hohe morphologische Komplexität aufweist. So werden

I. durch Anfügung von grammatischen Einheiten (Prä- bzw. Suffixen) an den Verbstamm,

II. durch zusammengesetzte Verbformen (z.B. Hilfs- + Vollverben),

III. durch den Gebrauch unterschiedlicher Verbstämme des gleichen Verbs

(nie aber durch die Veränderungen des Stammvokals) folgende Kategorien markiert: Person (1., 2., 3. Person), Numerus (Singular, Plural), Tempus (Vergangenheit, Nicht-Vergangenheit, Zukunft), Handlungsform (Aktiv, Passiv), Modus (Indikativ, Konjunktiv, Imperativ) und Aspekt (Imperfektiv, Perfektiv, Perfekt):

I.   'γραφω   ('gravo; *(ich) schreibe*)
    'γραφεις   ('gravis; *(du) schreibst*)
    'γραφουμε   ('gravoume; *(wir) schreiben*)

    'εγραφα   ('egrava; *(ich) schrieb*)
    'εγραφες   ('egraves; *(du) schriebst*)
    'γραφαμε   ('gravame; *(wir) schrieben*)

II. θα 'γραφω   (tha 'gravo; *(ich)* werde (fortwährend) *schreiben*)
    'εχω 'γραψει   ('echo 'grapsi; *(ich)* habe *geschrieben*)

III. θα 'γραψω   (tha 'grapso; *(ich)* werde (punktuell) *schreiben*
                       (aoristischer oder perfektiver Aspekt))

    θα 'γραφω   (tha 'gravo; *(ich)* werde (fortwährend) *schreiben*
                       (imperfektiver Aspekt))

Das Personalpronomen ist im Griechischen nicht obligatorisch und wird nur zur Hervorhebung verwendet (s. Satz 6.).

Ein entscheidender systematischer Unterschied zum Deutschen besteht also darin, dass in der griechischen Verbkonjugation der **Aspekt** (in allen Tempora) morphologisch markiert wird (s. III.). Hierfür liegen drei unterschiedliche Stämme des Verbs vor.

Ein Beispiel:

Wenn der Sprecher eine Handlung als abgegrenzte Einheit darstellen will, gebraucht er den entsprechenden perfektiven (oder *aoristischen*) Stamm des Verbes (γραψ + Endung, s. 10.),– will er die gleiche Handlung in ihrem Verlauf darstellen, muss er den imperfektiven (oder *paratatischen*) Stamm des Verbs (γραφ + Endung) verwenden (11.):

10. Χθες	'εγραψα		'ενα 'γραμμα.
chthes	'egrapsa		'ena 'gramma
gestern schrieb (1. PER. SG. PERFEKTIV)			*einen Brief*
11. Χθες	'εγραφα		ενα 'γραμμα.
chthes	'egrava		'ena 'gramma
gestern schrieb (1. PER. SG. IMPERFEKTIV)			*einen Brief*

Satz 11. ist mit der englischen Progressiv-Form vergleichbar (z.B. *I was writing* im Gegensatz zu *I wrote*) und kann im Deutschen mit der Konstruktion *Gestern war ich **dabei**, einen Brief **zu schreiben** …* wiedergegeben werden (im Gegensatz zu 10.: *Gestern schrieb ich einen Brief* bzw. *Gestern habe ich einen Brief geschrieben*).

Anders als im Deutschen muss die Perspektive, die der Sprecher zu einer Handlung einnimmt, im Griechischen also mit jeder Äußerung morphologisch ausgedrückt werden. (Eine übersichtliche Darstellung der griechischen Verbalflexion bietet Mackridge 1992, Kap. 3).

Ein weiterer formaler Unterschied im Gebrauch der Verben betrifft die Modalverben. Wie im Deutschen stellen entsprechende Konstruktionen auch im Griechischen komplexe, analytische Ausdrücke dar. Allerdings bestehen diese hier nicht aus Modalverb + Infinitiv (*ich **will** ein Eis **kaufen**, sie **darf** das Buch **ausleihen***), sondern aus einem Verb wie '*thelo* (θελω; wollen) + Nebensatz, der mit να (na) eingeleitet wird:

12. 'θελω	να	χο'ρεψω
'thelo	na	cho'repso
Will (1. PER. SG.)	dass	tanze
Ich will tanzen.		

13. μπο'ρεις   να   'φυγεις
     bor'is   na   'figis
     kannst/darfst   dass   weggehst
     Du kannst/darfst weggehen.

Satz 13. zeigt darüber hinaus, dass im Griechischen nicht alle Bedeutungsdifferen-zierungen lexikalisch wiedergegeben werden, die durch die deutschen Modal-verben ausgedrückt werden. So kann z.B. das Verb *bo'ro* (μπο'ρω) abhängig vom Kontext sowohl *können* als auch *dürfen* bedeuten.

Eine infinite Grundform des Verbs besitzt das Griechische nicht. In den Sätzen 12. und 13. steht als Entsprechung zum deutschen Infinitiv (*tanzen, weggehen*) ein *na*-Satz mit finitem Verb im Konjunktiv (*na cho'repso, na 'figis*). Als Lexikonform wird im Griechischen die 1. Pers. Sg. des Präsens verwendet. (Ausgehend von sys-tematischen Unterschieden zwischen dem Deutschen und Griechischen erstellt Eideneier 1976 „Fehlerprognosen" für den Erwerb des Deutschen durch Lerner mit griechischer Muttersprache.)

4   Satzbau

Es wurde darauf hingewiesen, dass das Griechische eine hochgradig flektierende Sprache ist. Dies hat Implikationen für die Frage, in welcher Abfolge die Wörter und Phrasen im griechischen Satz stehen. Da durch die morphologische Form eindeutig markiert wird, welches Wort oder welche Phrase Subjekt oder direktes Objekt ist (s. 7.), erfüllt die Wortstellung keine syntaktische Funktion. Vielmehr wird durch das Abweichen von der „neutralen" Wortstellung SVO (Subjekt-Verb-Objekt; Satz 14.) eine spezielle Gewichtung einer im Satz enthaltenen Information erreicht. Infolgedessen kann aus diskurspragmatischen Gründen (Topikalisierung) nicht nur das Objekt an die erste Stelle (vor das Verb) treten (Satz 15.). Auch das Verb kann an die erste Position rücken (Satz 16.):

14. ο πα'τερας μου   **δια'βαζει**   'Νιτσε
      o pa'terasmou   dia'vazi   'Nietzsche
      der Vater mein   liest   Nietzsch
      S   V   O
      Mein Vater liest Nietzsche

15. 'Νιτσε   δια'βαζει   ο πα'τεϱας μου
    'Nietzsche   dia'vazi   o pa'terasmou
    Nietzsche   liest   der Vater mein
    O   V   S
    Nietzsche liest mein Vater (und nicht Schopenhauer).

16. δια'βαζει   ο πα'τεϱας μου   'Νιτσε
    dia'vazi   o pa'terasmou   'Nietzsche
    liest   der Vater mein   Nietzsche
    V   S   O
    *(Oh, doch!:) Mein Vater **liest** Nietzsche*

Teilweise wird die VSO-Wortstellung (Satz 16.) als Grundwortstellung des Griechischen aufgefasst (vgl. Mackridge 1992, 235).

Diese Flexibilität in der Wortstellung liegt im deutschen Aussagesatz nicht vor (s. Satzstellung in 16. mit dem Verb an erster Stelle). Ähnliches gilt für die Abfolge von Subjekt und Verb, wenn an erster Stelle des Satzes ein anderes Satzglied als das Subjekt (z.B. ein temporales Adverbial) steht:

17. 'αυϱιο   η Μα'ϱια   **θα παει**   στην Α'θηνα
    'avrio   i Ma'ria   tha pai   stin A'thina
    morgen   die Maria   wird gehen (3. PER. SG.)   (Präp.) Athen
    ADV   S   VP   PP
    Morgen wird Maria nach Athen fahren

18. 'αυϱιο   **θα παει**   η Μα'ϱια   στην Α'θηνα
    'avrio   tha pai   i Ma'ria   stin A'thina
    morgen   wird gehen (3. PER. SG.)   die Maria   (Präp.) Athen
    Adv   VP   S   PP
    Morgen wird Maria nach Athen fahren

Während im Deutschen zur Wahrung der Verbzweitstellung Subjekt und Verb die Plätze wechseln (Inversion), liegen im Griechischen keine Restriktionen vor, das Verb kann dem Subjekt also sowohl vor- als auch nachgestellt werden.

Wie die Sätze 17. und 18. außerdem zeigen, kennt das Griechische die für das Deutsche charakteristische Verbklammer nicht. Es erfolgt keine Trennung der Prädikatsbestandteile (θα *wird* und παει *fahren*). Trennbare Verben, die im Deutschen dem Prinzip der Verbklammer ebenfalls folgen, existieren im Griechischen nicht.

Auch bei Neben- und Fragesätzen zeigt sich ein substantieller Unterschied zum Deutschen, insofern die Hauptsatzstellung des Verbs jeweils beibehalten wird:

19. δεν   'θελω να   'ερθω,   για'τι   **'ειμαι**   κου ρασ'μενος

     den   'thelo na   'ertho   ja'ti   'ime   kuras'menos

     nicht   will   zu   mitkomme   weil   bin   müde

     Ich will nicht mitkommen, weil ich müde bin

Somit ist der Fragesatz nur an der Intonation vom Aussagesatz unterscheidbar:

20. θα   'ε ρθεις   'αυ ριο

     tha   'erthis   'avrio (?)

     Futurpartikel   kommst   morgen (?)

     Du kommst morgen.   oder   **Kommst du morgen?**

Nach Meese (1980, 67) könnten die nachfolgenden Äußerungen griechischer Lerner infolgedessen auf den Einfluss des muttersprachlichen Satzbaus zurückführbar sein:

> *er hat geschüttelt den Baum*
>
> *ich glaube, dass er hat Recht*

Das Griechische verfügt über deutlich weniger Präpositionen als das Deutsche. Die folgende Übersicht veranschaulicht die Asymmetrie:

21. σε (se)   in, auf, an, zu, nach

     απ'ο (ap'o)   von, durch, seit, von

Die Präpositionen σε (se) und απ'ο (apo) sind also mehrdeutig:

22. η 'ζωνη   'εἰναι   στην   ντου'λαπα

     i 'zoni   'ine   stin   du'lapa

     der Gürtel   ist   PRAP. σε + ARTIKEL   Schrank

     *Der Gürtel ist **in** dem Schrank* oder *Der Gürtel ist **auf** dem Schrank*

Der Kontext entscheidet hier über die Interpretation der Präposition. So wird *se* (σε) im Zusammenhang mit *Tisch* als *auf* und im Zusammenhang mit *Schrank* als *in* verstanden. Befindet sich der Gürtel in 22. tatsächlich auf dem Schrank, so muss eine zusätzliche Spezifikation vorgenommen werden. Dafür tritt das Lokaladverb 'pano ('πανω) mit der Bedeutung *oben* vor die „Allerweltspräposition" *se* (σε):

23. η 'ζωνη	'ειναι	'πανω	στην	ντου'λαπα
i 'zoni	'ine	'pano	stin	du'lapa
der Gürtel	ist	oben	PRÄP. σε + ARTIKEL	Schrank

*Der Gürtel ist **auf dem** Schrank*

Die Präpositionen *se* (σε) und *a'po* (α'πο) ziehen stets den Akkusativ nach sich. Anders als im Deutschen wird also nicht zwischen dem präpositionalen Ausdruck der Richtung (*Ich lege den Stift **auf den** Tisch*) und dem präpositionalen Ausdruck des Ortes (*Der Stift liegt **auf dem** Tisch*) unterschieden:

24. 'βαζω	το μο'λυβι	στο	τρα'πεζι
'vaso	to mo'livi	sto	tra'pesi
lege	den Bleistift	PRÄP. σε + ARTIKEL (AKK)	Tisch

*Ich lege den Bleistift **auf den** Tisch*

25. το μο'λυβι	'ειναι	στο	τρα'πεζι
to mo'livi	'ine	sto	tra'pesi
der Bleistift	ist	PRÄP. σε + ARTIKEL (AKK)	Tisch

*Der Bleistift ist **auf dem** Tisch*

Nach Meese (1980) sind dementsprechend bei griechischen Lernern Übergeneralisierungen einzelner Präpositionen ebenso zu erwarten wie eine mangelnde Differenzierung der Präpositionalkasus:

Gehst du gerne zu das Schwimmbad.
Ich gebe das Heft zu der Paul.
Die Mutter stellt das Essen auf dem Tisch.

Bibliographie

Beauftragte der Bundesregierung für Migration, Flüchtlinge und Integration (Hrsg.) (Oktober 2005): Daten – Fakten – Trends. Bildung und Ausbildung. Berlin.

Eideneier, H. (1976): Sprachvergleich Griechisch – Deutsch. Düsseldorf: Pädagogischer Verlag.

Hall, T. A. (2000): Phonologie. Eine Einführung. Berlin: de Gruyter.

Joseph, B. D. (1991): Greek. In B. Comrie (Hrsg.): The World's Major Languages. London: Routledge.

Mackridge, P. (1992): The modern Greek language: a descriptive analysis of standard modern Greek. Oxford: Clarendon.

Meese, H. u.a. (1980): Muttersprachlich bedingte Fehlerquellen ausländischer Arbeiterkinder: Ein Vergleich ausgewählter Kapitel der deutschen Sprache mit den jeweiligen Entsprechungen im Griechischen, Italienischen und Serbokroatischen. In: Deutsch lernen 2–3/1980, S. 1–132.

Metger, W. (2007): Neugriechische Kurzgrammatik. Ismaning: Hüber.

Ruge, H. (2001): Grammatik des Neugriechischen. Köln: Romiosini.

Stedje, A. (1989): Deutsche Sprache gestern und heute. München: Fink Verlag.

Wendt, H. (2000): Langenscheidts Praktisches Lehrbuch. Berlin: Langenscheidt.

Italienisch

SIMONA COLOMBO-SCHEFFOLD

Italienisch gehört zu den romanischen Sprachen, die sich vom Latein ausgehend entwickelten. Ausschlaggebend für die Entstehung der italienischen Sprache war nicht so sehr das Latein der Gelehrten, sondern eher das Vulgärlatein (*volgare*), die vom Volk gesprochene, vom Schriftstandard in unterschiedlichem Grade abweichende Form des Lateinischen.

In der Blütezeit des Römischen Reiches hatte sich das Latein auf der italienischen Halbinsel und über deren Grenzen hinaus verbreitet. Das in den Regionen des heutigen Italiens gesprochene Latein wurde von den Sprechenden an die bereits vorhandenen Idiome angepasst. Nur in Etrurien, das ungefähr der heutigen Toskana entspricht, erlernte das Volk die lateinische Sprache der Gelehrten, die allmählich das Etruskische ersetzte (vgl. Panozzo 1999, 8 – 10).

Das Latein der Intellektuellen überlebte zwar den Untergang des Römischen Imperiums, aber daraufhin beschränkte sich dessen Gebrauch auf den offiziellen und kirchlichen Schriftverkehr sowie auf die literarischen Werke.

Das älteste Sprachdokument im *volgare*, das *Placito capuano*, geht auf das Jahr 960 zurück.[1] Es handelt sich um eine Gerichtsakte, in der Fragmente (Zeugenaussagen) in der lokalen Mundart zu finden sind. (vgl. Marazzini 2002, 16).

Im 13. Jahrhundert gewann das Vulgärlatein zwar immer mehr an Bedeutung, es war aber noch keine überregionale Sprache, denn der Gebrauch des *volgare* in der Literatur wurde in unterschiedlichen Städten gefördert, wie z.B. in der sizilianischen Schule am Hofe Friedrichs II., an der Universität von Bologna, in der Toskana mit der *Scuola del dolce stile* und in Umbrien um Franz von Assisi. Dieses Phänomen wird als Polizentrismus bezeichnet (vgl. Panozzo 1999, 51 – 52, 65).

Erst im 14. Jahrhundert wuchs das Prestige des Vulgärlateins, als sich drei Literaten des Florentinischen für ihre Werke bedienten. Dante Alighieri (1265 – 1321) und Francesco Petrarca (1304 – 1374) bewiesen, dass auch die Dichtung im Florentinischen der Gebildeten das Erhabene erreichen konnte. Giovanni Boccaccio (1313 – 1375) mit den Erzählungen in seinem *Decameron* lieferte ein Beispiel von sinnreicher und stilistisch ausgefeilter Prosa im *volgare*. Dantes Meisterwerk, *Die*

---

[1] Andere zählen auch das Rätsel aus Verona (*indovinello veronese*), das aus einer Mischung von Latein und venetianischem Dialekt besteht, zu den literarischen Werken in italienischer Sprache. Es geht ca. auf das Jahr 800 zurück (vgl. Dardano/Trifone 1995, 71).

göttliche Komödie, bewirkte dabei viel mehr als seine auf Latein verfasste Abhandlung über die Sprache, *De vulgari eloquentia*, die erst zwei Jahrhunderte später wiederentdeckt wurde (vgl. Panozzo 1999, 78-99; vgl. Marazzini 2002, 10-1).

Dante, Petrarca und Boccaccio wurden noch im 16. Jahrhundert als sprachliche Vorbilder für die Vereinheitlichung und Normierung der italienischen Sprache herangezogen. Ein Befürworter des Primats des Florentinischen in der so genannten *questione della lingua* über Form und Status des Italienischen war Pietro Bembo, der die Einheit der italienischen Sprache nur in der Literatur der großen florentinischen Dichter des 14. Jahrhunderts sah. Das Interesse für die Sprache wuchs und mündete in die Gründung und Verbreitung der Sprachakademien, unter denen die *Accademia della Crusca* in Florenz besonders geschätzt wurde, vor allem nachdem 1612 das erste Wörterbuch mit Lexemen und Wendungen überwiegend im *volgare* des 14. Jahrhunderts erschien (vgl. Panozzo 1999, 159-161, 219).

Die Aufspaltung zwischen geschriebener und gesprochener Sprache wurde infolge der Orientierung an der Literatur der Vergangenheit immer größer. Erst im 18. Jahrhundert richteten die Gelehrten ihre Aufmerksamkeit auch auf die Vereinheitlichung und Pflege des gesprochenen Italienischen in allen seinen regionalen Ausprägungen.

Pietro Verri rebellierte entschlossen gegen die sprachliche Normierung der *Accademia della Crusca* und sammelte um sich und um die wissenschaftliche Zeitschrift *Il Caffè* gleichgesinnte Gelehrte. Er plädierte dafür anzuerkennen, dass Italienisch alles ist, was die Bewohner Italiens verstehen (vgl. Panozzo 1999, 280).

Alessandro Manzoni (1785-1873) betrachtete die Sprache eher politisch und soziolinguistisch. Er orientierte sich zwar am Florentinischen, aber nicht an den alten Vorbildern, sondern an den Sprechenden seiner Zeit. Sein Roman *I Promessi Sposi* spiegelte seine Auffassung der Sprache wider und lieferte zugleich ein Beispiel für die sprachliche Varietät, welche die Sprache der entstehenden Nation werden sollte (vgl. Panozzo 1999, 311-316).

Während die geschriebene Sprache allmählich einheitlich geworden war, blieb das gesprochene Italienisch wegen der dialektalen Vielfalt sehr heterogen. Nach der Einigung Italiens (1861) wurde auch die Homogenität der Sprache unverzichtbar, um im Volk ein Zusammengehörigkeitsgefühl und eine nationale Identität entstehen zu lassen. Auf politischer und bürokratischer Ebene verbreiteten sich die Modelle vom Piemont, dessen Königshaus die Einigung vorangetrieben hatte, während sich sprachlich das Florentinische durchsetzte.

Die italienische Regierung bildete eine Kommission, deren Vorsitzender Manzoni wurde, und beauftragte sie, alle Mittel herauszufinden und einzusetzen, um den italienischen Staatsangehörigen eine einheitliche und geregelte Sprache zu liefern. 1870 erschien der erste Band des *Dizionario della lingua dell'uso fiorentino*, das sich – Manzonis Ideal entsprechend – auf das tatsächlich im Alltag verwendete Florentinische bezog (vgl. Panozzo 1999, 327 - 328, 330).

Die Verbreitung des Verwaltungsapparates sowie der erste Weltkrieg sorgten für einen intensiven Austausch unter ItalienerInnen und erforderten die Vereinheitlichung der Sprache. Später trugen zur Verbreitung des Italienischen gegenüber den Dialekten die Presse, das Radio und viel später auch das Fernsehen bei.

Unter dem zwanzigjährigen faschistischen Regime Mussolinis wirkten die Propaganda und die nationalistische Politik auf die Sprache, die immer homogener wurde. Nach dem Prinzip der Autarkie wurden alle Fremdwörter und Entlehnungen getilgt und durch rein italienische Ausdrücke ersetzt. Nach diesem puristischen Ansatz des Faschismus wurden Lehn- und Fremdwörter wieder eingeführt.

Im heutigen Italienisch lassen sich Einflüsse mehrerer Sprachen beobachten, wie z.B. Wörter aus dem Indogermanischen: *cuore* (Herz), *piede* (Fuß) und *numero* (Zahl) sowie eine sehr hohe Anzahl an lateinischen Ausdrücken, beispielsweise *pane*/lat. *panis* (Brot), *acqua*/lat. *aqua* (Wasser), *storia*/lat. *historia* (Geschichte), *luna*/ lat. *luna* (Mond) und *abitare*/lat. *habitare* (wohnen) (vgl. Concialini 1987, 77). Unter den Fremdsprachen war Französisch, an dem sich die italienische Literatursprache ursprünglich orientierte, am einflussreichsten. Beispiele aus dem Französischen sind sowohl Entlehnungen, wie *galoppo* (Galopp), *viaggio* (Reise), *mestiere* (Beruf, Gewerbe), *cameriere* (Kellner), als auch die Suffixe zur Wortbildung *-aggio* (*coraggio* = Mut), *-ardo* (*codardo* = feige) und *-iere* (*cavaliere* = Ritter, Reiter). Später wurden französische Wörter, wie *foulard* (Halstuch), *tailleur* (Kostüm) und *équipe* (Mannschaft) übernommen. Zwischen 1550 und 1700 bereicherten spanische Lexeme (z.B.: *brio* = Schwung und *disinvoltura* = Unbefangenheit) und Ausdrücke aus den iberischen Kolonien in Lateinamerika (z.B.: *bambù* = Bambus, *cioccolata* = Schokolade und *banana* = Banane) den italienischen Wortschatz (vgl. Marazzini 2002, 81 - 83).

Die Anglizismen verbreiteten sich intensiv im Italienischen ab dem 19. Jahrhundert und spielen heutzutage eine bedeutende Rolle, da sie häufig im Alltag gebraucht werden, wie z.B. die Fremdwörter *business, hobby, privacy, self-service, show, smog* und *stress*. In ständiger Entwicklung ist die Technologie, insbesondere die Informatik, wofür sehr oft englische Begriffe (z.B.: *software, hard disk, web* und *zoom*) genutzt werden.

Die wenigen Germanismen in der italienischen Sprache gehen überwiegend auf den Einfluss der Goten und der Langobarden im Mittelalter zurück: Die einen brachten Wörter, wie *albergo* (Hotel), *elmo* (Helm) und *guardia* (Wache); die anderen hinterließen u.a. folgende Wörter: *guancia* (Wange), *panca* (Sitzbank), *scaffale* (Regal), *schiena* (Rücken), *stinco* (Schienbein) und *strofinare* (reiben), die zum Basiswortschatz gehören (vgl. Concialini 1987, 148).

Italienisch wird in Italien von ca. 59 Millionen Menschen als Muttersprache gesprochen.[2] Außerdem ist Italienisch Mutter- und Amtssprache in der italienischen Schweiz (Tessin), in San Marino, im Vatikanstaat sowie in einigen kroatischen und slowenischen Städten. Auch in der Europäischen Union zählt Italienisch zu den Amtssprachen. Italienische Sprachinseln außerhalb Italiens lassen sich auch in Frankreich (um Nizza, in Korsika), in Monaco, Eritrea, Somalia, Libyen, Äthiopien, Albanien und Tunesien sowie auf Malta finden (vgl. www.wikipedia.it).

Durch die Auswanderung vieler ItalienerInnen ist es schwer zu berechnen, wie viele Menschen auf der Welt Italienisch als Mutter- oder Zweitsprache beherrschen: Es werden 70 bis 120 Millionen Sprechende auf der Welt geschätzt; 2000 hatten noch knapp 4 Millionen die italienische Staatsangehörigkeit. Die größten italienischen Gemeinschaften sind in den USA, in Kanada, in Argentinien und in ganz Europa, wo sich die meisten ItalienerInnen in Deutschland (79,6% aus Süditalien) niedergelassen haben (vgl. http://www.emigrati.it/Emigrazione/DatiStatItalMondo.asp).

Das Substantiv

Substantive im Italienischen sind entweder männlich oder weiblich. Wörter, die auf Latein Neutra sind, sind überwiegend zu Maskulina geworden. Dies ist darauf zurückzuführen, dass im *volgare* die Endkonsonanten weggelassen wurden, so dass das Neutrum mit den Formen der Maskulina übereinstimmte und dadurch ersetzt wurde (vgl. Sensini 1988, 54).

Genus und Numerus können in der Regel an der Endung erkannt werden. Nomina auf *-o* sind meistens maskulin und bilden die Mehrzahl auf *-i: il libro – i libri* (das Buch – die Bücher), *il tavolo – i tavoli* (der Tisch – die Tische). Zu den

---

[2] Diese Daten entstammen der Seite www.wikipedia.it und beziehen sich auf das Italienische Istitut für Statistik (ISTAT). Laut dem Außenministerium waren die italienischen BürgerInnen 1995 58,5 Millionen. Obwohl Italienisch *de facto* schon sehr lange die offizielle Sprache Italiens ist, wurde dies erst 2007 in den Artikel 12 der Verfassung der Italienischen Republik aufgenommen (vgl. Beccaria 2007, in www.lastampa.it).

Ausnahmen zählen *la mano* (die Hand) und Kurzwörter, wie la *moto (cicletta)* = das Motorrad und la *foto (grafia)* = das Foto.

Die typische Endung für weibliche Nomina ist das -*a*, obwohl es u.a. genügend Maskulina auf -*ma* gibt, z.B. *il problema* (das Problem), *il telegramma* (das Telegramm), *il cinema* (das Kino) und *il sistema* (das System), die den Lernenden oft Schwierigkeiten bereiten (vgl. Reumuth/Winkelmann 2001, 21-23). Die Genusunterscheidung wird beim Plural deutlich: Feminina bilden die Mehrzahl auf -*e* (*la donna* – *le donne* = die Frau – die Frauen), bei Maskulina wird das -*a* zum -*i* (*i problemi*).

Am schwierigsten ist es mit der Endung -*e*: Es muss zuerst erkannt werden, ob das Substantiv in der Einzahl steht oder ob es ich um ein Femininum im Plural handelt. Wenn das Nomen im Singular ist, kann es entweder männlich oder weiblich sein, wie z.B. *il miele* (der Honig) und *la fame* (der Hunger), bis auf die Nomina auf -*zione*, die weiblich wie die deutschen Substantive auf -*tion* (z.B.: *l'informazione* = die Information) sind. Sowohl männliche als auch weibliche Nomina auf -*e* bilden den Plural auf -*i*.

Bei Personenbezeichnungen stimmt das Genus normalerweise mit dem natürlichen Geschlecht überein, wie z.B. *il padre* (der Vater) und *la madre* (die Mutter). Zu den Ausnahmen zählen beispielsweise *il soprano* (der Sopran) als grammatikalisch männliche Bezeichnung einer Frau und *la guardia* (die Wache) als grammatikalisch weibliche Bezeichnung eines Mannes.

In der unten stehenden Tabelle werden die Pluralformen der Maskulina auf -*o*, -*e* und -*a* sowie diejenigen der Feminina auf -*a* und -*e* dargestellt.

	Maskulina			Feminina		
Singular	il libr-**o**	il color-**e**	il turist-**a**	la matit-**a**	la turist-**a**	la voc-**e**
Plural	i libr-**i**	i color-**i**	i turist-**i**	le matit-**e**	le turist-**e**	le voc-**i**
Deutsch	Buch - Bücher	Farbe -n	Tourist-en	Bleistift-e	Touristin -nen	Stimme-n

Männliche Nomina auf -*co*/-*go* bilden die Mehrzahl auf -*ci*/-*gi*, wenn sie auf der drittletzten Silbe betont werden, wie *medico* – *medici* (Arzt – Ärzte) und *asparago* – *asparagi* (Spargel), und auf -*chi*/-*ghi* (*il tedesco* – *i tedeschi* = der Deutsche – die Deutschen; *l'albergo* – *gli alberghi* = Hotel – Hotels), wenn die Betonung auf die vorletzte Silbe fällt (vgl. Reumuth/Winkelmann 2001, 32-33). Diese Regel ist schwer anzuwenden, einerseits weil Nicht-Muttersprachler oft Probleme beim Wortakzent haben, andererseits weil diese Kategorien zahlreiche Ausnahmefälle aufweisen. Bei Feminina auf *-ca/-ga* wird die velare bzw. gutturale Aussprache des *-c* bzw. *-g* beibehalten und deswegen wird immer die Pluralendung *-che/-ghe* gebraucht (vgl. Dardano/Trifone 1995, 181).

	Maskulina				Feminina	
Singular	il sindac-**o**	il cuoc-**o**	lo psicolog-**o**	il fung-**o**	l'amic-**a**	la mag-a
Plural	i sinda-**ci**	i cuo-**chi**	gli psicolo-**gi**	i fung-**hi**	le ami-**che**	le ma-**ghe**
Deutsch	Bürger-meister	Koch – Köche	Psychologe-n	Pilz-e	Freundin-nen	Zauberin-nen

Sowohl Substantive auf Konsonant als auch Nomina, die auf betontem Vokal enden, bleiben im Plural unverändert. Die Betonung des letzten Vokals wird auch schriftlich gekennzeichnet bis auf die einsilbigen Substantive, bei denen der Akzent zwangsläufig auf den Endvokal fallen muss.

	Maskulina				Feminina
Singular	il film	il sofà	il re	il caffè	la città
Plural	i film	i sofà	i re	i caffè	le città
Deutsch	Film-e	Sofa - s	König-e	Kaffee - s	Stadt - Städte

Grundsätzlich kann jedes Nomen entweder im Singular oder im Plural gebraucht werden. Manche Substantive gelten jedoch als defektiv, da sie entweder nur im Singular oder im Plural vorkommen. Viele Abstrakta (z.B.: *il coraggio* = der Mut, *la pazienza* = die Geduld), viele Stoffbezeichnungen (z.B.: *il ferro* = das Eisen) und Nahrungsmittel, die nicht gezählt werden können (z.B.: *il latte* = die Milch, *il pane* = das Brot), existieren nur in der Einzahl, während Wörter wie *i pantaloni* = Hose, *gli occhiali* = Brille und *le nozze* = Hochzeit nur im Plural verwendbar sind (vgl. Dardano/Trifone 1995, 187).

Der Artikel

Anders als im Latein war bereits im *volgare* der Gebrauch des bestimmten Artikels geläufig. Ausgehend von den vulgärlateinischen Formen *ĭlle*, *ĭllum* und *ĭlla* entwickelten sich die Artikel, die im heutigen Italienisch verwendet werden. Der Gebrauch des unbestimmten Artikels hingegen geht direkt auf das Latein zurück: Aus dem Numerale *ŭnus* bzw. *ŭnu(m)* entstand im Italienischen der Artikel *un* bzw. *uno* (vgl. Dardano1991, 87-88).

Von besonderer Bedeutung für den Einsatz des richtigen bestimmten Artikels ist einerseits die Erkennung des Genus und andererseits der Anlaut des Substantivs. Maskulina, die mit *s* + Konsonant, *ps-, gn-, x-, y-* und *z-* anfangen, werden vom Artikel *lo* begleitet, während männliche Nomina mit einem Vokal als Anfangs-buchstaben den elidierten Artikel *l'* verlangen. Bei allen anderen männlichen Substantiven kommt *il* zum Einsatz. Im Plural werden *lo* und *l'* zu *gli, il* zu *i*.

Bei Feminina wird der Artikel *la* eingesetzt, außer wenn das Substantiv mit einem Vokal anfängt, denn in diesem Fall wird das *-a* durch den Apostroph ersetzt (*l'*). Im Plural existiert nur die Form *le*.

BESTIMMTER ARTIKEL				
	Maskulina			**Feminina**	
Singular	**il** coccodrillo	**lo** scoiattolo	**l'**orso	**la** farfalla	**l'**aquila
Plural	**i** coccodrilli	**gli** scoiattoli	**gli** orsi	**le** farfalle	**le** aquile
Deutsch	Krokodil-e	Eichhörnchen	Bär-en	Schmetterling-e	Adler
UNBESTIMMTER ARTIKEL				
	Maskulina			**Feminina**	
	un coccodrillo	**uno** scoiattolo	**un** orso	**una** farfalla	**un'** aquila

Das Adjektiv

Das Adjektiv muss mit dem Substantiv im Genus und Numerus übereinstimmen. Die Kongruenz des Adjektivs mit dem Substantiv ist sowohl im attributiven als auch im prädikativen Gebrauch, z.B. nach den Verben *essere* (sein), *restare* (bleiben) und *sembrare/apparire* (scheinen), erforderlich. In dieser Hinsicht unterscheidet sich die Deklination der Adjektive im Italienischen und in den anderen romanischen Sprachen von der Morphologie der Adjektive im Deutschen.

Attributiv: *Ho tanti amici simpatici.* (Ich habe viele sympathische Freunde)

Prädikativ: *Marco e Lucia sono davvero simpatici.* (Marco und Lucia sind wirklich sympathisch)

Nach der Genus- und Numerusform können zwei Klassen von Adjektiven unter-schieden werden: Adjektive, die im Singular und im Plural je eine maskuline (*-o*; *-i*) und eine feminine Flexion (*-a*; *-e*) aufweisen, und Adjektive, welche die gleiche Endung für das Maskulinum und das Femininum im Singular (*-e*) bzw. im Plural besitzen (*-i*).

Numerus	Klasse	Genus		Deutsch
		Maskulinum	Femininum	
Singular	I	rotond-**o**	rotond-**a**	rund
	II	important-**e**	important-**e**	wichtig
Plural	I	rotond-**i**	rotond-**e**	rund
	II	important-**i**	important-**i**	wichtig

Zur Pluralbildung der Adjektive werden die gleichen Regeln wie bei den Nomina angewandt. Das gilt auch für die Adjektive auf -*co*, welche je nach Betonung auf -*ci* oder -*chi* im Maskulinum Plural stehen, wie z.B. *bianco* – *bianchi* (weiß), *pratico* - *pratici* (praktisch), während die Adjektive auf -*go* in der Mehrzahl auf -*ghi* dekliniert werden, wie *lungo* – *lunghi* (lang) und *largo* – *larghi* (breit).

Manche Farbbezeichnung, die adjektivisch gebraucht werden, bleiben unverändert: *un maglione blu* (ein blauer Pullover), *i maglioni blu* (die blauen Pullover), *una gonna blu* (ein blauer Rock), *le gonne blu* (die blauen Röcke). Genauso verhalten sich die Farbbezeichnungen *rosa* (rosa), *lilla* (lila), *viola* (violett) und alle Farben in Verbindung mit *chiaro* (hell) und *scuro* (dunkel) (vgl. Reumuth/Winkelmann 2001, 157).

Die Personalpronomina

Im Italienischen können die Subjektpronomina weggelassen werden, denn das Konjugationsmorphem des Verbs gibt in der Regel Aufschluss über die handelnde Person. Sie werden bei Gegenüberstellungen und beim Konjunktiv, um die Eindeutigkeit des Subjekts wiederherzustellen, eingesetzt.

Lui ha rotto il vaso, non io. (Er hat die Vase zerbrochen, nicht ich)
Se tu sapessi cosa è successo … (Wenn du wüsstest, was geschehen ist …)
Se io sapessi cosa è successo … (Wenn ich wüsste, was geschehen ist …)

Wie es aus der nächsten Tabelle ersichtlich wird, sind bei der 3. Person Singular mehrere Formen vorhanden: Die Formen *lui* (er) und *lei* (sie) sind zwar typisch für die gesprochene Sprache, aber sie ersetzen immer häufiger auch im geschriebenen Italienisch die Formen *ello* und *ella*, genauso wie *loro* anstatt des veralteten *essi* gebraucht wird. Die Subjektpronomina *esso*, *essa* und *essi* werden meist in Verbindung mit Gegenständen und Tieren eingesetzt, obwohl sie durchaus auf Menschen Bezug nehmen können (vgl. Reumuth/Winkelmann 2001, 123).

Die großgeschriebenen Formen *Lei*, *La* und *Le* drücken die Höflichkeitsform aus.

Personalpronomina					
Person	Subjekt-Pronomina (Nominativ)	unbetonte Direktobjekt-Pronomina (Akkusativ)	betonte Direktobjekt-Pronomina (Akkusativ)	unbetonte Indirekt-objekt-Pronomina (Dativ)	betonte Indirekt-objekt-Pronomina (Dativ)
1. Singular	io	mi	me	mi /me	a me
2. Singular	tu	ti	te	ti	a te
3. Singular	egli, **lui**, esso; ella, **lei**, **Lei**; essa	lo la - La	lui lei -Lei	gli le -Le	a lui a lei – a Lei
1. Plural	noi	ci	noi	ci /ce	a noi
2. Plural	voi	vi	voi	vi / ve	a voi
3. Plural	essi, **loro**	li le	loro	(gli)	loro /a loro

Die betonten Objektpronomina werden eingesetzt, wenn man das Objekt besonders hervorheben möchte, wenn das Objekt aus einem weiteren nominalen Element besteht und wenn dem Pronomen eine Präposition vorangeht. Die betonten
Objektpronomen stehen sowohl im Akkusativ als auch im Dativ nach dem finiten
Verb (vgl. Reumuth/Winkelmann 2001, 125–126).

Porta a me il giornale, non al nonno. (Bring mir und nicht dem Opa die Zeitung)
Ho invitato te e tutti i tuoi amici. (Ich habe dich und alle deine Freunde eingeladen)
Parlo volentieri con voi. (Ich gerne spreche mit euch)

Die unbetonten Pronomina werden vor dem finiten Verb bzw. an das nicht-finite
Verb und an den Imperativ bis auf die Höflichkeitsform angehängt. Wenn in einem
Satz ein Modalverb vorkommt (*volere* = wollen, *potere* = können, dürfen, *sapere* =
können und *dovere* = müssen, sollen), kann das unbetonte Pronomen entweder vor
dem konjugierten Modalverb oder enklitisch nach dem Infinitiv stehen.

A: *Guarda il cane!* – B: *Non lo vedo.* (A: Schau den Hund an! – B: Ich sehe ihn nicht)
Mi presti una penna, per favore? (Leihst du mir bitte einen Kugelschreiber aus?)
Portami un caffè! (Bring mir einen Kaffee!)
Sai suonare il pianoforte?! Anch'io lo so suonare = *Anch'io so suonarlo.*
(Du kannst Klavier spielen?! Ich kann es auch spielen)

Werden die unbetonten direkten Objektpronomina in Verbindung mit zusammengesetzten Tempora gebraucht, erfährt das Partizip eine Veränderung zur Kennzeichnung des Femininums (*-a*) und des Plurals (männlich: *-i*, weiblich: *-e*).

Ho visto una gonna in vetrina e l'ho comprata.
(Ich habe einen Rock im Schaufenster gesehen und habe ihn gekauft)
Ho telefonato ai miei amici e li ho invitati alla festa.
(Ich habe meine Freunde angerufen und habe sie zum Fest eingeladen)

Die unbetonten Indirektpronomina können in Verbindung mit den direkten Pronomina *lo, la, li* und *le* benutzt werden. Das indirekte pronominale Objekt kommt als erstes vor und erfährt eine Vokalveränderung: *mi, ti, ci* und *vi* werden zu *me, te, ce* und *ve.* Die indirekten Pronomen *le* und *loro* werden nicht gebraucht. Somit kann beispielsweise die Verbindung *gliela* je nach Kontext drei unterschiedliche Bedeutungen haben: *sie ihm, sie ihr* oder *sie ihnen.*

Non ve lo dico. (Ich sage es euch nicht)
I bambini vogliono tanti giocattoli e i nonni glieli comprano sempre.
(Kinder wollen viele Spielzeuge und Großeltern kaufen sie ihnen immer)

Das Verb

Im Deutschen endet ein Verb im Infinitiv in der Regel auf *-en*, im Italienischen sind aber drei Infinitivmorpheme vorhanden: *-are* (z.B. *comprare* = kaufen), *-ere* (z.B. *prendere* = nehmen) und *-ire* (z.B. *partire* = abfahren). Manche Verben, die auf *-orre* (z.B. *porre* = stellen, legen) und *-urre* (z.B. *tradurre* = übersetzen) enden, zählen zur ere-Konjugation, da sie auf die lateinischen Formen *-onere* (z.B. *ponere* für *porre*) und *-ucere* (z.B. *traducere* für *tradurre*) zurückgehen.

Die italienische Sprache verfügt über vier finite Modi: Indikativ, Konjunktiv, Konditional und Imperativ und über die nicht-finiten Modi des Infinitivs, des Gerundiums, des Partizips Präsens und des Partizips Perfekt.

Der Indikativ ist der Modus der Sicherheit und der Tatsachen. Zum Indikativ zählen acht Zeiten, von denen fünf der Wiedergabe vergangener Handlungen dienen.

- Im *presente* (Präsens) stehen Handlungen, die in der unmittelbaren Gegenwart stattfinden, Gewohnheiten und zeitlos gültige Aussagen.

    Il lunedì vado al cinema. (Montags gehe ich ins Kino)
    L'acqua bolle a 100 gradi. (Wasser kocht bei 100 Grad)

- Mit dem *passato prossimo* (Perfekt) werden vergangene Handlungen angegeben, deren Folgen aber noch in der Gegenwart andauern. Vor allem in Norditalien wird diese Zeit auch für abgeschlossene, lange zurückliegende Handlungen statt des *passato remoto* gebraucht. Diese regionale Besonderheit kann mit dem Gebrauch des Perfekts für Erzählungen im süddeutschen Raum verglichen werden.

    Siamo arrivati solo mezz'ora fa.
    (Wir sind erst vor einer halben Stunde angekommen)

- Das *imperfetto* (Präteritum) wird verwendet, einerseits um die Dauer oder die Wiederholung bzw. Gewohnheit sowie die Gleichzeitigkeit in der Vergangenheit auszudrücken, andererseits um vergangene Zustände und Vorgänge in Erzählungen zu schildern. Im gesprochenen Italienisch wird das Präteritum auch zweckentfremdet genutzt, beispielsweise um eine höfliche Bitte zu äußern oder um den Konditional II bzw. den Konjunktiv Plusquamperfekt in einem Bedingungssatz zu ersetzen (vgl. Dardano/Trifone 1995, 353–354).

    Da bambina mi piaceva molto andare a scuola.
    (Als kleines Mädchen ging ich sehr gerne zur Schule)
    Era un signore distinto e ben vestito.
    (Er war ein vornehmer, gut gekleideter Herr)
    Volevo un chilo di mele. (Ich wollte/möchte ein Kilo Äpfel)
    Potevi dirmelo = Avresti potuto dirmelo. (Du hättest es mir sagen können)

- Der *passato remoto* wird zur Wiedergabe einer vollständig abgeschlossenen Handlung der Vergangenheit, die in keinem Zusammenhang mit der Gegenwart steht, eingesetzt. Da sowohl das *imperfetto* als auch das *passato remoto* dem deutschen Präteritum entsprechen, fällt Italienischlernenden die Unterscheidung dieser Tempora schwer.

    La prima guerra mondiale finì nel 1918. (Der erste Weltkrieg endete 1918)

- Das *trapassato prossimo* und das *trapassato remoto* (Plusquamperfekt) werden jeweils mit dem Hilfsverb im *imperfetto* und im *passato remoto* gebildet. In diesen

Zeiten werden Handlungen formuliert, die der Vergangenheit vorausgegangen sind.

Dopo che ebbe studiato, andò a giocare.
(Nachdem er gelernt hatte, ging er spielen)

- Das *futuro semplice* (Futur I) drückt die Zukunft bzw. Hypothesen aus. In der Umgangssprache wird es häufig durch das *presente* mit einer temporalen Angabe der Zukunft ersetzt.

  Il mese prossimo andrò in vacanza = Il mese prossimo vado in vacanza.
  (Nächsten Monat werde ich in den Urlaub fahren = Nächsten Monat fahre ich in den Urlaub)

- Im *futuro anteriore* (Futur II) stehen Handlungen, die in der Zukunft bereits Vergangenheit sein werden.

  Quando sarò arrivato, ti telefonerò.
  (Wenn ich angekommen sein werde, werde ich dich anrufen)

Durch den Konjunktiv wird die Einstellung des Sprechers zum Geschehen ausgedrückt, wie z.B. Zweifel, Unsicherheit, Vermutung, Hoffnung und Erwartung, wofür in der Regel der *congiuntivo presente* gebraucht wird. Der *congiuntivo imperfetto* bzw. der *congiuntivo trapassato* werden in den Konditionalnebensätzen gebraucht, während der *condizionale presente* bzw. der *condizionale passato* im Hauptsatz stehen.

Die zusammengesetzten Zeiten der Vergangenheit im Indikativ sowie die zusammengesetzten Tempora des Konjunktivs und des Konditionals werden bei transitiven Verben mit dem Hilfsverb *avere* (haben) gebildet, während intransitive und reflexive Verben bis auf einige Ausnahmen mit *essere* (sein) verbunden sind (vgl. Reumuth/Winkelmann 2001, 190–192).

Satzbau

Der einfache Satz besteht aus Subjekt, Prädikat und Objekt. Da die italienische Sprache über keine Kasusflexion des Substantivs verfügt, wird der Unterschied zwischen Subjekt und Direktobjekt (auch Akkusativobjekt) durch die Reihenfolge der Satzglieder gewährleistet: SPO (vgl. Dardano/Trifone 1995, 106). Das gilt sowohl für die Haupt- als auch für die Nebensätze, bei denen die Reihenfolge der Satzkonstituenten, vor denen eine Subjunktion steht, unverändert bleibt. Die syntaktische Reihenfolge bleibt auch bei den Fragesätzen unverändert, denn entweder die steigende Intonation oder ein Fragewort zusammen mit der steigenden Intonation bringt den interrogativen Charakter des Satzes zum Ausdruck.

Paola scrive una lettera (Paola schreibt einen Brief) ist im Italienischen ein Satz, während *Una lettera scrive Paola* nicht als Satz gelten kann, denn der Brief wäre hier grammatikalisch das Subjekt, was aber logisch unmöglich wäre (Ein Brief schreibt Paola).

Andiamo a cena da amici. (Wir gehen zu Freunden zum Abendessen).
Quando andiamo a cena da amici, portiamo sempre una bottiglia di vino. (Wenn wir zu Freunden zum Abendessen gehen, bringen wir immer eine Flasche Wein mit).
Andiamo a cena da amici? (Gehen wir zu Freunden zum Abendessen?)

In manchen Fällen kann jedoch die SPO-Reihenfolge verändert werden: Wenn der Satz mit dem Akkusativobjekt anfängt, muss dieses durch ein unbetontes direktes Objektpronomen vor dem finiten Verb wiederaufgenommen werden, damit dessen Funktion im Satz eindeutig wird.

I compiti li faccio dopo (Die Hausaufgaben (sie) mache ich nachher).

Anders als im Deutschen ist im Italienischen die mehrfache Besetzung des Vorfeldes durch adverbiale Bestimmungen unterschiedlicher Art möglich; wenn der Satz *Ieri sera al cinema per caso ho incontrato un amico* ins Deutsche mit *Gestern Abend im Kino zufällig habe ich einen Freund getroffen* übersetzt wird, werden syntaktische Regeln verletzt, denn im Vorfeld stehen sowohl eine adverbiale temporale Bestimmung als auch eine lokale und eine modale.

Literatur

Beccaria, Gian Luigi (2007): È ufficiale parliamo l'italiano, in: http://www.lastampa.it/_web/cmstp/tmplRubriche/editoriali/gEditoriali.asp?ID_blog=25&ID_articolo=2688 (Stand: 25.06.2008).

Concialini, Gabriella (1987): La grammatica degli italiani. La lingua italiana nella norma, nell'uso e nella sua storia. Palermo: Palombo.

Dardano, Maurizio (1991): Manualetto di linguistica italiana. Bologna: Zanichelli.

Dardano, Maurizio/Trifone, Pietro (1995): Grammatica italiana con nozioni di linguistica. Bologna: Zanichelli. 3. Auflage.

Dati statistici sugli italiani nel mondo. Ricerca del Dossier statistico Immigrazione della Caritas – Prima conferenza nazionale degli italiani all'estero (Roma, 11–15 dicembre 2000), in: http://www.emigrati.it/Emigrazione/ DatiStatItalMondo.asp (Stand: 05.03.2008).

Italienische Sprache, in: www.wikipedia.it (Stand: 05.03.2008).

Marazzini, Claudio (2002): La lingua italiana. Profilo storico. Bologna: Il Mulino. 3. Auflage.

Panozzo, Umberto (1999): Storia della lingua italiana. Rimini: Panozzo Editore.

Reumuth, Wolfgang/Winkelmann, Otto (2001): Praktische Grammatik der italienischen Sprache. Wilhelmsfeld: Gottfried Egert Verlag. 6. Auflage.

Sensini, Marcello (1988): La grammatica della lingua italiana. Guida alla conoscenza e all'uso dell'italiano scritto e parlato. Mailand: Mondadori.

Kroatisch

LANA MAYER

1 Zur Bedeutung des Kroatischen im europäischen Kontext

Kroatisch ist eine slawische Sprache. Die slawischen Sprachen, die in West-, Ost- und Südslawisch gegliedert werden und etwa 300 Millionen Sprecher als Muttersprachler aufweisen, gehören zur großen indoeuropäischen Sprachfamilie. Es herrscht ein relativ enger Verwandtschaftsgrad zwischen den einzelnen slawischen Sprachen, rund 20 an der Zahl. Die kroatische Sprache gehört zusammen mit Slowenisch, Serbisch, Bosnisch und Montenegrinisch zu den südwestslawischen Sprachen, die sich vom Gebiet her über einen großen Teil der Balkanhalbinsel erstrecken. Kroatisch ist die Amtssprache Kroatiens mit ca. 4,4 Millionen Sprechern. Außerdem ist Kroatisch eine der drei Amtssprachen in Bosnien und Herzegowina, dort mit etwa einer halben Million Sprechern vertreten. Außerhalb Kroatiens spricht noch die kroatische Minderheit in der Vojvodina (Nordserbien) und in Serbien Kroatisch, in Österreich, der Slowakei und Westungarn wird die Sprachvariante des Burgenlandkroatischen von etwa 50.000 bis 70.000 Menschen gesprochen (vgl. Burgenländisch-kroatisches Zentrum[1]).

Das heutige Kroatisch besteht aus drei Dialekten: dem Čakavischen, dem Kajkavischen und dem Štokavischen, wobei das Štokavische der bedeutendste ist. Der neuštokavische Dialekt bildet die Grundlage der bosnischen, der serbischen und der montenegrinischen Sprache, daher kommt die starke Ähnlichkeit und gegenseitige Verständlichkeit der Sprachen. Seit Mitte des 19. Jahrhunderts gab es eine breite Diskussion zu dem Thema: Welcher Nationalität „gehört" der štokavische Dialekt an? (vgl. Barić et al. 1997, 29).

Da sich Bosnier, Kroaten, Montenegriner und Serben in den jeweils eigenen Sprachen sehr gut verständigen können, werden die Sprachen im Ausland häufig als eine Sprache aufgefasst. Um Bestrebungen der Ungarisierung und Germanisierung im 19. Jahrhundert, als Kroatien Teil der Donaumonarchie war, entgegenzuwirken, versuchten kroatische und serbische Linguisten (mit Vuk Karadžić als dem eifrigsten Vertreter) eine einheitliche Sprache für beide Volksgruppen zu vereinbaren, worauf sich Vertreter bereits 1850 in Wien einigten. Das Ergebnis der

---

[1] http://hrvatskicentar.at/deutsch/

Einigung war eine einheitliche Rechtschreibung und Normierung der Grammatik der serbokroatischen Sprache nach den Regeln von Karadžić. Im jugoslawischen Staat des Jahres 1954 folgte eine weitere Einigung, das Abkommen von Novi Sad, bei dem bestätigt wurde, dass die Sprachen der Kroaten, Serben und Montenegriner eine Sprache seien, mit zwei gleichwertigen „Aussprachen" (der ekavischen und ijekavischen) und zwei gleichwertigen Schriften, der lateinischen und der kyrillischen. Diese Sprache müsse offiziell immer als Serbokroatisch (in Serbien) bzw. Kroatoserbisch (in Kroatien) bezeichnet werden. Beim Versuch der Erstellung eines umfangreichen Wörterbuchs der serbokroatischen (bzw. kroatoserbischen) Sprache stieß man jedoch auf unüberbrückbare Schwierigkeiten in der Terminologie, da zwischen der kroatischen und der serbischen Terminologie als jeweiliger „Frucht verschiedener zivilisatorischer und kultureller Orientierungen" (Barić et al. 1997, 36) signifikante Unterschiede bestünden. Seit den 70er Jahren des 20. Jahrhunderts wurde von kroatischer Seite zunehmend Unzufriedenheit mit der gemeinsamen Sprache vernehmbar und die Bezeichnung *Kroatisch* (ohne die serbische Komponente) wurde wieder verwendet. Zuletzt, den politischen Entwicklungen folgend, „starb" in Kroatien mit dem Zerfall Jugoslawiens 1990 auch die Bezeichnung „serbokroatisch" (vgl. Barić et al. 1997, 30 ff.). Seitdem entwickelt sich jede Sprache in eine eigene Richtung und scheinbar immer weiter von der anderen weg. So werden z.b. in der kroatischen Sprache so genannte serbische Wörter streng gemieden und gegen so genannte kroatische Wörter ausgetauscht. Das sind einerseits Varianten aus dem Kajkavischen oder Čakavischen, die nicht in die serbokroatische Sprache aufgenommen worden waren und die im Laufe der Zeit außer Gebrauch und in Vergessenheit geraten waren. Andererseits bevorzugte das Serbokroatische häufig Internationalismen, auch wenn es für die betreffenden Begriffe Wörter slawischen Ursprungs gab, z.B. *samokres* (wörtlich etwa Selbstfunke) statt *pištolj* (Pistole). Der Sprachpurismus geht teilweise so weit, dass versucht wird, möglichst alle Lehnwörter aus anderen Sprachen aus dem Kroatischen zu entfernen und dafür manchmal auch Neubildungen zu verwenden, die sich jedoch bisher nicht wirklich durchgesetzt haben, z.B. *zrakomlat* (wörtlich etwa Luftschlager) statt *helikopter* (Hubschrauber), *svemrežje* (wörtlich etwa Allnetz) statt *internet*.

2 Aussprache

Die kroatische Sprache hat keine allgemein festgelegte Akzentstelle, wie etwa das Ungarische, in dem die Betonung in der Regel auf der ersten Silbe steht. Kroatisch verfügt stattdessen über einen melodischen Wortakzent. Wichtig sind dabei die Tonhöhe der betonten Silbe und der Tonhöhenverlauf des Wortes. Die Standardsprache unterscheidet zwischen einem steigenden und einem fallenden Ton. Außerdem ist auch die Länge des Silbenkerns ein phonologisches Merkmal, so dass die Kombination der zwei Merkmale, Ton und Länge, in der kroatischen Standardsprache vier verschiedene Typen von betonten Silben ergibt. Diese werden mit vier verschiedenen diakritischen Symbolen versehen.[2]

> Langsteigender Akzent: z.b. im Wort *gláva* = *Kopf*; wird in etwa gesprochen, wie das *a* in *Fahrer*
>
> Kurzsteigender Akzent: z.b. im Wort *govòriti* = *sprechen*; wird in etwa gesprochen wie das zweite *e* in *versprechen*
>
> Langfallender Akzent: z.b. im Wort *mrâk* = *Dunkelheit*; wird in etwa gesprochen, wie das *a* in *Tag*
>
> Kurzfallender Akzent: z.b. im Wort *lȕk* = *Zwiebel*; wird in etwa gesprochen, wie das *u* in *Luft*

Nur vokalische Laute können Träger der Akzente sein, d.h. im Kroatischen die fünf Vokale *a, e, i, o, u*, der Diphthong [ie] geschrieben *ie*, (nicht als Langvokal sondern als [ie] gesprochen) sowie das vokalische bzw. silbische *r*. Die Bedeutung einzelner Wörter kann sich je nach Ton, Länge und Stelle der betonten Silbe unterscheiden, wie z.B. in den folgenden Sätzen:

> Unterschied in der Silbenlänge:
> *Ne znam gdje sam ostavila lûk* = Ich weiß nicht, wo ich den Bogen gelassen habe.
> *Ne znam gdje sam ostavila luk* = Ich weiß nicht, wo ich die Zwiebel gelassen habe.
> (Wörtlich = Nicht weiß wo bin gelassen Bogen/Zwiebel)
>
> Unterschied im Ton:
> *Lûku su oprali* = Der Hafen wurde gewaschen.
> *Lúku su oprali* = Luka (Name) wurde gewaschen.
> (Wörtlich = Hafen/Luka sind gewaschen)
>
> Unterschied in Ton und Länge:
> *Možeš kȕpiti trešnje* = Du kannst Kirschen kaufen.
> *Možeš kúpiti trešnje* = Du kannst Kirschen aufsammeln.
> (Wörtlich = Kannst kaufen/sammeln Kirschen)

---

[2] Vgl. http://de.wikipedia.org/wiki/Kroatische_Sprache#Alphabet_und_Aussprache.

Unterschied in der Stelle der betonten Silbe, wobei Ton und Länge gleich sind:
Zelèni šuma svakog proljeća = Der Wald grünt jeden Frühling.
(Wörtlich = Grünt Wald jeden Frühling)
Zèleni kaput ima moj otac = Mein Vater hat einen grünen Mantel.[3]
(Wörtlich = Grünen Mantel hat mein Vater)

Eine Besonderheit, die ausländischen Sprechern oft Probleme bei der Aussprache bereitet, ist das potentiell silbische oder vokalische *r*, in Wörtern wie *Krk* (Name einer Insel), *krv* (= Blut), *crn* (= schwarz), *prst* (= Finger) usw. Das bedeutet aber nicht etwa, dass man es nicht ausspricht. Vielmehr wird das *r* in diesen Fällen intensiv gerollt, wie etwa das *r* in Dorf (in der bayrischen oder österreichischen Variante).

3 Morphologie und Wortbildung

Kroatisch ist, wie andere slawische Sprachen auch, eine flektierende Sprache mit Verbalflexion und Nominalflexion. Nominale Wortarten werden nach Kasus, Numerus und Genus flektiert. Es gibt drei Genera: Das männliche, das weibliche und sächliche Geschlecht, Artikel gibt es im Kroatischen nicht, das Genus drückt sich in der Endung des Wortes aus. Bei Substantiven, die ein Lebewesen bezeichnen, stimmen das grammatische Genus und das natürliche Geschlecht des Bezeichneten meistens überein, z.B. *muškarac* (m) – Mann, *žena* (f) – Frau, *djevojčica* (f) – Mädchen. Substantive männlichen Genus haben im Nominativ meistens einen Konsonanten als Endung, z.B. *dječak* (m) – Junge, *čamac* (m) – Boot, *jastuk* (m) – Kissen, *cvijet* (m) – Blume, Substantive weiblichen Genus meistens ein -*a*, z.B. *knjiga* (f) – Buch, *ptica* (f) –Vogel, *stolica* (f) – Stuhl, und sächliche Substantive ein -*o* oder -*e* (es sei denn es sind Eigennamen wie z.B. *Marko* (m) oder *Hrvoje* (m)), z.B. *pismo* (n) – Brief, *drvo* (n) – Baum, *sunce* (n) – Sonne, *polje* (n) – Feld. Es gibt jedoch auch einige Ausnahmen zu dieser Regel, z.B. *ljubav* (f) – Liebe, *braco* (m) – Brüderchen.

Die Verben haben im Infinitiv entweder die Endung -*ti* oder -*ći*; letztere ist seltener. Das Präsens wird gebildet, indem eine der vier Arten von Personalendungen -*em*, -*jem*, -*im* und -*am* an den Verbstamm gehängt wird. Das Personalpronomen als Subjekt (z.B. dt. *ich gehe*) muss dabei nicht gebraucht werden, es sei denn, man möchte das Subjekt betonen. An der Verbendung erkennt man, um welche Person es sich handelt.

---

[3] Vgl. Ham 2002, 23.

*jesti** = essen	*pisati*** = schreiben	*misliti* = denken	*čitati* = lesen
jed-em	ich esse	*pis-jem* › *pišem*	*misl-im*	*čit-am*
jed-eš	du isst	*pis-ješ* › *pišeš*	*misl-iš*	*čit-aš*
jed-e	er/sie/es isst	*pis-je* › *piše*	*misl-i*	*čit-a*
jed-emo	wir essen	*pis-jemo* › *pišemo*	*misl-imo*	*čit-amo*
jed-ete	ihr esst	*pis-jete* › *pišete*	*misl-ite*	*čit-ate*
jed-u	sie essen	*pis-ju* › *pišu*	*misl-e*	*čit-aju*

★ Der Verbstamm des Verbs jesti wird abgeleitet aus der 3. Person Plural, wie bei noch einigen Verben, z.B. *ići* (gehen): *id-u, id-em, id-eš* usw.

★★ Bei der Konjugation des Verbs *pisati* wird die Lautveränderung genannt *Jotierung* (*jotacija*) durchgeführt. Dabei entsteht beim Zusammentreffen eines nicht-alveolaren Lauts mit dem Laut *j* ein alveolarer Laut, z.B. *s + j = š, c + j = č, t + j = ć*, usw. Dies ist nicht nur in der Verbkonjugation der Fall.

Das Kroatische unterscheidet zwischen vier Vergangenheitsformen (*Aorist, Imperfekt, Perfekt* und *Plusquamperfekt*) und zwei Zukunftsformen (*Futur I* und *Futur II*). Die Vergangenheitsbildung im Perfekt und Imperfekt sowie die Futurbildung erfolgen mit den Hilfsverben sein (*biti*) und wollen (*htjeti*). Bei der Vergangenheitsbildung kommt wie im Deutschen ein Verbaladjektiv (Partizip II) dazu, das in allen drei Genera ausgedrückt werden kann: z.B. *trčati* (laufen), *trčala* (f) *sam* (ich bin gelaufen), *trčao* (m) *sam, trčalo je* (n).

Im Kroatischen gibt es sieben Kasusformen: *Nominativ, Genitiv, Dativ, Akkusativ, Vokativ* (Anredefall), *Lokativ* und *Instrumental* (Ablativus instrumentalis, wodurch? womit?). Jeder Kasus hat bestimmte Endungen für Singular und Plural, aber auch für alle drei Genera. Die Substantive werden nach drei Flexionsarten dekliniert, je nachdem welche Endung das Substantiv im Genitiv hat – hier jeweils nur Singular (vgl. Ham 2002, 35 ff.):

	a-Deklination		e-Deklination		i-Deklination
	m	n	f	m	F
N	*stol-ø* (Tisch)	*sel-o* (Dorf)	*žen-a* (Frau)	*slug-a* (Diener)	*kost-ø* (Knochen)
G	*stol-a*	*sel-a*	*žen-e*	*slug-e*	*kost-i*
D	*stol-u*	*sel-u*	*žen-i*	*slug-i*	*kost-i*
A	*stol-ø*	*sel-o*	*žen-u*	*slug-u*	*kost-ø*
V	*stol-e*	*sel-o*	*žen-o*	*slug-o*	*kost-i*
L	*stol-u*	*sel-u*	*žen-i*	*slug-i*	*kost-i*
I	*stol-om*	*sel-om*	*žen-om*	*slug-om*	*kost-i*

4   Syntax

Kroatische Sätze werden in der Regel in der Reihenfolge Subjekt–Prädikat–Objekt gebildet. Man sieht eine Ähnlichkeit mit dem deutschen Satz, wobei jedoch das Verb nicht an zweiter Stelle stehen muss.

> Beispiele:
>
> *Iva čita novine.*   *Iva danas čita novine.*
> Iva liest (die) Zeitung.   Iva heute liest (die) Zeitung.
>
> *Djevojčica Iva danas čita novine.*
> (Das) Mädchen Iva heute liest (die) Zeitung.
>
> *Djevojčica Iva danas čita jučerašnje novine.*
> (Das) Mädchen Iva heute liest (die) gestrige Zeitung.

Möchte man die Satzbausteine umstellen oder etwa Adverbien voransetzen, ergibt sich folgendes Muster, das, wie man sieht, nicht sehr unterschiedlich vom Deutschen ist:

> *Napetu knjigu čita Danijel.*   *Večeras čitam novu knjigu.*
> (Ein) Spannendes Buch liest Daniel.   Heute Abend lese (ich) (ein) neues Buch.

Wortfragen werden ähnlich wie im Deutschen gebildet: *Fragewort - Prädikat - Angabe*, und Satzfragen durch Zugabe der Fragepartikel *li*, aber ohne Fragewort.

> *Kada ideš u kino?*   *Kamo idu Ivor i Dejan?*   *Tko je na vratima?*
> Wann gehst (du) ins Kino?   Wohin gehen Ivor und Dejan?   Wer ist an (der) Tür?
>
> *Ideš li sutra u kino?*   *Je li Nevena kod kuće?*
> Gehst (du) morgen ins Kino?   Ist Nevena zu Hause?

Eine Verbklammer wie in der deutschen Sprache gibt es im Kroatischen nicht, zumal es auch keine trennbaren Verben gibt. Es gibt jedoch ein ähnliches Phänomen bei Modalverben wie im Perfekt, wenn die Teile des Prädikats nicht beisammen stehen und von Angaben oder ganze Nebensätzen unterbrochen werden können, z.B.:

> *Možeš sutra ujutro doći k meni.* = Du kannst morgen früh zu mir kommen.
> (Wörtlich: Kannst morgen früh kommen zu mir.)
>
> *Smiješ li sutra bez pitanja ići na kupanje?* = Darfst du morgen, ohne zu fragen, baden gehen? (Wörtlich: Darfst morgen ohne Frage gehen aufs Baden?)

Ja sam prošle godine kada sam imala 17 godina krenula u autoškolu. =
Ich habe letztes Jahr, als ich 17 Jahre alt war, mit der Fahrschule angefangen.
(Wörtlich: Ich bin letztes Jahr als bin gehabt 17 Jahre losgegangen in Fahr-
schule.)

On je, nakon što je cijelu godinu naporno učio, s uspjehom položio posljednji ispit. =
Nachdem er das ganze Jahr fleißig gelernt hat, hat er die letzte Prüfung erfolgreich
bestanden. (Wörtlich: Er ist, nachdem ist ganzes Jahr fleißig gelernt, mit Erfolg
bestanden letzte Prüfung.)

Man merkt dabei, dass das flektierte Verb jedoch nie in der Endstellung ist, sondern
dass danach immer noch mindestens ein Satzelement stehen muss.

Die Wortfolge bei der Komparation ist genauso wie im Deutschen, z.B. *Slon je
veći od miša.* ((Der) Elefant ist größer als (die) Maus). Bei der Negierung benutzt
man die Verneinungspartikel *ne* bzw. verbindet sie in vergangenen Formen mit
dem Hilfsverb, wobei die Negierung mehrfach vorkommen kann, z.B.: *Ne čujem
ništa. Nicht (ich) höre nichts.* = *Ich höre nichts. Nikada ništa nisi učinio.* (Wörtlich:
Nie nichts (du) hast nicht getan. = Du hast nie etwas getan).

Im Kroatischen werden Relativsätze möglicherweise etwas häufiger gebraucht
als im Deutschen, da sich Deutsch für den Gebrauch von Partizipien besser eignet.
Konjunktionalsätze beginnen ebenso wie im Deutschen mit Konjunktionen. Wo
in den deutschen Nebensätzen das finite Verb nicht mehr die Zweit- sondern
die Endstellung einnimmt, steht im Kroatischen das finite Verb direkt hinter der
Konjunktion (Beispiel 1 und 3) oder hinter den Adverbien (Beispiel 2).

1. Iva mi je rekla tajnu koju neću zaboraviti.
Wörtlich: Iva mir ist gesagt Geheimnis, das werde nicht vergessen. (Iva hat mir ein
Geheimnis gesagt, das ich nicht vergessen werde.)

2. Mislim da je pametan* jer uvijek riješi sve zadatke koji su najteži.
Wörtlich: Finde, dass ist klug, weil immer löst alle Aufgaben, die sind am schwersten.
(Ich finde, dass er klug ist, weil er immer alle Aufgaben löst, die am schwersten
sind.)

3. Nisam mogla doći na tvoju zabavu, jer sam čitala jako zanimljivu knjigu.
Wörtlich: Nicht konnte kommen zu deiner Party, weil bin gelesen sehr interessantes
Buch. (Ich konnte nicht zu deiner Party kommen, weil ich ein sehr interessantes
Buch gelesen habe.)
Die Personalpronomen sind nicht notwendig, da aus der Verbendung ersichtlich
ist, um welche Person es sich handelt.

★ Die Adjektive haben jeweils drei Formen, je nachdem, um welches Genus es sich handelt, z.B. klug = *pametan* (m), *pametna* (f), *pametno* (n); schön = *lijep* (m), *lijepa* (f), *lijepo* (n), so dass man im oberen Beispielsatz 2 an dem Adjektiv erkennen kann, dass es sich um eine männliche Person handelt, so dass das Personalpronomen weggelassen werden kann.

Komplexe Satzgefüge werden zwar im Kroatischen anders gegliedert als im Deutschen, sind jedoch wörtlich übersetzt noch relativ verständlich:

Mala je Ana, kao da ništa ne čuje, i dalje mirno bojila svoj crtež, iako ju je mama iz kuhinje nekoliko puta pozvala da dođe jesti.
Wörtlich: (Die) Kleine ist Ana, als ob nichts nicht (sie) hört, weiterhin ruhig gemalt ihre Zeichnung, obwohl sie ist (die) Mutti aus (der) Küche einige Male gerufen, dass (sie) kommt essen.
= Die kleine Ana malte, als ob sie nichts hörte, weiterhin ruhig an ihrer Zeichnung, obwohl die Mutter sie aus der Küche einige Male rief, damit sie zum Essen kommt.

Nimmt man andersherum einen deutschen hypotaktischen Satz, in dem die Verben jeweils die Endstellung des Nebensatzes einnehmen, und übersetzt ihn ins Kroatische, sieht man erneut, dass im kroatischen Satz nicht die Verbendstellung des finiten Verbs erforderlich ist:

Die Frau von der Agentur für Arbeit, die am Freitag, als du aufgrund einer Erkrankung verhindert **warst**, in die Schule **zu kommen**, da **war, hat angeboten**, Ausbildungsplatzinteressenten Adressen **zu vermitteln**.
*Žena iz agencije za zapošljavanje, koja **je** u petak, kada **si** ti zbog bolesti **bio** spriječen **doći** u školu, **bila** ovdje, **ponudila je posredovati** adrese zainteresiranima za praktikantska mjesta.*
Wörtlich: Frau von Agentur für Arbeit, die **ist** am Freitag, als **bist** du wegen Erkrankung **gewesen** verhindert **kommen** in Schule, **gewesen** hier, **angeboten ist vermitteln** Adressen Ausbildungsplatzinteressenten.

5 Wortschatz und Semantik

Der kroatische Wortschatz besteht größtenteils aus Wörtern slawischen Ursprungs, er wird jedoch auch durch zahlreiche Entlehnungen bereichert. Das Kroatische hat im Wesentlichen aus fünf Sprachen – Latein, Deutsch, Italienisch, Ungarisch und Türkisch – Wörter entlehnt. Die Entlehnungen aus dem Italienischen und Ungarischen sind jedoch größtenteils den regionalen Dialekten Istriens und Dalmatiens bzw. Nordostkroatiens vorbehalten geblieben, z.B. *pijat* (it.: piatto), Standardsprache: *tanjur* (Teller); *mudante* (it.: mutande), Standardsprache: *gaće* (Unterhose); *beteg* (ung.: betegség), Standardsprache: *bolest* (Krankheit). Dagegen gehören relativ viele Wörter lateinischen, deutschen und türkischen Ursprungs zur Standardsprache, z.B. *šunka* = Schinken; *celer* = Sellerie; *cilj* = Ziel; *čarapa* (türk.: çorabı) = Socke; *jastuk* (türk.: yastık) = Kissen; *kajsija* (türk. Kayısı) = Aprikose; *šećer* (türk.: şeker) = Zucker. Einige Germanismen und Turzismen werden aber ebenfalls nur regional benutzt, vor allem im Norden bzw. im Osten des Landes, und haben eigentlich gültige kroatische Entsprechungen, z.B.: *rerna* (dt.: Backröhre), Standardsprache: *pećnica*; *šrafciger* (dt.: Schraubenzieher), Standardsprache: *odvijač*; *ćošak* (türk.: köşe), Standardsprache: *ugao, kut* = Ecke; *pendžer* (türk.: pencere), Standardsprache: *prozor* = Fenster.

Daneben enthält das Kroatische viele Internationalismen, die etymologisch gesehen beispielsweise aus dem Griechischen, Arabischen oder Französischen stammen. Außerdem sind in neuester Zeit viele Wörter aus dem Englischen entlehnt, vor allem was den technischen Bereich betrifft, z.B. *hardver* (engl.: hardware), *džojstik* (engl.: joystick), *stjuardesa* (engl.: stewardess). Wörter, die als serbisch angesehen werden, sind in neuester Zeit eher unerwünscht und werden durch kroatische ersetzt. Es ist jedoch noch relativ vielen Sprechern unbewusst, welche Wörter das sind, so dass kroatische und serbische Ausdrücke teilweise parallel benutzt werden, wobei die serbischen Ausdrücke dann oft selbst Entlehnungen aus anderen Sprachen sind.

Wie im Deutschen wird im Kroatischen bei der Anrede zwischen *du* (*ti*) und der Höflichkeitsform *Sie* (*Vi*) unterschieden, wobei *Vi* die 2. Person Plural ist, also *ihr* und nicht wie im Deutschen *Sie*. Ansonsten entspricht die Anwendung der beiden Formen im Prinzip dem Deutschen. Im offiziellen Kontext werden Personen vornehmlich mit ihrem Nachnamen angesprochen, z.B. *gospodin* (Herr) *Horvat, gospođa* (Frau) *Filipović*.

6 Schrift

Das kroatische Alphabet wurde erst gegen Ende des 19. Jahrhunderts normiert, als sich Sprachwissenschaftler auf die noch heute verwendeten Grapheme einigten, z.B. *ć* statt *tj*, und *ije* bzw. *je* statt *ě*. Bis auf wenige Ausnahmen hat das Kroatische die gleichen Grapheme wie das Deutsche. Die 30 Grapheme des kroatischen Alphabets entsprechen 30 Phonemen, d.h. Kroatisch wird phonologisch geschrieben bzw. es wird mehr oder weniger so gesprochen, wie es geschrieben wird. Nur Satzanfänge, Eigennamen und Bezeichnungen werden im Kroatischen großgeschrieben. Die kroatische Rechtschreibung ist jedoch noch heute Gegenstand von Veränderungen und Schülern bereitet vor allem die Schreibung bzw. Unterscheidung von *č* und *ć*, sowie *ije* und *je* Probleme.

Es existieren folgende Unterschiede zum deutschen Alphabet:

č entspricht	*tsch* wie in *Tschüß*
ć entspricht in etwa	*tj* wie in *Tja*, ähnlich wie *č* nur etwas „weicher"
dž entspricht	*dsch* wie in *Dschungel*, stimmhafte Entsprechung von *č*
đ	ähnlich wie *dž* jedoch „weicher", stimmhafte Entsprechung von *ć*
lj entspricht	dem italienischen *gli* in *figlio* z.B.
nj entspricht	dem *gn* in *Champagne* oder *Bologna*
š entspricht	*sch*
ž entspricht	dem französischen *j* in *Journal* oder dem zweiten *g* in *Garage*

s wird immer stimmlos gesprochen, wie in *dass* oder *Hans*

z wird immer stimmhaft gesprochen, wie in *Sand* oder *Besen*

Die Buchstaben *ä, ö, ü, q, ß, w, x, y* gibt es im Kroatischen nicht, sie können jedoch in Eigennamen, z.B. deutschen Nachnamen, vorkommen und werden in der Schreibung beibehalten.

Literatur

Barić, Eugenija et al. (1997): Hrvatska gramatika. Zagreb: Školska knjiga.

Ham Sanda (2002): Školska gramatika hrvatskoga jezika. Zagreb: Školska knjiga.

Hrvatski enciklopedijski rječnik (2004): Zagreb: EPH: Novi Liber.

Samardžija Marko (1995): Leksikologija s poviješću hrvatskoga jezika: udžbenik za 4. razred gimnazije. Zagreb: Školska knjiga.

Sočanac Lelija et al.(2005): Hrvatski jezik u dodiru s europskim jezicima. Zagreb: Nakladni zavod Globus.

Kurdisch – Kurmanci

ROSEMARIE NEUMANN

Das Kurdische gehört zusammen mit dem Persischen (Farsi) und weiteren Sprachen zur iranischen Gruppe der indoeuropäischen Sprachen. Es gehört damit – anders als z.B. das Türkische und das Arabische – der gleichen Sprachgruppe an wie das Deutsche. Kurden leben in mehreren Ländern. Einen erheblichen Teil der Bevölkerung stellen sie in der Türkei, im Iran, im Irak und in Syrien. Im Fischer Weltalmanach 2009 (2008) finden sich folgende Angaben: **Türkei:** 72.975.000 Einwohner, 20% Kurden; **Iran:** 70.098.000 Einwohner, 7% Kurden, **Irak:** 28.506.000 Einwohner, über 15% Kurden; **Syrien:** 19.408.000 Einwohner, über 6% z.T. staatenlose Kurden. Außerdem gibt es größere Gruppen von Kurden im Libanon und in Armenien. Hinzu kommen kurdische Arbeitsmigranten mit ihren Familienangehörigen und politische Flüchtlinge in einer Reihe von westeuropäischen Ländern. Bei Kizilhan (2002) finden sich folgende Zahlen: 90.000 – 100.000 in Frankreich, 50.000 – 60.000 in den Niederlanden, 20.000 – 25.000 in Großbritannien, 20.000 – 24.000 in der Schweiz, je ca. 20.000 in Dänemark und Schweden, 16.000 – 20.000 in Belgien. Für Deutschland gibt Kizilhan (2002) eine Zahl von ca. 600.000 Kurden an, andere Schätzungen liegen deutlich höher.

1 Die kurdischen Sprachen

Das Kurdische gehört zu den norwestiranischen Sprachen. Es gliedert sich grob in zwei Hauptgruppen, das Nordwestkurdische (Kurmanci) in der Türkei, in Nordsyrien, im Nordirak, in Teilen des Iran und in den kurdischen Gebieten der ehemaligen Sowjetunion und das Südkurdische (Sorani) im Iran und Irak. In der Türkei wird neben Kurmanci eine weitere kurdische Sprache, das Dimili (auch: Zazaki) gesprochen. Die größte Sprecherzahl weist mit etwa drei Viertel der Sprecher das Kurmanci auf (Glück 2000; Meyer-Ingwersen 1998, 36ff). Parallele Beispiele für die drei Sprachen Kurmanci, Sorani und Zazaki/Dimili finden sich bei Diljen (1997):

kurmancî	soranî	dimilî
Navê min Delal e.	Nawî min Delal e.	Nameyê mi Delal a.
Navê min Serdar e.	Nawî min Serdar e.	Nameyê mi Serdar o.
Ez Kurd im.	Min Kurd im.	Ez Kurd a.
Ez jî Kurd im.	Minîş Kurd im.	Ez zî/jî/kî Kurd a.
Zimanê min kurdî ye.	Zimanî min kurdî ye.	Ziwanê mi Kurdî zo.
Welatê min Kurdistan e.	Wilatî min Kurdistan e.	Welatê mi Kurdîstan o.

Die Sätze lauten in Übersetzung: *Mein Name ist Delal* (Mädchenname). *Mein Name ist Serdar* (Jungenname). *Ich bin Kurde/Kurdin. Ich bin auch Kurde/Kurdin. Meine Sprache ist Kurdisch. Meine Heimat/Mein Land ist Kurdistan.*

Die folgenden Ausführungen beziehen sich nur noch auf die Türkei und das Kurmanci.

2 Die Lage in der Türkei

Zur Lage der Kurden und des Kurdischen in der Türkei schreibt Udo Steinbach, Direktor des Orient-Instituts in Hamburg bis 2006: „Seit der Staatsgründung (d.h. der Gründung der Türkischen Republik 1923 – R.N.) hat die türkische Politelite systematisch zu leugnen gesucht, daß es Kurden als ein ethnisch, sprachlich und politisch kulturell eigenständiges Volk auf dem Gebiet des neuen Staates gibt. Mit zum Teil kuriosen Argumenten wurde die Tatsache weggeleugnet, daß innerhalb der türkischen Staatsgrenzen Millionen von Menschen leben, deren Muttersprache nicht das Türkische ist und deren kulturelle Traditionen eigene Wurzeln haben. Sie wurden als Türken vereinnahmt, wenn auch als sprachlich, zivilisatorisch und kulturell primitive ‚Ausgaben' der Türken, etwa zum Beispiel als ‚Bergtürken' " (Steinbach 1996, 349).

Ausdruck dieser Politik ist u.a. die flächendeckende Turkifizierung kurdischer Ortsnamen, so z.B. die Umbenennung von *Dersim* in *Tunceli*, von *Riha* in *Şanlıurfa* etc. Seit Gründung der Republik ist die kurdische Sprache aus dem Erziehungs- und Bildungswesen ausgeschlossen, die Verwendung des Kurdischen in den Schulen wird hart bestraft. Das Sprachengesetz von 1983 verbietet faktisch den Gebrauch des Kurdischen, ohne dass es explizit genannt wird. Verboten wird der öffentliche Gebrauch aller Sprachen, die nicht erste Amtssprache eines von der Türkei anerkannten Staates sind. Besonders pikant ist die Bestimmung: „Die Muttersprache der türkischen Staatbürger ist Türkisch." Das Sprachverbotsgesetz wurde 1991 annulliert; trotzdem kommt es weiter zu erheblichen Repressalien. Derzeit ist eine gewisse Liberalisierung zu verzeichnen. Es gibt einen staatlichen kurdischen Fernsehsender

(TRT 6 – TRT şeş), die Wiederzulassung der kurdischen Ortsnamen wird diskutiert und an den Hochschulen soll die Möglichkeit der wissenschaftlichen Beschäftigung mit dem Kurdischen geschaffen werden.[1] Wie weit diesen Liberalisierungstendenzen zu trauen ist, wird sich erst noch zeigen müssen. Ein entscheidendes Kriterium ist hier die Frage, ob das Kurdische als Unterrichtssprache in den Schulen zugelassen wird oder nicht.

3 Zur Schreibweise des Kurdischen

Geschrieben wird das Kurdische in der Türkei und in Syrien mit lateinischen Buchstaben, im Iran mit arabischen Buchstaben. Im Irak finden beide Schriften Verwendung, in der ehemaligen Sowjetunion wurde das Kurmanci auch mit kyrillischen Buchstaben geschrieben. Allgemein besteht eine Tendenz zur Benutzung des Lateinalphabets (Matras 1989).

Die folgende Beschreibung bezieht sich ausschließlich auf das Kurmanci, nicht auf die anderen kurdischen Sprachen.

Alphabet, Lautbestand und Rechtschreibung

Das Lateinalphabet für das Kurmanci besteht aus 31 Graphemen, davon stehen 8 Grapheme für Vokale, 23 für Konsonanten. Die Laut-Buchstaben-Beziehung ist dabei weitgehend eindeutig, d.h. es besteht in den meisten Fällen – anders als im Deutschen – eine 1:1-Beziehung zwischen den Lauten und den Graphemen.

a	b	c	ç	d	e	ê	f	g	h	i	î	j	k	l	m
n	o	p	q	r	s	ş	t	u	û	v	w	x	y	z	

(Die Vokale sind grau hinterlegt.)

Die Grapheme ä, ü, ö und ß finden im Kurmanci keine Verwendung, hinzu kommen ç, ş – ê, î und û.

Die folgende Tabelle gibt anhand kurdischer Namen und deutscher Beispielwörter einen Einblick in die Aussprache des Kurdischen, wobei durch die deutschen Beispiele immer nur eine Annäherung an den kurdischen Lautwert erreicht werden kann. In der zweiten Spalte stehen in einigen Fällen Erläuterungen zum Lautwert der kurdischen Buchstaben:

---

[1] Gesetz Nr. 2932 v. 19.10.1983, Resmi Gazete (Amtsblatt) Nr. 18199 vom 22.10.1983, Art. 3.

Buch-stabe	Beispiel (Kurmanci)	Beispiel (Deutsch)	Beschreibung des Lautes
a	Azad (♂)	Adler	
b	Berfîn (♀)	Banane	
c	Cîhan (♀)	John	joggen, engl.: John
ç	Çerko (♂)	Tschechien	
d	Dîlan(♀)	Dach	
e	Ebrû (♀)	Ente	teilweise Tendenz zum kurzen <a>
ê	Hêvî (♀)	Esel	
f	Ferhad (♂)	Fisch	
g	Gulê (♀)	Giraffe	
h	Heval (♂)	Hemd	
i	Mizgîn (♀)	Insel	kurzes <i>
î	Şîlan (♀)	Igel	langes <i>
j	Jîyan (♀)	Gelatine	
k	Kejê (♀)	Katze	
l	Lale (♀)	Löwe	
m	Mizgîn (♀)	Maus	
n	Nermîn (♀)	Nase	
o	Beko (♂)	Ofen	
p	Perwîn (♀)	Papagei	
q	Qerê (♀)	-	stimmhafter gutturaler Laut
r	Rêzan (♂)	Rose	Zungenspitzen-r
s	Sînem (♀)	Skorpion	stimmloses <s>
ş	Şîlan (♀)	Schule	
t	Tajdîn (♂)	Tisch	
u	Gulê (♀)	unter	ähnlich dem kurzen <u>
û	Ûso (♂)	Uhu	
v	Nevîn (♀)	Wolke	
w	Wezîr (♂)	-	bilabiales <w> wie engl.: water
x	Xezal (♀)	-	ähnlich dem <ch> in ach
y	Yekta (♂)	Jacke	
z	Zozan (♀)	Sonne	stimmhaftes <s>

Mit Großbuchstaben werden im Kurmancî nur Satzanfänge und Eigennamen geschrieben.

Für das Kurdische in arabischer Schrift ist eine Schreibweise entwickelt worden, in der – anders als im Arabischen und Persischen – auch alle Vokale durch Grapheme realisiert werden. Eine Korrespondenzliste für die lateinischen und die arabischen Buchstaben findet sich z.b. in dem Deutsch-Kurdischen Wörterbuch von Feryad Fazil Omar (1992).

4 Erläuterungen zur Grammatik des Kurdischen

Im Folgenden werden einige wichtige grammatische Eigenschaften des Kurdischen erläutert. Dabei wird hilfsweise manchmal auch auf Wort-zu-Wort-Übersetzungen zurückgegriffen, um die Konstruktionen im Kurdischen zu verdeutlichen. In einer Reihe von Fällen wird zusätzlich darauf hingewiesen, wie die entsprechenden Konstruktionen im Türkischen aussehen müssten. Dies scheint sinnvoll, da viele Kurmancî-Sprecher aus der Türkei neben Kurdisch auch Türkisch sprechen.

Genus

Das Kurdische verfügt über zwei Genera, Maskulinum und Femininum. An einem allein stehenden Substantiv kann man nicht erkennen, ob es maskulin oder feminin ist. Einen Artikel, an dem man das Genus erkennen könnte, gibt es ebenfalls nicht. Erst, wenn ein Substantiv in einer Konstruktion mit anderen Wörtern auftritt, wird der Genusunterschied deutlich. So ist z.b. die Ezafe-Endung (Ezafe-Konstruktion, s. unten), mit deren Hilfe weitere Wörter an vorhergehende Substantive angebunden werden, bei maskulinen Substantiven **-ê**, bei femininen Substantiven **-a**. Im Plural wird – wie im Deutschen, aber anders als z.b. im Griechischen und den romanischen Sprachen – keine Genusunterscheidung gemacht. Die Ezafe-Endung ist im Plural für beide Genera **-ên**.

ziman (m) – die Sprache	*zimanê min – meine Sprache*
	zimanên min - meine Sprachen
çav (m) – das Auge	*çavê min – mein Auge*
	çavên min – meine Augen
heval (m) – der Freund	*hevalê min – mein Freund*
	hevalên min – meine Freunde
kitêb (f) – das Buch	*kitêba min – mein Buch*
	kitêbên min – meine Bücher
xwişk (f) – die Schwester	*xwişka min – meine Schwester*
	xwişkên min – mein Schwestern
heval (f) – die Freundin	*hevala min – meine Freundin*
	hevalên min – meine Freundinnen

Das Türkische verfügt über kein Genus.

Bestimmtheit und Unbestimmtheit

Das Kurdische verfügt nicht über einen bestimmten Artikel. Unbestimmtheit wird durch die Endung **-ek**, die an die Substantive angefügt wird, zum Ausdruck gebracht.

ziman – *die Sprache*	*ziman-**ek*** – *eine Sprache*
kitêb – *das Buch*	*kitêb-**ek*** – *ein Buch*

Kasus

Das Kurdische verfügt nur über zwei Kasus, den Casus rectus und den Casus obliquus. Hinzu kommt ein Kasus für die Anrede, der Vokativ. Der Casus rectus entspricht dabei in der Regel dem Nominativ im Deutschen (s. aber die Ausführungen zur Ergativ-Konstruktion), der Casus obliquus übernimmt die Funktion der anderen Kasus. Zur Kennzeichnung von Rektionsverhältnissen stehen darüber hinaus Präpositionalphrasen und Phrasen mit Zirkumpositionen zur Verfügung. Der Vokativ ist der Kasus der Anrede; er hat im Deutschen keine Entsprechung.

	Casus rectus	Casus obliquus	Vokativ
maskulin/bestimmt	∅	(-î)	–o
maskulin/unbestimmt	–ek	–ek-î	
feminin/bestimmt	∅	–ê	–ê
feminin/unbestimmt	–ek	–ek-ê	–no
Plural	∅	–an	

*Lawik-**ek** diçe gund.*	*Ein Junge geht/fährt ins Dorf.*
*Lawik-ø hesp-**ek-î** û çêlek-**ek-ê** dibîne*	*Der Junge sieht ein Pferd und eine Kuh.*
*Keçik-**ek** jî diçe gund.*	*Auch ein Mädchen fährt ins Dorf.*
Keçik-ø jî hesp-ø (hesp-î) û çêlek-ê dibîne.	*Auch das Mädchen sieht das Pferd und die Kuh.*
*Lawik-ø û keçik-ø ji hesp-**an** û ji çêlek-**an** ditirsîn.*	*Der Junge und das Mädchen fürchten sich vor Pferden und Kühen.*

(lawik – der Junge; gund (m) – das Dorf; lîstin – spielen; hesp (m) – das Pferd; çêlek (f) – die Kuh; dîtin – sehen; keçik – das Mädchen; jî – auch; ji .... tirsîn – sich vor ... fürchten)

Das Türkische verfügt über 6 Kasus, wobei die reinen Kasus viele Funktionen übernehmen, die im Deutschen und Kurdischen von Phrasen mit Präpositionen, Postpositionen bzw. Zirkumpositionen übernommen werden.

Die Personalpronomen

Die Personalpronomen lauten: *ez (ich)*, *tu (du)* *ew (er, sie, es)*, *em (wir)*, *hûn (ihr)*, *ew (sie)*. Im Casus obliquus lauten sie: *min, te, wî (m), wê (f), me, we, wan*. In dieser Form entsprechen sie auch den Possessivpronomen im Deutschen (s. auch: Ezafe-Konstruktion).

Ez diçim dibistanê.	*Ich gehe in die Schule.*
Tu diçî dibistanê.	*Du gehst in die Schule.*
Ew diçe dibistanê.	*Er / Sie geht in die Schule.*
Em diçin dibistanê.	*Wir gehen in die Schule.*
Hûn diçin dibistanê.	*Ihr geht in die Schule.*
Ew diçin dibistanê.	*Sie gehen in die Schule.*
*Bavê **min** nexweş e.*	***Mein** Vater ist krank.*
*Bavê **te** nexweş e.*	***Dein** Vater ist krank.*
*Bavê **wî / wê** nexweş e.*	***Sein / Ihr** Vater ist krank.*
*Bavê **me** nexweş e.*	***Unser** Vater ist krank.*
*Bavê **we** nexweş e.*	***Euer** Vater ist krank.*
*Bavê **wan** nexweş e.*	***Ihr** Vater ist krank.*

(*çûn* - gehen; *dibistan (f)* - die Schule; *bav (m)* - der Vater; *nexweş* - krank)

Präpositionen und Zirkumpositionen

Das Kurdische verfügt über eine größere Zahl von Präpositionen und Zirkumpositionen (= Kombinationen aus Präposition und Postposition); regional auch über reine Postpositionen.

*Ez dikarim **heta** 20 'î bijmêrim.*
*Ich kann **bis** 20 zählen.*

*Tu **li** kîjan dema salê hatî dinyayê?*
*(Du **in** welcher Jahreszeit gekommen-bist auf-die-Welt?)*
***In** welcher Jahreszeit bist du auf die Welt gekommen?*

*Ez **ji** kûçikan ditirsim.*
*(Ich **vor** Hunden fürchte-mich.)*
*Ich fürchte mich **vor** Hunden.*

*Nameyek **ji** min **ra** hat.*
*(Brief-ein **zu** mir (zu) gekommen-ist.)*
Ich habe einen Brief bekommen.

> *Ez –* **bi** *zarûkên hemû dinyayê* **re.**
> *Ich –* **mit** *Kindern der ganzen Welt* **(zusammen).**
> *Ich –* **(zusammen) mit** *den Kindern der ganzen Welt* (vgl. Tanrıkulu 2008).

Das Deutsche verfügt neben Präpositionen und Zirkumpositionen auch über einige Postpositionen. (Präpositionen: *an ..., auf ..., unter, ...*; Zirkumpositionen: *auf ... hinauf, an ... entlang, in ... hinein, ...*; Postpositionen: *... zuliebe, ... zufolge, ...*).

Das Türkische verfügt nicht über Präpositionen und damit natürlich auch nicht über Zirkumpositionen. Viele Dinge, die im Kurdischen und Deutschen durch Präpositionen ausgedrückt werden, werden im Türkischen durch reine Kasus zum Ausdruck gebracht (vgl. Böttle & Jeuk in diesem Band).

Numerus – Kongruenz zwischen Subjekt und Verb

Das Kurdische verfügt – wie das Deutsche – über zwei Numeri, den Singular und den Plural. Soll im Deutschen das Subjekt eines Satzes als Plural aufgefasst werden, muss dies auch am Subjekt gekennzeichnet sein. Im Kurdischen fehlt diese Kennzeichnung, soweit ein Nomen allein das Subjekt bildet und ihm kein weiteres Wort attribuiert ist. Nur an der Verbform ist dann erkennbar, ob das Subjekt als Singular oder Plural aufzufassen ist. Ist dem Nomen ein weiteres Wort attribuiert, ist an der Ezafe-Endung (Ezafe-Konstruktion, s. unten) erkennbar, ob es als Singular oder Plural zu verstehen ist.

(a) Das Subjekt ist ein einfaches Nomen:

> *Zarok li parkê* **dileyze.**
> *(Kind im Park* **spielt.**)
> *Das Kind* **spielt** *im Park.*

> *Zarok li parkê* **dileyzin.**
> *(Kind im Park* **spielen.**)
> *Die Kinder* **spielen** *im Park.*

(b) Dem Nomen im Subjekt ist ein weiteres Wort attribuiert:

> *Kurê min li Kölnê* **dijî.**
> *(Sohn-meiner in Köln* **lebt.**)
> *Mein Sohn* **lebt** *in Köln.*

> *Kur-ên min li Kölnê* **dijîn.**
> *(Söhne-meine in Köln* **leben.**)
> *Meine Söhne* **leben** *in Köln.*

> *(zarok – das Kind; lîstin – spielen; kur – der Sohn, jiyan – leben)*

Attribute – Ezafe-Konstruktion

Wird im Kurdischen ein Nomen durch ein Attribut (ein weiteres Nomen, ein Pronomen, ein Adjektiv, ein Adverb oder einen Nebensatz) näher bestimmt, tritt eine so genannte Ezafe-Endung an das Nomen. Die Ezafe-Endung verbindet das Attribut mit seinem Bezugswort; sie ist unterschiedlich für maskuline und feminine Substantive. An maskuline Nomen wird **-ê** angefügt, an feminine Nomen **-a**. Im Plural wird keine Unterscheidung zwischen den Genera gemacht, die Endung ist in allen Fällen **-ên** (s. auch: Genus). Ein als Attribut angefügtes Nomen oder Pronomen steht im Casus obliquus.

(E = Ezafe-Endung)

hînbûna Kurdî (Nomen + Nomen)
Lernen-E Kurdisch → das Lernen des Kurdischen

nav-ên mehan (Nomen + Nomen)
Namen-E Monate → die Namen der Monate, die Monatsnamen

dest-ê min (Nomen + Pronomen)
Hand-E mein → meine Hand

heval-a min (Nomen + Pronomen)
Freund-E mein → meine Freundin

çav-ên min (Nomen + Pronomen)
Auge-E mein → meine Augen

xewn-ek-a gelek nexweş (Nomen + Gradadverb + Adjektiv)
Traum-ein-E sehr schrecklich → ein sehr schrecklicher Traum

welat-ê ku ez lê dijîm (Nomen + Relativsatz)
Land-E, das ich in-ihm lebe → das Land, in dem ich lebe

xwarin-ên ku ez hez dikim (Nomen + Realativsatz)
Speise-E, die ich mag → Speisen, die ich mag

ziman-ên ku ez dizanim (Nomen + Relativsatz)
Sprache-E, die ich kann → Sprachen, die ich kann

nav-ên heval-ên min (Nomen + Nomen + Pronomen)
Namen-E Freunde-E meine → die Namen meiner Freunde

nimare-y-a telefon-a min (Nomen + Nomen + Pronomen)
Nummer-E Telefon-E mein → die Nummer meines Telefons, meine Telefonnummer

> *nav-ên heywan-ên jorín (Nomen + Nomen + Adverb)*
> *Namen-E Tiere-E oben* → *die Namen der Tiere oben* (vgl. Tanrıkulu 2008)

Die Stellung der Attribute im Kurdischen ist folgendermaßen: Alle Attribute stehen hinter ihrem Bezugswort. Stehen mehrere Attribute, folgen sie aufeinander. Im Deutschen stehen Attribute je nach Art des Attributs vor oder hinter ihrem Bezugswort. Im Türkischen stehen alle Attribute, auch die satzförmigen, vor ihrem Bezugsnomen. Das bedeutet, dass in diesem Bereich große Stellungsunterschiede zwischen den drei Sprachen Deutsch, Türkisch und Kurdisch bestehen.

5 Wortbildung und Flexion

Zusammengesetzte Substantive

Wie sich schon an zwei der oben zitierten Beispiele ablesen lässt, ist im Kurdischen die Grenze zwischen Attributskonstruktion und zusammengesetzten Substantiven fließend. Aus zwei Nomen zusammengesetzte Nomen werden – wie substantivische Attribute – durch die Anbindung des einen Nomens an das andere mit Hilfe der Ezafe-Endung gebildet. Das zweite Nomen steht im Obliquus.

(E = Ezafe-Endung; O = Obliquus-Endung)

> *nav-**ên** meh-**an***
> *Namen-E Monat-O* → *die Namen der Monate, die Monatsnamen*
>
> *nimare-γ-**a** telefon-**ê***
> *Nummer-E Telefon-O* → *die Telefonnummer*
>
> *maf-**ên** mirov-**an***
> *Recht-E Mensch-O* → *die Menschenrechte*

Zu beachten ist hier, dass im Kurdischen das Grundwort (Determinatum) vor dem Bestimmungswort (Determinans) steht; im Deutschen ist die Reihenfolge umgekehrt. Im Türkischen ist die Reihenfolge wie im Deutschen.

Verben – Tempusbildung

Im Kurdischen hat jedes Verb zwei Stämme, einen Präsensstamm und einen Perfektstamm. Mit dem Präsensstamm werden das Präsens und das Futur I gebildet, mit dem Perfektstamm die Vergangenheitszeiten und das Futur II. Der Infinitiv, unter dem kurdische Verben auch im Wörterbuch aufgeführt sind, enthält - anders als im Deutschen - den Perfektstamm und nicht den Präsensstamm. Die Infinitivendung ist nach Konsonant– **in**, nach Vokal –**n**.

Die beiden Verbstämme sind nicht ohne Weiteres voneinander herleitbar. In einigen Fällen besteht überhaupt keine Ähnlichkeit zwischen Präsensstamm und Perfektstamm, in anderen Fällen lassen sich bestimmte Ableitungsmuster erkennen. Hier liegen gewisse Ähnlichkeiten mit den starken Verben im Deutschen vor. Der Unterschied zwischen den beiden Sprachen besteht darin, dass im Kurdischen (a) alle Verben diese Stammveränderungen aufweisen, im Deutschen nur ein Teil, (b) im Kurdischen zwei, im Deutschen drei Stämme gebildet werden und (c) sich die Stammveränderungen im Deutschen im Wesentlichen auf die Vokale beziehen (der sog. Ablaut), während im Kurdischen auch die Konsonanten betroffen sind.

(a) Die Verbstämme im Kurdischen

Infinitiv Perfektstamm + Infinitivendung	Präsensstamm	Bedeutung
got-*in*	**-bêj-**	*sagen*
dît-*in*	**-bîn-**	*sehen*
ma-*n*	**-mîn-**	*bleiben*
çû-*n*	**-ç-**	*gehen*
kir-*in*	**-k-**	*machen*
karî-*n*	**-kar-**	*können*
tirsî-*n*	**-tirs-**	*sich fürchten*
ket-*in*	**-kev-**	*fallen*
xwest-*in*	**-xwaz-**	*wollen*
ajot-*in*	**-ajo-**	*fahren*

(b) Die Verbstämme im Deutschen

Starke Verben im Deutschen haben zwei oder drei verschiedene Stämme. Der Präsensstamm und der Stamm des Partizips oder der Präteritalstamm und der Stamm des Partizips können gleich sein, Präsens und Präteritalstamm unterscheiden sich immer voneinander. Bei schwachen Verben sind alle drei Stämme gleich:

Präsensstamm	Präteritalstamm	Perfektstamm	
schwimm-*en*	**schwamm**	*ge*-**schwomm**-*en*	(A-B-C/starkes Verb)
lauf-*en*	**lief**	*ge*-**lauf**-*en*	(A-B-A/starkes Verb)
schreib-*en*	**schrieb**	*ge*-**schrieb**-*en*	(A-B-B/starkes Verb)
mach-*en*	**mach**-*te*	*ge*-**mach**-*t*	(A-A-A/schwaches Verb)

Eine Schwäche kurdischer Wörterbücher ist bisher, dass sie Verben nur unter ihrem Infinitiv aufführen, so dass im Präsens oder Futur verwendete Formen nicht oder nur schwer auffindbar sind. Modernere Wörterbücher des Deutschen führen zumindest auch den Präteritalstamm auf und verweisen dann auf den Infinitiv.

Im Türkischen kommt eine Veränderung der Wortstämme grundsätzlich nicht in Frage. Die Tempusmarkierung erfolgt durch Endungen, die nach dem Agglutinationsprinzip an den Verbstamm angefügt werden.

(c) Die Konjugation im Präsens

Das Präsens wird wie folgt gebildet: d(i)+Präsensstamm+Personalendung. Unter Berücksichtigung einiger Lautregeln ist die Bildung bei allen Verben gleich. Im Plural ist die Personalendung für alle drei Personen identisch. Ungewöhnlich aus deutscher Sicht ist die Bildung des Tempus mit einer Vorsilbe:

	got-in (sagen)	*çû-n* (gehen)	*ajot-in* (fahren)
ez	*di-bêj-im*	*di-ç-im*	*d-ajo-m*
tu	*di-bêj-î*	*di-ç-î*	*d-ajo-î*
ew	*di-bêj-e*	*di-ç-e*	*d-ajo*
em	*di-bêj-in*	*di-ç-in*	*d-ajo-n*
hûn	*di-bêj-in*	*di-ç-in*	*d-ajo-n*
ew	*di-bêj-in*	*di-ç-in*	*d-ajo-n*

(d) Die Konjugation im Präsens/Kopula

Die Kopula sein hat unterschiedliche Formen je nachdem, ob sie hinter einem konsonantisch oder hinter einem vokalisch auslautenden Wort steht:

Ez	*baş*	**im**.	*Ich gut - bin. → Es geht mir gut.* (etc.)
Tu	*baş*	**î**.	
Ew	*baş*	**e**.	
Em	*baş*	**in**.	
Hûn	*baş*	**in**.	
Ew	*baş*	**in**.	
Ez	*şeş salî*	**me**.	*Ich 6 - jährig bin. → Ich bin 6 Jahre alt.* (etc.)
Tu	*şeş salî*	**yî**.	
Ew	*şeş salî*	**ye**.	
Em	*şeş salî*	**ne**.	
Hûn	*şeş salî*	**ne**.	
Ew	*şeş salî*	**ne**.	

(e) Verben mit Vorsilbe

Im Kurdischen gibt es, wenn auch nicht im gleichen Umfang wie im Deutschen, Verben, die aus einer Vorsilbe + Verbstamm gebildet sind. Werden solche Verben im Präsens konjugiert, tritt das **-di-** zwischen die Vorsilbe und den Verbstamm:

kir-in (machen)	*ez **di**-k-im*
çê-kir-in (herstellen)	*ez çê-**di**-k-im*
ra-kir-in (hochheben)	*ez ra-**di**-k-im*
ve-kir-in (öffnen)	*ez ve-**di**-kim*

Eine entsprechende Erscheinung gibt es im Deutschen bei der Bildung der Partizipien von Verben mit abtrennbarem Präfix. Hier tritt das **-ge-** zwischen das Präfix und den Verbstamm: *an-ge-fangen, ab-ge-schrieben, zu-ge-hört* etc. Abtrennbar wie in einem großen Teil der Fälle im Deutschen (*fängt … an, hört … zu* etc.) ist das Präfix im Kurdischen niemals. Im Türkischen gibt es keine Verben mit Präfix.

(f) Die anderen Tempora

Am Beispiel von *çû-n* (*gehen*) und *ket-in* (*fallen*) wird hier ein kurzer Überblick über die Bildung der Tempora im Kurmanci gegeben:

	çû-n		**ket-in**	
Präsens:	ez	*di-ç-im*	ez	*di-**kev**-im*
Futur I:	ezê	*bi-ç-im*	ezê	*bi-**kev**-im*
Futur II:	ezê	*çû-bi-m*	ezê	***ket**-i-bi-m*
Präteritum:	ez	*çû-m*	ez	***ket**-im*
Imperfekt:	er	*di-çû-m*	ez	*di-**ket**-im*
Perfekt:	ez	*çû-me*	ez	***ket**-i-me*
Plusquamperfekt:	ez	*çû-bû-m*	ez	***ket**-i-bû-m*

- Präsens und Futur I werden mit Hilfe des Präsensstamms gebildet, die übrigen Tempora mit Hilfe des Präteritalstamms.
- Präsens, Futur I und Imperfekt werden mit einer Vorsilbe gebildet.
- Futur II und Plusquamperfekt enthalten eine Form des Hilfsverbs *bûn* (sein). Man findet hier neben der Zusammenschreibung auch die Getrenntschreibung, also: *ezê çûbim/ezê çû bim; ezê ketibim/ezê keti bim; ez çûbim/ez çû bim; ez ketibûm/ez keti bûm.*
- Futur I und II werden durch eine Futurpartikel am Subjekt des Satzes – in den Beispielen durch *-ê* am Personalpronomen *ez* – gebildet.
- Die jeweils letzte Endung ist die Personalendung.

Im Deutschen werden nur zwei Tempora (Präsens und Präteritum) ohne Hilfsverb gebildet. Für die Bildung des Perfekts, des Plusquamperfekts und des Futur I benötigt man jeweils ein Hilfsverb, für die Bildung des Futur II zwei Hilfsverben. Im Satz können das finite Verb und die infiniten Verbformen in erheblicher Distanz zueinander stehen (s. den Punkt: Die Stellung des Verbs im Satz), im Kurdischen ist das nicht möglich. Zwar wird auch hier bei der Tempusbildung zum Teil auf das Hilfsverb *bûn* (*sein*) zurückgegriffen, die so gebildeten Verbformen werden aber entweder zusammengeschrieben oder das Hilfsverb steht unmittelbar hinter dem Vollverb.

Vergleicht man die Verhältnisse im Kurdischen und im Deutschen, so sind als wesentliche Unterschiede festzuhalten:

- die unterschiedliche Situation bei den Verbstämmen
- die Beteiligung von Präfixen an der Tempusbildung im Kurdischen
- die Existenz einer Futurpartikel im Kurdischen
- die Frage, wie weit Tempusformen synthetisch bzw. analytisch gebildet werden.

Die Ergativ-Konstruktion

Im Kurdischen gibt es eine Konstruktion, die dem Deutschen völlig fremd ist – die sogenannte Ergativ-Konstruktion. Aus deutscher Sicht ist selbstverständlich, dass das Subjekt eines Satzes im Nominativ (Casus rectus) steht. Im Kurdischen ist das bei transitiven Verben nur in den Präsenszeiten der Fall, in den Vergangenheitszeiten steht das Subjekt im Casus obliquus.

intransitives Verb

Ez radizêm. — *Ich schlafe.*
Ez razam. — *Ich schlief.*

transitives Verb

Ez dibêjim: ... — *Ich sage: ...*
Min got: ...(!) — *Ich sagte: ...*

Enthält ein Satz mit einem transitiven Verb zusätzlich ein Objekt, so steht dieses in den Präsenszeiten im Casus obliquus. In den Vergangenheitszeiten steht es aber im Casus rectus und das Verb kongruiert mit dem Satzteil, der im Casus rectus steht.

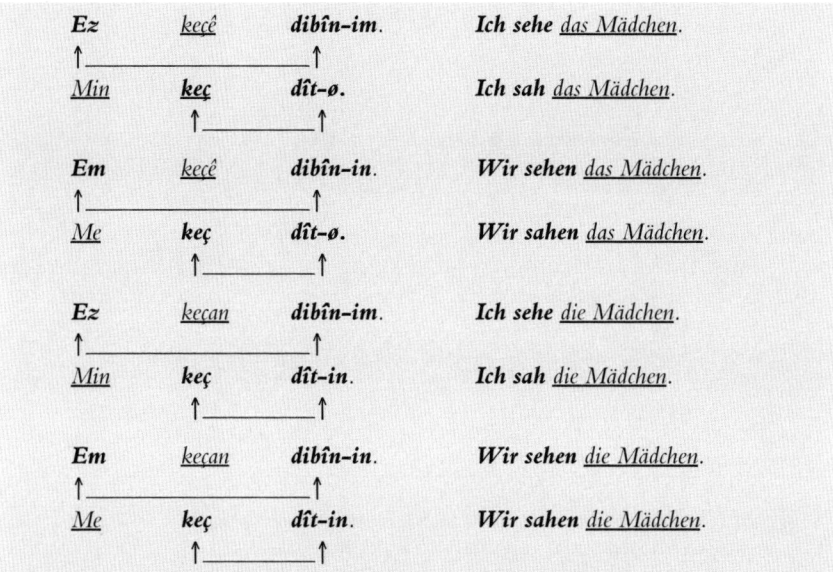

Ez	*keçê*	*dibîn-im.*	**Ich sehe** das Mädchen.
Min	*keç*	*dît-ø.*	**Ich sah** das Mädchen.
Em	*keçê*	*dibîn-in.*	**Wir sehen** das Mädchen.
Me	*keç*	*dît-ø.*	**Wir sahen** das Mädchen.
Ez	*keçan*	*dibîn-im.*	**Ich sehe** die Mädchen.
Min	*keç*	*dît-in.*	**Ich sah** die Mädchen.
Em	*keçan*	*dibîn-in.*	**Wir sehen** die Mädchen.
Me	*keç*	*dît-in.*	**Wir sahen** die Mädchen.

(Unterstrichen ist in beiden Sprachen immer der Satzteil, der in einem obliquen Kasus, also nicht im Nominativ steht.)

Im Deutschen ist diese Konstruktion nur schwer nachzubilden. Man sagt im Kurdischen so etwas wie:

Im Präsens: *Ich sehe die Kinder.*
In der Vergangenheit: *Mir/Mich sahen die Kinder.*

Dabei bedeute der zweite Satz nicht, dass die Kinder mich sehen, sondern dass ich die Kinder in der Vergangenheit gesehen habe.

Die Zuordnung von Verben zu den transitiven bzw. zu den intransitiven Verben deckt sich im Deutschen und im Kurdischen nicht immer. Umso wichtiger wäre, dass kurdische Wörterbücher immer kennzeichnen, ob ein Verb als transitiv oder als intransitiv aufzufassen ist. Das ist bisher leider noch nicht der Fall.

Das Passiv

Das Passiv wird im Kurdischen, wie im Deutschen, mit einem Hilfsverb, also analytisch gebildet. Das Hilfsverb im Kurdischen ist *hatin* (*kommen*); *hatin* wird konjugiert, das Vollverb steht im Infinitiv. Hilfsverb und Vollverb folgen unmittelbar aufeinander, sie können nicht wie im Deutschen auf verschiedene Stellen im Satz verteilt sein. (Zur Stellung der Verben in kurdischen Sätzen s. unten.)

Bavê min **hat kuştin.**
Mein Vater **wurde getötet.**

Bavê min di meşekê da **hat kuştin.**
Mein Vater **wurde** *bei einer Demonstration* **getötet.**

Bavê min li Dîyarbekirê di meşekê da **hat kuştin.**
Mein Vater **wurde** *in Diyarbakir bei einer Demonstration* **getötet.**

Die Agensphrase (= der Handelnde im Passivsatz) wird im Kurdischen mit *ji alîye* ... (= *von Seiten*) ausgedrückt:

Bavê min di 1982'yan da li Dîyarbekirê di meşekê da **ji alîye polîsekî**
hat kuştin.
Mein Vater wurde 1982 in Diyarbakir bei einer Demonstration
von einem Polizisten *getötet.*

Im Türkischen wird das Passiv nicht analytisch, sondern mit Hilfe einer Passivendung, die an den Verbstamm angefügt wird, gebildet.

6 Die Stellung des Verbs im Satz

Verben stehen in kurdischen Sätzen am Ende; ausgenommen sind davon lediglich Satzteile, die eine Richtung (*wohin?*) angeben und das Prädikativ in Sätzen mit dem Kopulaverb *werden* (*Lehrer werden* etc.). Sie stehen hinter dem Verb.

Ez li Kölnê **dixwînim.**
(Ich in Köln studiere.)
Ich studiere in Köln.

Ez bi sê zimanan **dizanim.**
(Ich drei Sprachen weiß.)
Ich kann drei Sprachen.

Xwişka min nexweş **e.**
(Schwester-meine krank-ist.)
Meine Schwester ist krank.

aber:

Ez niha **diçim** <u>dibistanê.</u>
(Ich jetzt gehe in-die-Schule.)
Ich gehe jetzt in die Schule.

Ez li îlonê **hatim** <u>dinyayê</u>.
(Ich im September gekommen-bin auf-die-Welt.)
Ich bin im September geboren.

Hêvî **dixwaze bibe** <u>mamoste</u>.
(Hêvî will werden Lehrerin.)
Hêvî will Lehrerin werden.

Die beschriebene Stellungsregel gilt für alle Satzarten gleichermaßen, es gibt also keine unterschiedliche Verbstellung in Aussage-, Frage-, Befehls- und Nebensätzen, wie das im Deutschen der Fall ist.

Ez bi Kurdî **dizanim**.
(Ich Kurdisch weiß.)
Ich kann Kurdisch.

Tu bi Kurdî **dizanî**?
(Du Kurdisch weißt?)
Kannst *du Kurdisch?*

Zarok çi **dikin**?
(Kind was machen?)
Was **machen** *die Kinder?*

Navê xwe **binivîse**.
(Namen-deinen schreib!)
Schreibe *deinen Namen!*

Tu çi **dibînî**, *ger tu ji paceya xwe* **binêrî**?
(Du was siehst, wenn du aus Fenster deinem schaust?)
Was **siehst** *du, wenn du aus dem Fenster* **schaust**?

Eine Verbklammer mit der Aufteilung des finiten Verbs und infiniter Verbbestandteile auf unterschiedliche Positionen im Satz kann es auf dieser Basis ebenfalls nicht geben:

Hêvî pace **veke**.
(Hêvî das Fenster auf-macht.) (von: ve-kir-in)
Hêvî **macht** *das Fenster* **auf**.

Bavê wî di sala 1980′an **hat kuştin**.
(Vater-seiner im Jahr 1980 wurde getötet.)
Sein Vater **wurde** *im Jahr 1980* **getötet**.

Im Türkischen steht das Verb immer am Satzende. Die Verbstellung in kurdischen Sätzen entspricht damit weitgehend derjenigen in türkischen Sätzen.

Fragesätze

Man hat zwischen zwei Arten von Fragesätzen zu unterscheiden: Entscheidungsfragen, auch Ja-Nein-Fragen genannt, und Ergänzungsfragen.

(a) Entscheidungsfragen

Entscheidungsfragen unterscheiden sich im Deutschen von Aussagehauptsätzen dadurch, dass das finite Verb aus der zweiten an die erste Stelle im Satz rückt. Die Verbstellung im Aussage- und im Fragesatz unterscheidet sich also voneinander. Die Bildung einer Entscheidungsfrage durch reine Betonung ist allerdings ebenfalls möglich:

> *Hêvî* **kann** *Deutsch.*
> **Kann** *Hêvî Deutsch?*
> *Hêvî* **kann** *Deutsch?*

Im Kurdischen kommt – wie bereits ausgeführt – eine Umstellung des Verbs nicht in Frage. Entscheidungsfragen unterscheiden sich schriftlich – außer durch das Fragezeichen – nicht von einem Aussagesatz. Mündlich unterscheiden sich Aussagesatz und Fragesatz, wie im Deutschen auch, durch die unterschiedliche Intonation:

> *Hêvî bi Elmanî* **dizane.**
> *Hêvî* **kann** *Deutsch.*
>
> *Hêvî bi Elmanî* **dizanê?**
> **Kann** *Hêvî Deutsch?* / *Hêvî* **kann** *Deutsch?*

Im Türkischen kann eine Entscheidungsfrage – wie im Kurdischen – nicht durch eine Umstellung des Verbs gebildet werden. Der Satz muss hier eine Partikel enthalten, die ihn als Fragesatz kennzeichnet.

(b) Ergänzungsfragen

Ergänzungsfragen werden sowohl im Deutschen als auch im Kurdischen mit Hilfe von Fragepronomen gebildet. Im Deutschen steht das Fragepronomen an der Satzspitze, gleichgültig, wo der erfragte Satzteil im entsprechenden Aussagesatz stehen würde. Das finite Verb steht an zweiter Stelle. Im Kurdischen stehen die Fragepronomen nicht an der Satzspitze, sondern da, wo der entsprechende erfragte Satzteil auch im Aussagesatz stehen würde. Folglich steht das Fragepronomen nur im Ausnahmefall am Satzanfang:

Hêvî di dibistanê da sê salan Almanî hîn bû.
Hêvî hat in der Schule 3 Jahre Deutsch gelernt.

Kî *di dibistanê da Almanî hîn bû?*
Wer *hat in der Schule Deutsch gelernt?*

Hêvî **li kudere** *Almanî hîn bû?*
Wo *hat Hêvî Deutsch gelernt?*

Hêvî **çend salan** *Almanî hîn bu?*
Wie viele Jahre *hat Hêvî Deutsch gelernt?*

Im Türkischen steht in Ergänzungsfragen das Fragepronomen – wie im Kurdischen – an der Stelle, an der der erfragte Satzteil auch im Aussagesatz stehen würde.

Sätze mit Modalverb

Im Deutschen gibt es sechs modale Hilfsverben: *können, dürfen, mögen, müssen, sollen* und *wollen*. Nur für *können* und *wollen/mögen* steht auch im Kurdischen ein Modalverb zur Verfügung. Für *dürfen, müssen* und *sollen* muss auf andere Konstruktionen zurückgegriffen werden. In Sätzen mit Modalverben wird im Deutschen das Modalverb konjugiert, das Vollverb steht im Infinitiv.

Hêvî **kann** *bis 100* **zählen.**
Hêvî **will** *bis 100* **zählen.**

Im Kurdischen werden beide Verben konjugiert. Man bildet also so etwas wie:

Hêvî **kann** *bis 100* **sie zählt.**
Hêvî **will** *bis 100* **sie zählt.**

Hinzu kommt, dass das Vollverb nicht im Indikativ stehen darf, sondern in den Konjunktiv/Subjunktiv gesetzt werden muss. Der Indikativ von *sie zählt* ist *ew dijmêre*, der Konjunktiv/Subjunktiv ist *ew bijmêre*.

Hêvî **dikare** *heta 100'î* **bijmêre.**
Hêvî **dixwaze** *heta 100'î* **bijmêre.**

Im Türkischen gibt es außer *istemek (wollen)* keine Modalverben. Die Entsprechungen der anderen Modalverben müssen anders ausgedrückt werden. Sätze mit *istemek* werden gebildet wie im Deutschen, d. h. das Modalverb wird konjugiert, das Vollverb steht im Infinitiv.

7 Wortschatz: Die Zahlen bis hundert (*sed*)

Für die Zahlen von 11 bis 19 gibt es im Kurdischen besondere Formen; die Zahlen ab 21 werden regelmäßig aus Zehner plus Einer gebildet: *bîst-û-yek, bîst-û-du* etc., also: *zwanzig-und-eins, zwanzig-und-zwei* etc. Achtung: Die Reihenfolge von Einer und Zehner ist im Deutschen und im Kurdischen unterschiedlich.

sifir (0)	yek (1)	du (2)	sê (3)	çar (4)	pênc (5)	şeş (6)	heft (7)	heşt (8)	neh (9)
deh (10)	yanzdeh (11)	diwanz- deh (12)	sêz- deh (13)	çar- deh (14)	panz- deh (15)	şanz- deh (16)	hiv- deh (17)	hij- deh (18)	noz- deh (19)
bîst (20)	bîstûyek (21)	bîstûdu (22)							

Im Türkischen werden bereits die Zahlen ab 11 völlig regelmäßig gebildet. Wie im Kurdischen und anders als im Deutschen, wird zuerst der Zehner, dann der Einer genannt.

Zahlen im Deutschen, Kurdischen und weiteren Sprachen

Ein Vergleich der kurdischen und der türkischen Zahlwörter liefert einen deutlichen Hinweis auf die Tatsache, dass das Kurdische eine indoeuropäische Sprache ist, das Türkische nicht. Die Verwandtschaft der kurdischen Zahlwörter mit den entsprechen Bezeichnungen in diversen anderen indoeuropäischen Sprachen macht dies deutlich. Für das Türkische lassen sich solche Bezüge nicht herstellen. Die Bezeichnung für Null im Kurdischen, Türkischen und Persischen (*sifir/sıfır/sefr*) stammt aus dem Arabischen.

Kurdisch	Persisch/ Farsi	Grie- chisch	Serbisch	Spanisch	Englisch	Türkisch
sifir [sɪfɪr]	[sefr]	[miðen]	nula [nula]	cero [θero]	zero [zi:rou]	sıfır [sifir]
yek [jɛk]	[jɛk]	[ena]	jedan [jedan]	uno [uno]	one [wʌn]	bir [bir]
du [dʊ]	[do]	[ðio]	dva [dva]	dos [dos]	two [tu:]	iki [iki]
sê [se:]	[se]	[tria]	tri [tri]	tres [tres]	three [θri:]	üç [ytʃ]

çar [tʃar]	[tʃahr]	[tɛsɛra]	četiri [tsɛtiri]	cuatro [kŭatro]	four [fɔːʳ]	dört [dœrt]
pênc [peːnʒ]	[panj]	[pɛndɛ]	pet [pɛt]	cinco [θiŋko]	five [faɪv]	beş [beʃ]

Um den Vergleich zwischen den Sprachen zu erleichtern, werden die Bezeichnungen für die Zahlen auch in Lautschrift angegeben, für die beiden Sprachen, die nicht mit dem Lateinalphabet geschrieben werden (Griechisch/griechisches Alphabet; Persisch/arabisches Alphabet) werden sie nur in Lautschrift angegeben.

Literatur

Diljen, Haydar (1997): Zimanê min 2. Uppsala. Weşanên Diljen.

Fischer-Weltalmanach 2009 (2008): Zahlen – Daten – Fakten: Frankfurt am Main: Fischer.

Glück, Helmut (Hrsg.)(2000): Metzler Lexikon Sprache. Stuttgart: Metzler.

Izday, Mehrdad R. (o.J.): Kürtler. Bir El kitabı. İstanbul. Doz yayınları

Kizilhan, Ilhan (2002) in: NAVEND e.V.: Rechtliche Situation und Integrationsperspektiven kurdischer MigrantInnen. Bonn.

Matras, Yaron (1989): Probleme der Sprachstandardisierung. Am Beispiel der Orthographie des Kurdischen. Wiss. Hausarbeit Universität Hamburg.

Meyer-Ingwersen, Johannes (1989): Kurdische Sprache und Identitätsbildung. In: Initiative „Menschenrechte in Kurdistan" (Hrsg.) (1989): Menschenrechte in Kurdistan. Dokumentation zur Internationalen Konferenz Menschenrechte in Kurdistan. Bremen.

Omar; Feryad Fazil (1992): Kurdisch-Deutsches Wörterbuch. Kurdische Studien im VWB Berlin.

Steinbach, Udo (1996): Die Türkei im 20. Jahrhundert. Schwieriger Partner Europas. Bergisch Gladbach: Gustav Lübbe.

Tanrikulu, Mehmet (2008): Ez kî me? – Wer bin ich? Ein zweisprachiges Arbeitsmaterial für die erste Klasse. NDS Verlagsgesellschaft mbH, Verlag der GEW, Essen.

Weiterführende Literatur

Akreyî, Eríz R. (1997): Kurdische Vornamen/Navên Kurdî. 3500 Mädchen- und Jungennamen. Navend

Bedir Khan, Emir Djeladet & Lescot, Roger (1986): Kurdische Grammatik (Kurmancî Dialekt). Kurdisches Institut, Deutsche Sektion. Bonn. Verlag für Kultur u. Wissenschaft.

Beǧik, Ahmed und Rosemarie Neumann (2008): Hînbûna kurdî. Kurdisch lernen. Ein Kurdisch-Lehrbuch. Essen. NDS Verlagsgesellschaft. Verlag der GEW NRW.

Brizić, Katharina (2006 a): Das geheime Leben der Sprachen. Gesprochene und verschwiegene Sprachen und ihr Einfluss auf den Spracherwerb in der Migration. Münster: Waxmann.

Brizić, Katharina (2006 b): Alle wollen nur das Eine. Vom Schul- und Sprachlernerfolg türkischer Migrantenkinder. In: Deutsch als Zweitsprache 1/2006. Seite 32 ff.

Haig, Geoffrey (2003): Sprachenvielfalt und Sprachenpolitik am Rande Europas: die Minderheitensprachen der Türkei. In: Dieter Metzing (Hrsg.): Sprachen in Europa. Sprachpolitik, Sprachkontakt, Sprachkultur, Sprachentwicklung, Sprachtypologie. Bielefeld.

Initiative „Menschenrechte in Kurdistan" (Hrsg.) (1989): Dokumentation zur Internationalen Konferenz Menschenrechte in Kurdistan. 14.-16. April 1989. Hochschule Bremen. Eigendruck (Aufsätze zu diversen Fragen, u.a. zum Sprachverbot).

Meyer-Ingwersen, Johannes (1995): Die kurdische Minderheit. In: Ethnische Minderheiten in der Bundesrepublik Deutschland. Ein Lexikon. Hrsg. von Cornelia Schmalz-Jacobsen und Georg Hansen. München.

Paul, Ludwig (1994): Kurdisch – Wort für Wort. Bielefeld. Reise Know-How Verlag.

Thelen, Sibylle (2008): Istanbul – Stadt unter Strom. Gesichter der neuen Türkei. Freiburg im Breisgau. Darin: Aynur ist Kurdin und singt auf Kurdisch. Von der Hoffnung, dass Kultur die Konflikte überwinden hilft (S. 173 ff.).

Turhan, Sedat und Sally Hagin (o.J.): Mein Bildwörterbuch/deutsch-kurdisch. Anadolu -Verlag.

Wurzel, Petra (1997): Rojbaş. Einführung in die kurdische Sprache. Wiesbaden. Dr. Ludwig Reichert Verlag.

Kurdisch im Internet (jeweils mit vielen weiteren Links)

http://www.diljen.com/

http://www.dilpak.de/

http://www.apec.nu/

http://www.institutkurde.org/en/

http://www.kurdishlibrary.org/

Polnisch

ROMUALD SKIBA

1 Einführung

Polnisch ist eine indoeuropäische [1], slawische Sprache. Es ist umstritten, ob das Urslawische sich direkt von der indoeuropäischen Ursprache abspaltete, oder ob es zunächst zusammen mit den baltischen Sprachen (z.B. Lettisch, Litauisch sowie andere bereits ausgestorbene Sprachen) eine gemeinsame balto-slawische Sprache bildete.

Der slawische Sprachzweig der indoeuropäischen Familie wird in ostslawische (z.B. Russisch, Ukrainisch), südslawische (z.B. Bulgarisch, Serbisch) und westslawische Sprachen eingeteilt. Polnisch gehört zusammen mit z.B. Slowakisch und anderen bereits ausgestorbenen Sprachen dem westslawischen Zweig an.

Die slawischen Sprachen gehen auf das Urslawische zurück, das von ca. 400 bis 500 n. Chr. im nord-östlichen Teil des heutigen ost- und westlawischen Sprachgebiets [2] gesprochen wurde. Allerdings sind aus der Zeit des Urslawischen keine schriftlichen Dokumente überliefert, es handelt sich dabei vielmehr um eine im Nachhinein rekonstruierte Sprachform, die den gemeinsamen Ausgangspunkt für die Entwicklung der verschiedenen modernen slawischen Sprachen bildet. Ab 800 n. Chr. entstand das sogenannte Spät-Urslawisch, das der Entstehung der slawischen Einzelsprachen vorausging. Die älteste slawische Schriftsprache ist das Altkirchenslawische, das sich um 860 entwickelte.

Die Aufteilung der slawischen Einzelsprachen wird hauptsächlich auf Grundlage der sprachgeschichtlichen Entwicklung bestimmter Zeichengruppen vorgenommen. Besonders die sogenannten *tort-, tolt-, tert-,* und *telt* Gruppen [3] entwickelten sich in den jeweiligen Zweigen unterschiedlich. Bei der Konstellation *tolt* bzw. *tort*

---

[1] Z.B. ist die indoeuropäische Wortwurzel sal in vielen indoeuropäischen Sprachen zu finden: Deutsch *Salz*, Englisch *salt*, Lateinisch *sal* und Altpolnisch *sol* (heute *sól*). Auch einige Numeralia und das Verb *sein* lassen die Genese erkennen (vgl. den Beitrag von Pagonis in diesem Band.

[2] zwischen Oder im Westen und Dniepr im Osten, Sudeten und Karpaten im Süden und der Ostsee und Masurischen Seen im Norden.

[3] t ist ein Symbol für Konsonanten, die den Vokalen **o** oder **e** und den entsprechenden Liquiden **r** oder **l** voraus gehen.

wechseln die Liquide[4] *r* oder *l* mit dem vorangehenden Vokal die Position. Zum Beispiel wird die urslawische Form **gor-dъ*[5] (Stadt, Burg) im Ostslawischen zu *go-ro-dъ* (vgl. neurussisch *gorod*, Stadt), im Südslawischen zu *gra-dъ* (vgl. serbisch *Beograd*, Belgrad) und im Westslawischen zu *gro-dъ* (vgl. polnisch *grod*, heute *gród*; Burg wie beispielsweise in dem Städtenamen *Nowogród*).

Diese und ähnliche Entwicklungen waren eine wichtige Stufe auf dem Weg der Aussonderung des Polnischen und anderer westslawischer Sprachen aus dem Urslawischen.

Zwei andere urslawische Phänomene, die Entwicklung der Halbvokale und die Palatalisierungen, wirken im modernen Polnisch in der Gestaltung der Deklinations- (vgl. 3.1) bzw. der Konjugationparadigmen (vgl. 3.2) nach. Sie haben auch das polnische Schreibsystem beeinflusst (vgl. 2).

Das Urslawische verfügte über zwei sehr kurze, reduzierte Vokale, ъ und ь, sogenannte *jers* oder **Halbvokale**. Im Verlauf der weiteren Entwicklung fielen diese Halbvokale entweder weg oder wandelten sich zu *e*. Vgl. die urslawische und die polnische Version des Wortes *Schlaf* im Nominativ bzw. Genitiv Singular.

(1)   Nominativ singular   Urslawisch **sъnъ* > Polnisch *sen*
        Genitiv singular   Urslawisch **sъnu* > Polnisch *snu*

Allen slawischen Sprachen gemeinsam ist auch die sogenannte **Palatalisierung**. Dabei handelt es sich um einen Prozess, in dem ein *i* oder andere vordere Vokale bzw. Halbvokale den vorausgehenden Konsonanten verändern, d.h. dessen Artikulationsort zum Palatum (Gaumen) hin verlagern. Die Palatalisierung wirkt auch im Deutschen: /k/ in *Kur* ist nicht palatal, dagegen wird /k/ in *Kies* palatal, d.h. näher am Gaumen artikuliert. In den slawischen Sprachen verlief diese phonologische Entwicklung in drei Stadien (vgl. Comrie 1987, 324).

Die Auswirkungen der Palatalisierung im Polnischen finden sich sowohl im Bereich der Wortbildung (vgl. das folgende Beispiel) als auch der Konjugation.

(2)   Substantiv *bóg* (Gott) vs. Adjektiv *boży* (göttlich)
        Substantiv *ręka* (Hand) vs. die Verkleinerungsform *rączka* (Händchen)

Eine weitere Eigenheit des modernen Polnisch kam durch die sogenannte polnische Vokalumlautung zustande.

Der Wortschatz des heutigen Polnischen ist stark von Entlehnungen geprägt. Besonders die nicht immer friedliche Nachbarschaft zu den Deutschen (einschließ-

---

[4] Konsonanten mit fließender Artikulation.

[5] *- markiert rekonstruierte Wortformen.

lich der Arbeitsmigration in beide Richtungen) hat zu zahlreichen Übernahmen, beispielsweise von Wörtern aus dem Bereich der öffentlichen Verwaltung geführt. Dabei wurden ursprünglich deutsche Wörter allerdings oft an die polnische Aussprache angeglichen. Vgl.

(3)   *Rathaus* > polnisch *ratusz*
       Bürgermeister > polnisch *burmistrz*

In Polen leben aktuell mehr als 40 Milionen Menschen;[6] einige Hunderttausend Sprecher des Polnischen leben außerhalb der Grenzen. In Deutschland werden drei Gruppen von Sprechern des Polnischen unterschieden: Flüchtlinge, Arbeitsmigranten und Aussiedler. Nach Türken und Italienern stellen die Polen mit knapp 400.000 Sprechern heute die drittgrößte Einwanderergruppe (Flüchtlinge und Arbeitsmigranten).[7] Dazu kommen ca. 1.445.000 Aussiedler aus Polen.[8] Der Bildungsstandard der polnischen Einwanderer ist vergleichsweise hoch. Rund 39 % von ihnen verfügen über eine hohe Schulbildung (Hochschul- oder Fachhochschulreife).[9]

Im Folgenden sollen einige Kerneigenschaften der polnischen Sprache beschrieben werden. Angesichts der Menge der zu beschreibenden Phänomene kann es sich hier lediglich um eine Auswahl auffallender Eigenschaften handeln, die besonders stark vom Deutschen abweichen. Für eine detaillierte Abhandlung siehe Engel et al. (1999).

2   Schrift und Aussprache

Das polnische Alphabet besteht aus 32 Buchstaben, die im Wesentlichen dem auch im Deutschen gebrauchten lateinischen Alphabet entsprechen, allerdings manchmal durch so genannte diakritische Zeichen in ihrer Aussprache gekennzeichnet werden. Die folgende Tabelle enthält außer diesen Buchstaben nur solche, deren Aussprache stark von ihren deutschen Gegenstücken abweicht.

---

[6] Im Jahr 2007 waren es 38.115.967; siehe [http://www.stat.gov.pl/gus/45_4992_PLK_HTML. htm].

[7] Vgl: http://www.bpb.de/popup/popup_druckversion.html?guid=IR34EG [am 09.03.2009].

[8] Vgl: http://www.bmi.bund.de/cln_012/Internet/Content/Common/Anlagen/Themen/ Vertriebene__Spätaussiedler/Statistiken/Aussiedlerstatistik__seit__1950,templateId=raw,pro perty=publicationFile.pdf/Aussiedlerstatistik_seit_1950.pdf [am 09.03.2009].

[9] Vgl: http://www.bamf.de/cln_092/nn_442016/SharedDocs/Anlagen/DE/Migration/Publikationen/Forschung/WorkingPapers/wp14-sprachliche-integration,templateId=raw,property =publicationFile.pdf/wp14-sprachliche-integration.pdf [am 09.03.2009].

Polnischer Buchstabe	Lautschrift	ähnlicher Laut in deutscher oder anderer Sprache	Beispiel	Bemerkungen
ą	[ɔ̃]	Balkon, Champignon	wąs (Schnauzbart)	
c	[ts]	Zimmer	Cukierek (Bonbon)	vor i wie ć
ć	[tɕ]	ungefähr wie Lädchen, Entchen	ćma (Motte)	
e	[ɛ]	Effekt	Efekt	
ę	[ɛ̃]	Cousin	język (Zunge, Sprache)	
h	[x]	Buch	Humor	
i	[i]	Spiel	instynkt (Instinkt)	
ł	[w]	*Wie englisch: watch*	łódź (Boot)	
N	[n]	Novelle	nowela	vor einem i wie ń
ń	[ɲ]	*franz. Cognak, Champignon*	koń (Pferd)	
o	[ɔ]	Konto	Konto	
ó	[u]	stumpf	sól (Salz)	
r	[r]	Religion	Religia	vorne gerollt
s	[s]	Bass	Bas	immer stimmloses S; vor einem i wie ś
ś	[ɕ]	Küche, Märchen	śnić (träumen)	
u	[u]	Summe	Suma	
y	[ɨ]	etwa wie in Kirche, vergleichbar mit Interesse	syn (Sohn)	
z	[z]	Suppe	Zupa	immer stimmhaftes S, vor einem i wie ź
ź	[ʑ]	---	źrebię (Fohlen)	ein Laut zwischen Z und Ż, stimmhaftes ś
ż	[ʒ]	wie Garage	żona (Ehefrau)	ein stimmhaftes SCH

Tabelle 1:   Polnische Schriftzeichen und ihre Aussprache

Darüber hinaus ist die polnische Rechtschreibung durch eine Reihe von Buchstabenkombinationen gekennzeichnet, die ähnlich wie das deutsche *sch* nur einen einzigen Laut repräsentieren. Diese sind in der folgenden Tabelle aufgelistet.

Polnischer Buchstabe	Lautschrift	ähnlicher Laut in deutscher oder anderer Sprache	Beispiel	Bemerkungen
ch	[x]	Ba**ch**	da**ch**	
cz	[tʃ]	**Tsch**eche	**Cz**ech	
sz	[ʃ]	**Sch**al, **Sch**ule	**sz**al, **sz**koła	
rz	[ʒ]	wie Gara**g**e	**rz**eka (Fluss)	nach p, t, k und ch wird rz wie das stimmlose SCH im Deutschen ausgesprochen
dz	[dz]	---	**dz**won (Glocke)	ein stimmhaftes dZ
dż	[dʒ]	**Dsch**ungel, **J**azz, **J**ob, **G**in *eng.* ***J**umper*	**dżungla**, **dżem** (Marmelade)	ein stimmhaftes TCH
dź	[dʑ]	---	**dź**wig (Kran)	

Tabelle 2: Buchstabenkombinationen und ihre Aussprache

Aus der Tabelle ergeben sich Vorhersagen über problematische Aussprachebereiche für Lerner des Polnischen mit Deutsch als Erstsprache. Für polnische Lerner des Deutschen sind umgekehrt folgende Ausspracheprobleme zu prognostizieren:

- Im Polnischen wird nicht zwischen langen und kurzen Vokalen unterschieden. Daher werden Aussprachenunterschiede, die im Deutschen bedeutungsunterscheidend sein können (vgl. den Unterschied zwischen *Pfanne* und *Fahne*) von polnischen Deutschlernern oft nicht wahrgenommen; daher folgen auch Ausspracheprobleme;
- die vorderen gerundeten Vokale im Deutschen (insbesondere die Umlaute *ö* und *ü*), die es im Polnischen nicht gibt, führen oft zu Anpassungen der Aussprache an das polnische Lautsystem: *Bühne* wird leicht zu *Biene*, *lösen* zu *lesen*. Es ist vorstellbar, dass dieses zu Kommunikationsproblemen führen kann.
- die deutsche Lautverbindung *-ng* [ŋ], wie in *Kongo*, *Ring* wird durch Polnischsprecher meistens nicht zusammengezogen ausgesprochen. Dasselbe gilt für einige Doppelkonsonanten. So wird beispielsweise der Eigenname *Anna* im Polnischen wie im Deutschen geschrieben, jedoch als *An-na* ausgesprochen.

Anders als im Deutschen werden auch Substantive (mit der Ausnahme von Eigennamen) im Polnischen grundsätzlich kleingeschrieben.

3 Formenbildung

Große Unterschiede zwischen dem Deutschen und dem Polnischen finden sich im Bereich der Wortbildung. Der Zusammensetzung von Nomen sind im Deutschen praktisch keine Grenzen gesetzt: auch ad-hoc Bildungen wie z.B. *Tellerkiste* sind gebräuchlich und leicht zu verstehen. Im Polnischen hingegen kommt dieser Mechanismus nur in Ausnahmefällen zum Einsatz (z.B. *autoserwis* (Autowerkstatt)). Zur Modifikation von Nomen verwendet man eher nachgestellte Adjektive oder Genitivattribute; z.B. *książka fachowa* [Buch fachliches = Fachbuch] oder *urząd pracy* [Amt der Arbeit = Arbeitsamt].

In den folgenden Abschnitten befassen wir uns mit der reichen Flexionsmorphologie des Polnischen.

3.1 Nominalmorphologie

Ohne auf die Feinheiten der polnischen Nominalmorphologie eingehen zu wollen,[10] werde ich hier versuchen, eine kurze Übersicht der wichtigsten Merkmale zu geben.

Nominalphrasen werden im Polnischen für die Kategorien Kasus, Numerus und Genus markiert. Die Markierung erfolgt generell durch Suffixe – in einigen Fällen kommt es allerdings auch zu historisch bedingten Veränderungen des Stammes (vgl. Abschnitt 1).

Das Polnische kennt sieben Kasus. Neben den vier im Deutschen bekannten Fällen werden noch der Instrumental, der Lokativ und der Vokativ unterschieden.

Die folgende Tabelle enthält als Beispiel die Deklinationsformen von zwei Maskulina mit und ohne Stammvokalwechsel.

---

[10] Das Polnische hat drei Deklinationsklassen für Maskulina, Feminina und Neutra, die jeweils abhängig von Stammendungen in Unterklassen zerfallen; innerhalb der Maskulina werden weitere Unterklassen der *personalen* (für Menschen und personalierte Tiere), *belebten* und *unbelebten* Substantive unterschieden, die hier jedoch nur am Rande berücksichtigt werden. Siehe dazu Engel, 1999, 753–800.

Fall	Frage	Maskulinum, personal, singular	Maskulinum, personal, plural	Masku-linum, belebt, singular	Masku-linum, belebt, plural
Nominativ (Mianownik)	wer? was?	nauczyciel (Lehrer)	nauczyciele	pies[11] (Hund)	psy
Genitiv (Dopełniacz)	wessen?	nauczyciel-a	nauczyciel-i	psa	psów
Dativ (Celownik)	wem?	nauczyciel-owi	nauczyciel-om	psu	psom
Akkusativ (Biernik)	wen? was?	nauczyciel-a	nauczyciel-i	psa	psy
Instrumental (Narzędnik)	mit wem? womit?	nauczyciel-em	nauczyciel-ami	psem	psami
Lokativ (Miejscownik)	über wen? worüber?	nauczyciel-u	nauczyciel-ach	psie	psach
Vokativ (Wołacz)	(Anrede-form)	nauczyciel-u	nauczyciel-e	psie	psy

Tabelle 3:   Kasusmarkierung an polnischen Substantiven

Substantive im Instrumental können in Kontexten vorkommen, in denen im Deutschen Präpositionalphrasen verwendet werden. Da das Polnische auch keine Artikel kennt (s. unten), kann so in einem Wort ausgedrückt werden, wozu das Deutsche drei Wörter benötigt.

(4)   Polnisch – *młotkiem* vs. Deutsch – *mit dem/einem Hammer*

Der Instrumental dient nicht allein zur Angabe des Mittels. Er wird auch von bestimmten Verben verlangt, die im Deutschen mit einem Präpositionalobjekt stehen:

(5)   *Interesowac sie psami* (instr.) (sich für (die) Hunde interessieren)

Der Lokativ wird nach bestimmten Präpositionen gebraucht. Dabei kann ein Substantiv im Lokativ zum Ausdruck einer Lokalangabe dienen (Beispiel 6), dies muss aber nicht der Fall sein (Beispiel 7).

(6)   *Jan jest w domu* (Jan ist zu Hause)

(7)   *Jan opowiada o nauczycielu* (Jan erzählt von dem/einem Lehrer)

---

[11] mit Halbvokalausfall in allen Fällen außer Nominativ Singular.

Der Vokativ, der für Anredeformen gebraucht wird, wird im modernen Polnischen nicht mehr durchgehend verwendet. In vielen Alltagskontexten werden beispielsweise bestimmte Vornamen bei der Anrede im Nominativ verwendet (*Ewa!* (NOM) statt *Ewo!* (VOK)).

In offiziellen Kontexten findet der Vokativ aber nach wie vor Verwendung, z.B. *Panie nauczycielu!* (Herr Lehrer!).

Polnisch hat keine Artikel, sodass das Genus eines Substantivs (außer beim natürlichen Geschlecht) nur an den morphologischen Regelmäßigkeiten am Wortausgang ablesbar ist. Die Genuszuweisung ist aber oft anders als im Deutschen: z.B. *mleko* (Milch) – neutrum, *książka* (Buch) – femininum oder *podatek* (Finanzsteuer)-maskulinum.

Adjektive kongruieren mit dem Nomen in Genus, Numerus und Kasus. Die polnische Adjektivdeklination ist einfacher als die der Substantive. Es gibt zwei morphologische Untergruppen mit den Auslauten -*y* und -*i*, z.B. *zielon-y* vs. *niebiesk-i* (grün, blau). Diese werden durch Anfügen der jeweiligen Suffixe durch alle Fälle, Genera und Numeri gebeugt.

Wie bereits erwähnt, hat das Polnische keine Artikel. Es gibt zwar Demonstrativpronomen (*ten dom* – dieses Haus), die in kontrastiven Kontexten verwendet werden. Die aus dem Deutschen geläufige Unterscheidung zwischen definiter *(das Haus)* und indefiniter *(ein Haus)* Referenz muss aber nicht obligatorisch an Substantiven markiert werden. Ein artikelloses Nomen wie etwa *dom* kann also sowohl *das Haus* als auch *ein Haus* bedeuten – das muss im Polnischen aus dem Kontext erschlossen werden, wobei manchmal auch die Wortstellung hilft. Lerner des Deutschen mit Polnisch als Erstsprache haben deshalb oft lange Schwierigkeiten mit den Verwendungsbedingungen definiter bzw. indefiniter Artikel im Deutschen (vgl. Wegener 1995a).

3.2 Verbalmorphologie

Polnische Verben kongruieren mit dem Subjekt in Person und Numerus. Das Flexionsparadigma ist dabei so reich, dass für jede Person/Numerus Kombination eine eigene Verbendung zur Verfügung steht. Die Zusammengehörigkeit von Verb und Subjekt ist deshalb eindeutig, weshalb das Subjektpronomen unter bestimmten Bedingungen ausgelassen werden kann (s. Abschnitt 4). Anders als im Deutschen werden Verben der dritten Person Singular und Plural in der Vergangenheit auch für das Genus markiert.

(8)   *On był – ona była – ono było* (er war – sie war – es war)

Wie auch in den anderen slawischen Sprachen haben fast alle Verben zwei Aspekt-formen, d.h. auch bei Infinitiven, Partizipien etc. gibt es jeweils eine imperfektive und eine perfektive Form. Anders als das Tempus beziehen sich aspektuelle Unterscheidungen nicht auf den Zeitpunkt des beschriebenen Vorgangs im Verhältnis zur Sprechzeit (Vergangenheit, Gegenwart, Zukunft; siehe Klein 1994), sondern auf die Art und Weise, wie dieser Vorgang betrachtet wird. Der imperfektive Aspekt betrachtet eine Handlung in ihrem Verlauf, d.h. ohne dabei einen möglichen Endpunkt oder Abschluss zu berücksichtigen. Im Gegensatz dazu stellt der perfektive Aspekt eine Handlung als vollendet dar. Im Deutschen kann ein ähnlicher Gegensatz nur umschrieben werden (vgl. z.B. *beim Essen gewesen sein* vs. *aufgegessen haben*), im Polnischen wird er hingegen obligatorisch durch verschiedene morphologische Verfahren gekennzeichnet.

Perfektive Verben werden typischerweise durch Präfixe von imperfektiven Formen abgeleitet (z.B. *jeść* vs. *zjeść*, [essen vs. aufessen]), *gotować* vs. *ugotować* [kochen vs. fertig kochen]; siehe Tabelle 4). Manchmal ergibt sich dadurch auch eine leichte Verschiebung der lexikalischen Bedeutung. Es gibt eine Reihe solcher Präfixe, aber auch andere Verfahren,[12] mit denen zum Teil aus perfektiven Verben imperfektive abgeleitet werden können. Außerdem werden drei Zeitformen unterschieden: Vergangenheit, Gegenwart und Zukunft, wobei in der Gegenwart nicht zwischen perfektivem und imperfektivem Aspekt unterschieden wird. Das morphologische Pendant (*z-jem*) zu der imperfektiven Präsensform (*jem*) hat Futurbedeutung. Die folgende Tabelle enthält Beispiele in allen Tempus/Aspektformen für die erste Person Singular sowie den Infinitiv.

	Infinitiv	Vergangenheit	Präsens	Futur
imper-fektiv	*jeść zupę* (Suppe essen)	*jadłem zupę* (ich war dabei, Suppe zu essen)	*jem zupę* (ich esse die Suppe)	*będę jeść zupę* (ich werde Suppe essen)
perfektiv	*zjeść zupę* (Suppe aufessen)	*zjadłem zupę* (ich habe die Suppe aufgegessen)	–	*zjem zupę* (ich werde die Suppe aufessen)

Tabelle 4: Tempus und Aspektformen im Polnischen

[12] Die Präfigierung ist historisch gesehen ein späteres Verfahren zur Paarbidlung; die ursprüngliche Art verwendete Stammalternanten, wie z.B. in *kupić* vs. *kupować* (kaufen, perfektiv-imperfektiv).

4   Satzbau

Das Polnische hat eine relativ freie Wortstellung. Im Deutschen werden beispielsweise Aussagesätze dadurch gekennzeichnet, dass das flektierte Verb an zweiter Stelle (als zweite Konstituente) steht; in ja/nein-Fragen steht das flektierte Verb am Satzanfang. Das alles ist im Polnischen nicht der Fall, stattdessen wird die Intonation zur Unterscheidung herangezogen bzw. Fragesätze werden durch die einleitende Partikel *czy* gekennzeichnet:

(9)   *Olek ma samochod.* (Olek hat das/ein Auto).
       Czy Olek ma samochod? (Hat Olek das/ein Auto?)

Ein einfacher Aussagesatz kann also im Prinzip mit ganz verschiedenen Wortstellungen auftreten. Die Reihenfolge Subjekt – Verb – Objekt (*Ewa piła wodę* – Ewa trank Wasser) gilt dabei als unmarkierter Fall. Durch Veränderungen der Wortstellung kann angezeigt werden, welcher Teil des Satzes besonders hervorgehoben wird. So gibt es zum Beispiel die Tendenz, jeweils dasjenige Wort ans Satzende zu stellen, das besonders hervorgehoben ist. Der Effekt tritt besonders deutlich zu Tage, wenn er durch die Verwendung von Partikeln, wie z.B. *tylko* (nur) *jedynie* (einzig) verstärkt wird.

(10)   *Wodę piła (tylko)* **Ewa**. (Ewa, und niemand anders, hat das Wasser getrunken)
        Ewa wodę (tylko) **piła**. (Ewa hat das Wasser getrunken, nichts anderes damit getan)
        Ewa piła (tylko) **wodę**. (Ewa hat Wasser getrunken, und nichts anderes).

Subjektpronomen können im Polnischen ausgelassen werden. Durch das reiche Flexionsparadigma der Verben (siehe Abschnitt 3) können Person, Numerus, und z.T. sogar Genus des Subjekts erschlossen werden.

(11)   *Jechał do domu.*
        fahren – Vergangenheit. – 3.sg-maskulinum nach Hause
        (= er fuhr nach Hause)
        Jechała do domu
        fahren – Vergangenheit – 3.sg-femininum nach Hause
        (= sie fuhr nach Hause)
        Jechało do domu.
        fahren – Vergangenheit – 3.sg-neutrum nach Hause
        (= es fuhr nach Hause)

Nicht nur die Subjektpronomen können ausgelassen werden. Im Unterschied zum Deutschen muss ein polnischer Satz auch nicht unbedingt ein finites Verb enthalten. Folgende alternative Konstruktionen sind möglich:

1) Infinitive von Wahrnehmungsverben; z.B. *widać gory* (sehen-INF Berge – man kann die Berge sehen).

2) unpersönliche und unflektierte Formen von Modalwörtern; z.B. *warto czekac* (es-lohnt-sich zu warten), *wolno palic* (es-ist-erlaubt zu rauchen).

3) die Partikel **to** in Sätzen wie *Piotr to artysta* (Piotr ist Künstler).

Eine weitere Besonderheit des polnischen Satzbaus besteht darin, dass sich die Kasusmarkierung in negierten Sätzen von ihren nicht negierten Gegenstücken unterscheidet. So steht beispielsweise ein direktes Objekt in einem affirmativen Satz im Akkusativ. Wird der Satz negiert, steht dasselbe Objekt im Genitiv:

(12)   *Ewa kupiła tę ksiáżkę* (Eva kaufte das Buch – Akkusativ).

   Ewa nie kupiła tej ksiáżki (Eva kaufte das Buch – Genitiv nicht).

Aus solchen kontrastiven Vergleichen verschiedener grammatischer Systeme können natürlich nur bedingt Vorhersagen über tatsächliche Lernschwierigkeiten polnischer Lerner des Deutschen abgeleitet werden. Der Erwerb des Deutschen durch Lerner mit Polnisch als Erstsprache ist aber in verschiedenen Forschungsprojekten ausführlich dokumentiert worden: vgl. u.a. Skiba & Dittmar 1992; Skiba & Schumacher 1992; Wegener 1995 b.

Bibliographie

Comrie, Bernhard (1987): Slavonic Languages. In ders. (Hg.): The World's major Languages. London: Routledge, S. 322-328.

Engel, Ulrich et al. (1999): Deutsch-polnische kontrastive Grammatik. 2 Bände, Heidelberg: Julius Groos.

Kątny, Andrzej (1989). Bibliographie zum deutsch-polnischen Sprachvergleich, Teil 3. In: Kątny, A. (Hg.): Studien zur kontrastiven Linguistik und literarischen Übersetzung. Frankfurt/Bern/New York/Paris: Peter Lang, S. 65-84.

Klein, Wolfgang (1994). Time in language. London and New York: Routledge.

Skiba, Romuald & Norbert Dittmar (1992): Pragmatic, Semantic and Syntactic Constraints and Grammaticalisation: A Longitudinal Perspective. Studies in Second Language Acquisition, 14, S. 323-349.

Skiba, Romuald & Magdalene Schumacher (1992): Prädikative und modale Ausdrucksmittel in den Lernervarietäten einer polnischen Migrantin. Eine Lon-
gitudinalstudie. Linguistische Berichte 141, S. 371–400 (Teil 1); Linguistische
Berichte 142, S. 451–475 (Teil 2).

Stone, Gerald (1987): Polish. In B. Comrie (Hg.): The World's major Languages.
London: Routledge, S. 348–366.

Wegener, Heide (1995 a): Die Nominalflexion des Deutschen – verstanden als
Lerngegenstand. Tübingen: Niemeyer.

Wegener, Heide (1995 b): Das Genus im DaZ-Erwerb – Beobachtungen an Kindern aus Polen, Russland und der Türkei. In: Handwerker, Brigitte (Hg.):
Fremde Sprache Deutsch. Tübingen: Narr, S. 1–24.

Rumänisch

IOANA VELICA

1 Rumänisch im europäischen Kontext

Rumänisch wird von ungefähr 28 Millionen Menschen als Muttersprache gesprochen, in Rumänien und Moldawien ist es Amtssprache. In Rumänien, das eine Bevölkerung von mehr als 21,7 Mio. Einwohnern hat, gibt es ca. 19,4 Mio. Muttersprachler, in Moldawien mit einer Bevölkerung von 4,5 Mio. sind es 3,9 Mio. Außerhalb dieser Länder sprechen ca. 4,5 Mio. Menschen Rumänisch als Muttersprache, etwa in der Ukraine, in Bulgarien, Serbien und Ungarn, wo das Rumänische als Minderheitssprache gesprochen wird. Rumänische Kolonien gibt es in den USA, Kanada, Südamerika, Australien, Israel, der Türkei und mehreren westeuropäischen Staaten sowie in Asien (Moldauer in Sibirien, Kasachstan und in der Region Krasnodar).

Rumänisch (auch **Dakorumänisch**) ist eine Sprache aus dem romanischen Zweig der indogermanischen Sprachen. Dort gehört sie zur Untergruppe der lateinischen bzw. ostromanischen Sprachen. Rumänisch ist aus dem Latein hervorgegangen, das in den römischen Provinzen Dakien (Dacia) und Moesien, d.h. nördlich und südlich der Donau, gesprochen wurde. Die kurze Zeit der römischen Herrschaft von 107 bis 271 n.Chr. nördlich der Donau genügt jedoch nicht, um die Herausbildung des Rumänischen in diesem Raum zu erklären; die Entstehung des Rumänischen wird analog zur Geschichte der anderen romanischen Sprachen im 7. bis 9. Jahrhundert angesetzt.

Es gibt vier Hauptdialekte im Rumänischen:

- das eigentliche (Dako-)Rumänische – das in Rumänien, Moldawien sowie in Teilen von Serbien und Montenegro, Slowenien, Bosnien, Makedonien, Bulgarien und Ungarn von den rumänischen Minderheiten gesprochen wird;
- das Arumänische oder Mazedorumänische wird noch von einigen hunderttausend Menschen in verschiedenen Balkanländern gesprochen;
- das Meglenorumänische, das von wenigen tausend Menschen in Griechenland (im Nordwesten von Thessaloniki) gesprochen wird;

- das Istrorumänische, das von einer isolierten romanischen Minderheit auf der kroatischen Halbinsel Istrien gesprochen wird (ca. 1000 Personen) und vom Aussterben bedroht ist. Die beiden letztgenannten Dialekte werden von manchen Wissenschaftlern als eigenständige Sprachen angesehen.

Alle zusammen bildeten bis etwa zum 10. Jh. das Ur- oder Gemeinrumänische. Das Dakorumänische gliedert sich seinerseits in die fünf (nur wenig differenzierte) Subdialekte der Moldau, der Walachei, des Banats, der Crişana und des Marmarosch (Maramureş).

Die dakorumänische Sprache (im Folgenden: rumänische) ist eine Sprache der ostromanischen Sprachfamilie. Ihre Sonderstellung innerhalb der romanischen Sprachen ist begründet durch

1. ihr vorrömisches, dakisches Substrat (= die Basis),
2. die zahlreichen Übereinstimmungen mit den (slawischen) Balkansprachen,
3. das Fehlen germanischer Einflüsse,
4. die Einhaltung der lateinischen grammatischen Struktur bis zum heutigen Tag, trotz vieler Einflüsse auf Phonetik, Wortschatz und Grammatik (Slawisch, Ungarisch, Deutsch, usw.)
5. ihre geschichtlich bedingten Kontakte mit dem Ungarischen, Türkischen und Neugriechischen,
6. die isolierte geographische Lage Dakorumäniens, die dazu führte, dass sich die Sprache bis zum Ende des 18. Jh. in einer geistig-kulturellen Sonderexistenz entwickelte.

Die rumänische Schriftsprache entwickelte sich zu Beginn des 16. Jh. und beruht auf einer walachisch-südsiebenbürgischen Grundlage. Die erste literarische Quelle stammt aus dem Jahre 1521. Bis zum 18. Jahrhundert schrieb man Rumänisch in kyrillischer Schrift, die siebenbürgische Schule entwickelte das bis in die heutige Zeit benutzte lateinische Alphabet mit Sonderzeichen. Die rumänische Sprache des 19. und 20. Jh. ist durch Reromanisierung gekennzeichnet und infolgedessen durch einen Rückgang der slawischen, griechischen und türkischen Elemente.

2 Wortschatz

Das Thrako-Dakische, die Sprache der von den Römern besiegten Daker, ist höchstwahrscheinlich eine indogermanische Satemsprache, mit der das Lateinische nach der Eroberung Dakiens durch Trajan (106 n. Chr.) in Kontakt trat. Die äußerst spärlichen Angaben über diese Sprache gestatten nur Hypothesen über den Umfang ihres Einflusses. Aus dem Thrako-Dakischen vermutet man ungefähr 160 lexikalische Vererbungen (von denen man 90 Wörter auch in der albanischen Sprache vorfindet), die das Substrat (die Basis) des rumänischen Wortschatzes darstellen. Aus dem Substrat stammen höchstwahrscheinlich Wörter wie:

buză „Lippe", *copac* „Baum", *copil* „Kind", *mal* „Ufer", *măgar* „Esel",
moş „Greis", *raţă* „Ente", *a se bucura* „sich freuen", *târg* „Handelsplatz/-ort",
balaur „Drache", *brânză* „Frischkäse", *mal* „Ufer", *măgură* „Hügel", *cursă* „Falle",
ghimpe „Dorn", *vatră* „Zuhause, Kamin".

Das *Strat* (d.h. der Hauptbestandteil) des Rumänischen, ist das Vulgärlatein, das von der Bevölkerung und den römischen Beamten gesprochen wurde. Ca. 70 % des Wortschatzes, die grammatische Struktur und ein Teil der Phonetik können als lateinisch erkannt werden. Zurzeit wird die Wortähnlichkeit mit Italienisch auf 77 %, mit Französisch auf 75 %, mit Katalanisch auf 73 %, mit Portugiesisch und Rätoromanisch auf 72 % sowie mit der spanischen Sprache auf 71 % geschätzt. (Academia Republicii Socialiste România 1966).

Das Superstrat (die darüber liegende Schicht) des Rumänischen ist das Slawische. Bei der Bildung des Rumänischen spielten slawische Einflüsse die gleiche Rolle wie die germanischen Einflüsse im westlichen römischen Reich. Auch sie wurden letzten Endes durch die romanische Bevölkerung assimiliert, da sie soziopolitisch noch wenig differenziert waren. Ihr Einfluss im Rahmen des romanisch-slawischen Bilinguismus des 6. bis 9. Jahrhunderts ist besonders groß im Wortschatz und in der Wortbildung. So weist Rumänisch mehrere Entlehnungen aus anderen Sprachen auf. Wichtige Wörter, viele aus dem Kernwortschatz, stammen aus dem slawischen Superstrat:

boală „Krankheit", *bogat* „reich", *boier* „Bojar, Adliger", *brazdă* „Furche",
dragoste „Liebe", *a iubi* „lieben", *nevoie* „Bedarf", *cinste* „Ehrlichkeit, Ehre",
izvor „Quelle", *zdravăn* „stark, kräftig". Nicht selten drücken slawische Substantive Begriffe aus, die Verben lateinischen Ursprungs entsprechen:
plug „Pflug" – a ara „pflügen", *sită* „Sieb", *a cerne* „sieben".

Andere Quellen des Wortschatzes sind:

das Griechische:

ófelos → *folos* „Nutzen", buzunára → *buzunar* „Hosen-/Jackentasche",
prósfatos → *proaspăt* „frisch";

das Ungarische:

> város → *oraș* „Stadt", költeni → *a cheltui* „Geld ausgeben",
> fogadni → *a făgădui* „versprechen", menteni → *a mântui* „retten, bewahren";

das Deutsche – besonders das süddeutsch-österreichische Sprachraum sowie die siebenbürgisch-sächsische Mundart:

> Kartoffel → *cartof*, Bier → *bere*, Schraube → *șurub*, Schublehre → *șubler*,
> Schanze → *șanț*, Henker → *hingher* „Hundefänger", schlampig → *șleampăt*,
> Schmirgel → *șmirghel*, Schalter → *șalter*, Schiene → *șină*, Turm → *turn*,
> Bohrmaschine → *bormașină*, Spritzer → *spriț*, Abziehbild → *abțibild*,
> Seegras → *zegras*;

das Türkische:

> kahve → *cafea* „Kaffee", kutu → *cutie* „Schachtel",
> papuç → *papuc* „Hausschuh", köfté → *chiftea* „Fleischkloß",
> fıstık → *fistic* „Pistazie", çorba → *ciorbă* „saure Suppe".

Andere Wörter wurden nur vorübergehend ins Rumänische übernommen. Die besten Beispiele sind die Wörter, die während der unterschiedlichen Herrschaften – Türkisch, Griechisch, Slawisch – benutzt wurden, die aber im heutigen Rumänisch verschwunden sind. Teilweise werden sie literarisch als Archaismen benutzt.

3 Alphabet und Aussprache

Anfangs wurde die rumänischen Sprache mit dem kyrillischen Alphabet verschriftet. Dieses wurde 1860 gesetzlich durch ein erweitertes lateinisches Alphabet ersetzt. Dabei entsprechen alle Vokal- und die meisten Konsonantenbuchstaben jeweils genau einem Laut (Phonem). Die Phonologie leitet sich teils vom Italienischen und teils vom Französischen ab. Heute umfasst das rumänische Alphabet das lateinische Alphabet mit 5 Sonderzeichen:

a, ă, â, b, c, d, e, f, g, h, i, î, j, k, l, m, n, o, p, q, r, s, ș, t, ț, u, v, w, x, y, z

Die folgende Tabelle 1 stellt die rumänischen Grapheme dar, deren Aussprache sich von den deutschen unterscheidet:

Buchstabe	Aussprache im Deutschen
ă	Ungerundeter halboffener Zentralvokal, annähernd wie das *e* im dt. *Dschungel*. Kann für Deutschsprachler akustisch einem *ö* nahekommen
â	hat in der deutschen Sprache keine Entsprechung. Kann für Deutsche akustisch einem *ü* nahekommen
c	wie *k*, aber vor *e* und *i* wie *tsch* (wie im ital. *Cembalo*)
ch (vor e oder i)	weiches *k* (wie im ital. **Chi**anti)
e	stets ein offenes *e*, auch im Wortauslaut, ähnlich dem dt. *ä* in *Bäcker*
g	wie *g*
g	vor *e* und *i* wie stimmhaftes *dsch* (wie im ital. An**ge**lo oder **Gi**golo)
gh (vor e oder i)	*g* (wie **Ga**rnitur)
h	ein sanfteres *ch* als in *Bach* (im Anlaut)
i	unbetont am Ende eines Wortes fast unhörbar (palatalisiert), sonst *i*
î	genau wie *â*, die Unterschiede in der Schreibweise sind sprachhistorisch bedingt
j	stimmhaftes *sch* wie in frz. *journalist*
r	das *r* wird gerollt
s	immer stimmloses *s* (wie im dt. *Gasse*)
ş	*sch*
ţ	*ts*, wie geschriebenes dt. *z*, *naţionalitate*
v	wie dt. *w*
y	wie *i* (nur in Fremdwörtern), i-grec
z	immer stimmhaftes *s* (wie im Deutschen *Suppe*, im Englischen *zero*)

Tabelle 1   Rumänische Buchstaben und deren Aussprache

Lautverschiebungen

Ähnlich der Grimmschen Lautverschiebung in der deutschen Sprache fanden auch auf dem Weg der Entwicklung von Vulgärlatein zum heutigen Rumänisch Lautverschiebungen statt. Aufgrund der zu den anderen romanischen Sprachen isolierten Lage können wir hier mehrere Unterschiede erkennen. Einige der bedeutenden Verschiebungen sind die folgenden:

Diphthongisation von e und o	Lat. *cera* > Rom. *ceară* (Wachs) Lat. *sole* > Altrom. *sore* > Rom. *soare* (Sonne) Jotazismus [e] → [ie] am Wortanfang Lat. herba > Rom. *iarbă* (Gras, Kraut)
Velare [k], [g] → Labiale [p], [b], [m] vor alveolaren Konsonanten:	Lat. *octo* > Rom. *opt* (acht) Lat. *quattuor* > Rom. *patru* (vier) Lat. *lingua* > Rom. *limbă* (Zunge, Sprache) Lat. *signum* > Rom. *semn* (Zeichen) Lat. *coxa* > Rom. *coapsă* (Oberschenkel, Schenkel)
Rotazismus [l] → [r] zwischen Vokale	Lat. *caelum* > Rom. *cer* (Himmel) Lat. *anima* > Altrom. *Irema* > Rom. *Inima* (Herz)
Alveolare [d] und [t] palatalisiert zu [dz]/[z] und [ts] wenn vor kurzem [e] oder langem [i]	Lat. *deus* > Rom. *zeu* (Gott) Lat. *tenem* > Rom. *ține* (halten)

Tabelle 2   Lautverschiebungen im Rumänischen

4   Phonologie

Vokale

Das Rumänische besitzt 7 Monophthonge.

	vorne		zentral	hinten
	stimmhaft	stimmlos		
geschlossen	i	i	Î, â	u
mittel	e e˘ [1]		ə	o o˘ [1]
offen			a	

[1] Die Halbvokale /e˘ o˘/ sind Bestandteil von Diphthongen und Triphthongen.

Tabelle 3   Monophthonge im Rumänischen

Zu den Vokalen zählen noch die Diphthonge (voller Vokal gefolgt von einem Halbvokal) und Thriphtonge (voller Vokal gefolgt von 2 Halbvokalen)

Diphthonge: ea *ceas* „Uhr", ia *băiat* „Junge", ai, âi *pâine* „Brot", oa *poartă* „Tor", ua *stea* „Stern", uă, ie *ied* „Zicklein", eo, io *chioșc* „Kiosk", ou *ou* „Ei";
Thriphtonge: eai *ceai* „Tee", eoa *leoarcă* „klatschnass", eau *vreau* „ich will", iai *suiai* „hast geklommen", iau *iau* „ich nehme", *rouă* „Tau".

Ein anderes Phänomen im Rumänischen ist der **Hiatus** (2 Vokale in nacheinander folgenden Silben) *ae, ea, ee, ie, ia, ii, oe, oo, oa, ue*.

Kurze und lange Vokale*: Die im Deutschen bekannte Unterscheidung zwischen langen und kurzen Vokalen ist im Rumänischen nicht vorhanden.

Konsonanten

Das Rumänische hat 20 Konsonanten.

	bilabial	labio-dental	alveolar	post-alveolar	palatal	velar	glottal
Plosive	p b		t d			k g	
Affrikata			ts	tʃ dʒ			
Nasale	m		n				
Vibranten			r				
Frikative		f v	s z	ʃ ʒ			h
Approximanten	v				j		
Laterale			l				

Tabelle 4   Konsonanten im Rumänischen

5   Morphologie

Das Rumänische ist diejenige romanische Sprache, die bei der Nominalflexion am meisten ausgebildet ist bzw. sich am wenigsten zurückentwickelt hat (und in dieser Hinsicht noch eng an das Lateinische angelehnt ist). Es besitzt eine Konjugation, die dem Lateinischen und Italienischen ähnelt, und es hat als einzige romanische Sprache eine Deklination mit den Kasus: Nominativ, Genitiv, Dativ, Akkusativ, Vokativ. Rumänisch ist auch die einzige romanische Sprache, die das Neutrum behalten hat. Auch die Terminologie entstammt der lateinischen Grammatik.

Deklinierbare Wortarten

Genus: Im Rumänischen unterscheiden wir drei Genera – männlich, weiblich und sächlich. Jedes Nomen hat ein festes Genus. Anders als im Deutschen kongruieren die ersten zwei Genera meist mit dem natürlichen Geschlecht (männlich, weiblich). Das sächliche Genus ist eine strikt grammatikalische Kategorie. Im Gegensatz zum Deutschen, in dem man zur Genusunterscheidung den bestimmten

Artikel nimmt (*der, die, das*), unterscheidet man im Rumänischen die Genera nach dem unbestimmten Artikel *un* (ein) und dem Zahlwort *zwei* (doi) für den Plural (Engel/Isbăşescu 1993, 461 ff.).

un băiat / *doi băieţi* (Mask)	der Junge / die Jungen (Mask)
o femeie / *două femei* (Fem)	die Frau / die Frauen (Fem)
un sat / *două sate* (Neutr)	das Dorf / die Dörfer (Neutr)

Dieselben Genera können auch im Falle der Artikel, Adjektive, Pronomina und Zahlwörter erkannt werden.

Numerus: Das Rumänische kennt beide Numeri. Die Pluralform ist an spezifischen Endungen, manchmal auch an lautlichen Änderungen zu erkennen. Numerus und Genus hängen eng zusammen. Bei der Deklination der Maskulina und Neutra im Singular können wir das Genus nicht erkennen. Nur die ungleiche Deklination im Plural macht die Unterscheidung möglich.

Die Genusunterscheidung ist im Deutschen erforderlich (wegen der richtigen Flexion des Substantivs, des Adjektivs, der richtigen Benutzung des Artikels, usw.). Im Rumänischen genügt es, wenn man den Unterschied zwischen Feminina und Nichtfeminina macht. Im Singular ist die Gegenüberstellung Maskulin – Neutrum, im Plural die zwischen Feminin und Neutrum aufgehoben (Engel/Isbăşescu 1993, 488, siehe das Beispiel oben).

Kasus: Grundsätzlich verfügt das Rumänische über fünf Kasus: Nominativ, Genitiv, Dativ, Akkusativ und Vokativ. Diese Kasus haben unterschiedliche syntaktische Funktionen, lassen sich aber morphologisch nicht immer auseinanderhalten. Im Deutschen sind die vier Kasus (Nominativ, Genitiv, Dativ, Akkusativ) zum Teil am flektierten Nomen erkennen.

Das Substantiv

Die Genera der Substantive wurden schon oben (siehe Genus) vorgestellt. Wie im Deutschen kommen auch im Rumänischen sowohl *Singularia tantum* (Bezeichnung für Eigenschaften – *aroganţă* „Arroganz", *feminitate* „Weiblichkeit; Stoffnamen – *aur* „Gold", *şampanie* „Champagner"; Bezeichnung für Vorgänge – *venirea* Ankunft, *sentimentalism* "Sentimentalismus"; Bezeichnung für Sportarten – *box* „Boxen", *călărie* „Reiten"; Sammelnamen – *clientelă* „Kundschaft", *bagaj* „Gepäck", usw.) als auch *Pluralia tantum* (Bezeichnung für Personengruppen – *neamuri* „Verwandtschaft"; Gattungsnamen als Sammelbegriffe – *pistrui* „Sommersprossen", *zori* „Morgengrauen"; Stoffbezeichnungen – *icre* „Rogen", *tăiţei* „Nudeln"; Feiertage

– *Paşti* „Ostern", *Rusalii* „Pfingsten"; geographische Namen – *Alpii* „Alpen", *Carpaţii* „Karpaten") vor.

Flexion des Substantivs

Im Rumänischen unterscheidet man zwischen definiter (mit bestimmten Artikel) und indefiniter Deklination (mit Nullartikel). Die indefinite Deklination (mit Nullartikel) tritt auf, wenn kein Attribut dem Substantiv vorangestellt wird. Sonst erhält das Attribut die Flexionsendung.

Indefinite Deklination

Im Femininum werden die folgenden Flexionsendungen verwendet: Nominativ/ Akkusativ Sg: *a, ă, e, -*; Genitiv/Dativ Sg, Pl: *e, i, le.*

Sg		Pl		Bemerkungen
N/A	G/D	N/A	G/D	
şa (Sattel)	*şei*	*şei*	*şei*	
casă (Haus)	*case*	*case*	*case*	
zi (Tag)	*zile*	*zile*	*zile*	
stea (Stern)	*stele*	*stele*	*stele*	
pâine (Brot)	*pâni*	*pâni*	*pâni*	
alee (Allee)	*alei*	*alei*	*alei*	Fremdwörter

Tabelle 5   Flexion der Feminina

Maskulina und Neutra haben dieselbe Form im Plural.
Flexionsendungen: N/A Sg: *u*, Halbvok. *u, -, e*; G/D Sg, Pl: *lor, lui, i, ie, iă, uri.*

Sg		Pl		Bemerkungen
N/A	G/D	N/A	G/D	
tată (Vater)	*tată*	*taţi*	*taţi*	Mask.
codru (Wald)	*codru*	*codri*	*codri*	Mask.
bou (Ochse)	*bou*	*boi*	*boi*	Mask
ou (Ei)	*ou*	*ouă*	*ouă*	Neutrum
teatru (Theater)	*teatru*	*teatre*	*teatre*	Neutrum
lucru (Ding)	*lucru*	*lucruri*	*lucruri*	Neutrum

Sg		Pl		Bemerkungen
N/A	G/D	N/A	G/D	
cadou (Geschenk)	cadou	cadouri	cadouri	Neutrum Lehnwörter aus dem Französischen
concediu (Urlaub)	concediu	concedii	concedii	Neutrum

Tabelle 6   Flexion der Maskulina und Neutra

Definite Deklination

Die definite Deklination (mit bestimmten Artikel) entspricht der definiten Deklination im Deutschen. Diese tritt aber im Rumänischen nur dann auf, wenn vor dem Substantiv kein Attribut vorangestellt wird (sonst erhält dieses die definite Flexionsendung). In der definiten Deklination hat man alle fünf Kasus. Man unterscheidet zwischen femininen und maskulinen Flexionsformen. Das Neutrum erhält im Singular die maskulinen, im Plural die femininen bestimmten Artikel.

	Sg			Pl		
	N/A	G/D	V	N/A	G/D	V
zi (Tag)	ziua	zilei	-	zilele	zilelor	-
masă (Tisch)	masa	mesei	-	mesele	meselor	-
mamă (Mutter)	mama	mamei	mamă / mama	mamele	mamelor	mamelor
vulpe (Fuchs)	vulpea	vulpii	vulpe / vulpea	vulpile	vulpilor	vulpilor

Tabelle 7   Definite Deklination der Feminina

	Sg			Pl		
	N/A	G/D	V	N/A	G/D	V
domn (Herr)	domnul	domnului	domnule	domnii	domnilor	domnilor
frate (Bruder)	fratele	fratelui	frate	frați	fraților	raților

Tabelle 8   Definite Deklination der Maskulina

	Sg		Pl	
	N/A	G/D	N/A	G/D
adevăr (Wahrheit)	adevărul	adevărului	adevărurile	adevărurilor
caiet (Heft)	caietul	caietului	caietele	caietelor
detaliu (Detail)	detaliul	detaliului	detaliile	detaliilor

Tabelle 9   Definite Deklination der Neutra

Das Adjektiv

Adjektive sind die Wörter, die jederzeit in der Umgebung des Demonstrativpronomens im Nom. *cel* „der" stehen können:

casa cea veche	das alte Haus
cartea (cea) dintâi	das erste Buch

Stellung: Das Adjektiv kongruiert in Genus, Kasus, Person und Numerus mit dem bestimmten Substantiv, es kann vor oder nach dem Substantiv / Pronomen stehen. In der Regel steht es aber nach dem Substantiv. Vorangestellte Adjektive sind immer hervorgehoben. Die meisten qualifikativen Adjektive stehen nach dem Substantiv.

carte bună (gutes Buch), *femeie săracă* (arme Frau) – nachgestellt
bună carte (gutes Buch), *săraca femeie* (arme Frau!) – vorangestellt

Das Adjektiv, wenn vorangestellt, übernimmt alle Charakteristika für Genus, Numerus und Kasus und den Artikel. Grundsätzlich sind die Adjektive veränderbar. Es gibt aber auch eine geringe Anzahl an nichtveräderbaren Adjektive. Am leichtesten werden diese durch ihren attributiven Gebrauch erkannt.

Die Adjektive kann man folglich in zwei großen Gruppen einteilen:

mit unterschiedlicher Form für Maskulin und Feminin	*elev bun – elevă bună*	guter Schüler – gute Schülerin
	student ordonat – studentă ordonată	ordentlicher Student – ordentliche Studentin
mit gleicher Form für Maskulin und Feminin	*elev cuminte – elevă cuminte*	braver Schüler – brave Schülerin
	băiat mare – fată mare	großer Junge – großes Mädchen

Syntaktische Funktionen: Das Adjektiv kann folgende Funktionen im Satz haben:

- Attributiv – *o carte frumoasă* (ein schönes Buch)
- Appositiv – *animalul, nervos și speriat,* … (das Tier, nervös und erschrocken, …)
- Teil der Subjekt- oder Akkusativergänzung – *Ea a venit acasă veselă* (Sie ist froh nach Hause gekommen)
- Teil des mehrteiligen Prädikats – gleichzusetzen mit dem Prädikatsnominativ – *Elevul este cuminte* (Der Schüler ist brav)
- Adjektivalergänzung – *Cuvântul îmi este necunoscut* (Das Wort ist mir unbekannt)

Steigerung: Das rumänische Adjektiv kennt alle drei Steigerungsstufen:

- Positiv – *caiet mare* (großes Heft),
- Komparativ – *caiet mai mare* (größeres Heft)
- Superlativ - *caietul cel mai mare* (das größte Heft).

Das Zahlwort

Im Rumänischen wird zwischen Kardinal- und Ordinalzahlwort unterschieden. Auf den Kardinalzahlen beruht die Bildung aller anderen Zahlwörter. 10 – *zece*, 100 – *o sută*, 1.000 – *o mie*, 1.000.000 – *un milion* sind Substantive.

> 1 – *unu*, 2 – *doi*, 3 – *trei*, 4 – *patru*, 5 – *cinci*, 6 – *șase*, 7 – *șapte*, 8 – *opt*, 9 – *nouă*, 10 – *zece*

Die Zahlen werden so gelesen, wie sie (in Ziffern) geschrieben werden:

> 21 – *douăzeci și unu*, 43 – *patruzeci și trei*, 176 – *o sută șaptezeci și șase*

Ordinalzahlwörter: das Ordinalzahlwort *1.* variiert im Rumänischen nach dem Genus Mask / Neutr *întâi* „erster", Fem *întâia* „erste". Die Ordinalzahlwörter ab 2 werden nach folgendem Muster gebildet:

	Possesivartikel	+ Kardinalzahlwort	+ definite Endung
Mask / Neutr	al	(șapte)	lea
Fem	a	(șapte)	a

Tabelle 10   Bildung der Ordinalzahlwörter ab 2

Die Ordinalzahlwörter können vor oder nach dem Substantiv gestellt werden.

Das Pronomen

Ebenso wie Substantive, Artikel und Adjektive sind die meisten Pronomina flektierbar nach Numerus, Genus und Kasus. Die Genusvariabilität teilen viele Pronomina mit dem Adjektiv und dem Artikel. Dieses Merkmal unterscheidet das Pronomen vom Substantiv. Pronomina sind nicht komparierbar. Genusvariabel sind das Personalpronomen 3. Person Sg. und Pl., das Demonstrativ-, das Possessiv-, das Relativpronomen und das negative Pronomen *nici unul* „keiner". Die indefiniten Pronomina *altul* „anderer", *unul* „einer", *atâta* „soviel", *vreunul* „irgendeiner", *câţiva* „manche" sind genusvariabel. Die restlichen Indefinitpronomina sind invariabel. Genusneutral sind das Interrogativ-, das Reflexivpronomen und die negativen Pronomen *nimic* „nichts" und *nimeni* „niemand". Die Personalpronomen in der 1. und 2. Person Sg. und Pl. sind invariabel.

Das Verb

Verben sind Wörter, die entweder ein Finitparadigma oder ein Partizip bilden können. Die finiten Verben (Prädikat) kongruieren in Person und Numerus mit dem Subjekt des Satzes. Im Rumänischen, wie im Deutschen, haben wir 3 Personen und 2 Numeri (Sg und Pl). Die infiniten Formen sind *infinitiv*, *gerunziu* (Gerundium), *supin* (Supinum), *participiu* (Partizip). In Sätzen können prinzipiell mehrere strukturell verbundene Verbformen erscheinen. Enthält der Satz nur eine Verbform, ist dieses meist ein finites Verb. Wenn es ein Kopulaverb ist, kommt noch ein zusätzliches Adjektiv oder Substantiv vor, damit das Verb finiten Charakter hat.

*Elevul **este** harnic.*	Der Schüler ist fleißig.
*Maria **este** mamă.*	Maria ist Mutter.

Die zusätzlichen Verbformen sind dann in einer infiniten Form.

Ea râde.	Sie lacht. (finites Verb)
Ea a râs.	Sie hat gelacht. (infinites + finites Verb)

Infinite Verbformen im Satz können Hilfsverben (*a avea* „haben", *a fi* „sein", *a voi* „werden") oder Modalverb (*a putea, a şti* „können", *a trebui* „müssen" und „brauchen", *a vrea* „wollen) sein.

Die **Tempora** sind im Rumänischen folgende: *prezent* (Präsens), Vergangenheit: *imperfect* (Imperfekt), *perfectul simplu* (einfaches Perfekt), *perfectul compus* (zusammengesetztes Perfekt / Perfekt), *mai mult ca perfectul* (Plusquamperfekt), Zukunft: *viitor 1* (Futur 1), *viitor anterior* (Futur 2). Das einfache Perfekt wird meist in der

Mundart an Stelle des Perfekts benutzt. Es signalisiert das Geschehen als real, kurz vor der Sprechzeit abgeschlossen.

Modi: Das Rumänische kennt folgende persönliche Modi: *indicativ* (Indikativ), *conjunctiv* (Konjunktiv), *condiţional-optativ* (Bedingungs-Optativ), *imperativ* (Imperativ). Die unpersönlichen Modi sind *infinitiv* (Infinitiv), *gerunziu* (Gerundium), *supin* (Supinum), *participiu* (Partizip).

Genus Verbi: Die Verben kennen auch im Rumänischen die Aktiv- und Passivform. Passivformen können im Rumänischen nur zu Verben mit Akkusativobjekt gebildet werden, aber nicht zu allen. Das Passiv wird im der Regel gebildet mit Hilfe des Hilfsverbs *a fi* „sein" und dem Partizip, das nach Genus und Numerus flektiert wird und mit dem Subjekt des Satzes kongruiert.

Konjugationstypen: Es werden 4 Konjugationstypen unterschieden. Nach der Endung im Infinitiv teilen sich die Verbtypen in folgende Konjugationen: I. Konjugation: Endung *a* – *a cânta* „singen"; II. Konjugation: Endung *ea* – *a vedea* „sehen"; III. Konjugation: Endung *e* – *a merge* „gehen"; IV. Konjugation: Endung *i* oder *î* – *a privi* „sehen", *a izvorî* „entspringen".

6   Syntax

Satzbau

Das zentrale Element im Satz ist das Verb. Das Verb hat keine bestimmte Stellung im Satz wie im Deutschen.

Noi mergem mâine la cinematograf.	Wir gehen morgen ins Kino.
Mergem mâine la cinematograf?	Gehen (wir) morgen ins Kino?
Noi mergem mâine la cinematograf!	Wir gehen morgen ins Kino!

Lediglich kann man behaupten, dass Subjekt und Prädikat immer in der Nähe bleiben sollten. Die Regel, dass Subjekt und Prädikat in Person und Nummer kongruieren, kann uns helfen, das Subjekt leichter im Satz zu erkennen. Wenn aber der Satz mit einem anderen Satzteil beginnt, tendieren Schüler dazu, dieses als Subjekt des Satzes zu erkennen.

La moară se aduce recolta.	Zur Mühle wird gebracht (die) Ernte.

Die Stellung der Satzglieder ist nicht so verbindlich wie im Deutschen. Immerhin müssen die pronominal ausgedrückten Dativ- und Akkusativobjekte vor dem substantivisch ausgedrückten Akkusativobjekt stehen.

Am văzut-o pe Maria.   Ich habe gesehen Maria.

Das Rumänische kennt keinen Satzrahmen.

Noi am scris o lucrare de control.   Wir haben geschrieben eine Arbeit der Kontrolle
                                    = Wir haben eine Kontrollarbeit geschrieben.

Auch im Imperativsatz ist die Stellung der Satzglieder ziemlich leicht:

Vino la mine!   Komm zu mir!
Acolo nu mergi!   Dahin gehst du nicht!

Im Interrogativsatz kann es passieren, dass das Interrogativpronomen nicht erscheint:

Ne aduceţi o veste bună?   Bringt ihr uns eine Nachricht gute?
Functionează aparatul cel nou? Funktioniert Gerät dieses neue?
                                    = Funktioniert das neue Gerät?
Ea nu mai lucrează?   Sie nicht mehr arbeitet? = Arbeitet sie nicht mehr?

Die Negation steht immer vor dem Verb:

Nu merg nicaieri.   Nicht gehe (ich) irgendwo = Ich gehe nirgendwo hin.
Ana nu vrea alune.   Ana nicht möchte Haselnüsse.

Haupt- und Nebensatz

Die Einteilung in Haupt- und Nebensätzen wird mit Hilfe der Verbindungselemente gemacht. Die Hauptsätze sind immer koordinativ (mit Hilfe der koordinativen Konjunktionen) verbunden. Die Subjektsätze stehen meist vor dem Hauptsatz.

Cine a spus asta ştie mai multe.   Wer das gesagt hat, weiß mehr.

Üblich ist, dass die meisten anderen Nebensätze dem Hauptsatz nachgestellt werden. Die Präpositional- und Adjektivalsätze werden nur nachgestellt.

Traieşte acolo unde nimeni nu ar fi putut. Er lebt dort, wo keiner nicht es
                                    geschafft hätte.
Este aşa cum era mama ei.   Sie ist so, wie war Mutter ihre.

7 Strukturvergleich: Textprobe

Folgende Übersetzung eines deutschen Textes ins Rumänische soll einen konkreten Einblick in die Unterschiede zwischen den zwei Sprachen ermöglichen.

Berta hatte gekauft (sich) eine Zeitung des Abends; (sie) las (darin), (sie) rauchte, und als ich setzte (mich) neben sie sie sagte: = Bertha hatte sich eine Abendzeitung gekauft: sie las darin, rauchte, und als ich mich neben sie setzte, sagte sie: *(Ich) glaube dass du hättest können sprechen auch mit ihr.* = Ich glaube, du hättest auch mit ihr sprechen können.	*Bertha îşi cumpărase un ziar de seară; citea, fuma, şi când m-am aşezat lângă ea mi-a declarat:* *Cred că ai fi putut vorbi şi cu ea.*

Literatur

Academia Republicii Socialiste România (1966): Gramatica limbii române. Bucureşti. 2 Bände.

Avram, Mioara (1956): Despre corespondenţa dintre propoziţiile subordonate şi părţile de propoziţie. In Studii de gramatică I. Ed. Academiei. Bucureşti.

Avram, Mioara (1986): Gramatica pentru toţi. Bucureşti.

Bejan, Dumitru (1995): Gramatica limbii române. Compendiu. Ed. Echinox, Cluj-Napoca.

Coteanu, Ion (1985): Limba română contemporană. Bucureşti.

Draşoveanu, D.D./Dumitraşcu, P./Zdrenghea, M. (1959): Analize gramaticale şi stilistice. Ed. Ştiinţifică, Bucureşti.

Dumitraş, Rada (1997): Sintaxa frazei. Ed. Dacia. Cluj-Napoca.

Dumitru, C.: Gramatica limbii române explicate. Morfologia. Iaşi. 1979. Sintaxa. Iaşi. 1982.

Engel, Ulrich/Isbăşescu, Mihai/Stănescu, Speranţa et al (1993): Kontrastive Grammatik deutsch – rumänisch. Heidelberg. 2 Bände.

Goga, Mircea (1995): Gramatica limbii române. Ed. Dacia. Cluj-Napoca.

Goga, Mircea (1998): Limba română. Ed. Dacia. Cluj-Napoca.

Gruiţă, Grigore (1998): Gramatică normativă. Ed. Dacia. Cluj-Napoca.

Hosztak, M. Honora/Vlad Valeriu (1944): Curs de gramatică a limbii romăne pentru elevii maghiari. In Roman kereskedelmi levelezes. Cluj.

Hristea, Theodor et al (1984): Sinteze de limba română. București.

Iordan, Iorgu/Robu, Vasile (1978): Limba română contemporană. București.

Nițoiu Ana (1997): Limba română pentru admiterea în liceu. Ed. Teora, București.

Stati, Sorin (1972): Elemente de analiză sintactică. București.

Wikipedia, Rumänische Sprache, http://de.wikipedia.org/wiki/Rum%C3%A4nische_Sprache.

Russisch

OLGA BELLER, ANNETTE KOLB, OXANA METYCHUK

Das Russische gehört zu den slawischen Sprachen, die in der indoeuropäischen Sprachfamilie beheimatet sind. Die slawischen Sprachen lassen sich in drei Hauptgruppen unterteilen:

- Ostslawisch (Russisch, Ukrainisch, Belorussisch)
- Westslawisch (Polnisch, Tschechisch, Slowakisch)
- Südslawisch (Bulgarisch, Kroatisch, Serbisch, Slowenisch)

Hinzu kommen Sprachen mit einer vergleichsweise geringen Anzahl von Sprechern (zum Beispiel Sorbisch) sowie ausgestorbene Sprachen wie Ruthenisch, Polabisch und Pomoranisch.

Auffallend ist, dass die Sprachen dieser Gruppe eine verhältnismäßig geringe interne Differenzierung aufweisen. So versteht ein Russe einen Tschechen viel leichter als etwa ein Deutscher einen Dänen oder ein Italiener einen Spanier.

Vor 1989 war Russisch die Amtssprache auf dem gesamten Territorium der damaligen Sowjetunion und die Lingua franca der osteuropäischen Länder. So konnte man sich zum Beispiel auch in Estland, Georgien und Usbekistan problemlos auf Russisch verständigen, obwohl die dortigen Nationalsprachen völlig anderen Sprachfamilien angehören. Seit dem Zerfall der Sowjetunion ist der Gebrauch des Russischen jedoch rückläufig. Heute sprechen etwa 280 Millionen Menschen Russisch als Erst- oder Zweitsprache, in Deutschland wird die Zahl der russischsprachigen Mitbürger auf ca. 3 Millionen geschätzt. Nach dem Amtsantritt Michail Gorbatschows und dem Beginn der Perestrojka konnte man in Deutschland und in anderen europäischen Ländern ein zunehmendes Interesse an Russland und der russischen Sprache feststellen. Obwohl Russisch aus deutscher Sicht eine „schwere" Sprache ist, gibt es viele Gründe, weshalb man sich mit dieser Sprache befassen sollte:

- Russisch ist eine der 6 offiziellen Sprachen der UNO.
- Die EU-Osterweiterung öffnet neue Möglichkeiten der Zusammenarbeit. Die russische Sprache könnte hier einen integrativen Faktor darstellen.
- Die Russische Föderation gehört zu den wichtigsten Handelspartnern Deutschlands, das Handelsvolumen zwischen den Ländern betrug 2001 knapp 25 Mrd. €.

- Russisch ist die Sprache der Wissenschaft und Forschung, insbesondere in den Bereichen Weltraumfahrt und Atomforschung.
- Im Tourismussektor spielt das Russische eine zunehmend große Rolle: Jährlich besuchen rund eine Million russische Touristen die Bundesrepublik Deutschland und immer mehr Deutsche fahren nach Russland.
- Und nicht zuletzt: Russisch ist die Sprache der Kunst und Kultur. Russisches Theater und Ballett sind weltberühmt. Russische Romane, Dramen und Gedichte sind ein kostbarer Teil der Weltliteratur, viele Werke wurden in verschiedene Sprachen übersetzt. Aber es ist ein unvergleichlich größerer Genuss, das russische Original von Alexander Puschkins „Evgenij Onegin" zu lesen, als sich mit der deutschen Übersetzung zu begnügen!

Im Folgenden werden nun die wichtigsten Unterschiede zwischen dem Deutschen und dem Russischen beschrieben, um die Ursachen typischer Fehler besser nachvollziehen und die Schwierigkeiten eines russischsprachigen Schülers beim Erlernen der deutschen Sprache verstehen zu können.

Schrift und Aussprache

Das Russische verwendet die kyrillische Buchstabenschrift, die auf dem griechischen Alphabet basiert. Seit der letzten Rechtschreibreform (1918) zählt das russische Alphabet 33 Buchstaben. In der folgenden Tabelle 1 werden den kyrillischen Buchstaben ihre lateinischen Entsprechungen gegenübergestellt. Zu einigen Buchstaben gibt es keine direkte Entsprechung im lateinischen Alphabet. Sie werden mit Hilfe von diakritischen Zeichen dargestellt (wissenschaftliche Transliteration):

russisches Alphabet						
Аа - a	Бб - b	Вв - v	Гг - g	Дд - d	Ее - e	Ёё - jo
Жж - ž	Зз - z	Ии - i	Йй - j	Кк - k	Лл - l	Мм - m
Нн - n	Оо - o	Пп - p	Рр - r	Сс - s	Тт - t	Уу - u
Фф - f	Хх - ch	Цц - c	Чч - č	Ш ш - š	Щщ - šč	Ъъ – "
Ыы - y	Ьь – '	Ээ - ė	Юю - ju	Яя - ja		

Tabelle 1: Das russische Alphabet

Im Russischen gibt es fünf Vokale, die in der Schrift durch insgesamt zehn Grapheme dargestellt werden. Fünf Grapheme für harte Vokale stehen dabei fünf für weiche gegenüber:

Grapheme für harte Vokale	A (a)	O (o)	У (u)	Ы (y)	Э (ė)
Grapheme für weiche Vokale	Я (ja)	Ё (jo)	Ю (ju)	И (i)	E (e)

Tabelle 2: Grapheme für harte und weiche Vokale

Die Vokalgrapheme weisen auf die Aussprache des davor stehenden Konsonanten hin: Мама (Mama – das *m* wird hart ausgesprochen); Таня (Tanja – das *n* wird weich ausgesprochen).

23 Grapheme werden für die Wiedergabe der Konsonanten verwendet, wobei das Weichheitszeichen (ь) und das Härtezeichen (ъ) keine eigenständigen Laute sind, sondern die harte oder weiche Aussprache des vorangehenden Konsonanten zur Folge haben. Im Russischen ist es möglich, jeden einzelnen Laut schriftlich wiederzugeben, im Deutschen ist das nicht immer der Fall. Daher kommt es zu Fehlern, wenn im Deutschen z.B. ein Diphthong vorliegt (Beispiel 1, 2, 3), wenn einem Laut grafisch zwei verschiedene Graphemen entsprechen (Beispiele 5, 6) können oder wenn ein Laut durch mehrere Grapheme wiedergegeben wird (Beispiel 7):

(falsch)   (richtig)
1. Doitschland   Deutschland
2. Saite   Seite
3. noi   neu
4. ezt   jetzt
5. Forname   Vorname
6. Cal   Zahl
7. schpielen   spielen

Die meisten russischen Konsonanten bilden Paare „palataler/nicht palataler Laut". Es gibt 16 solcher Paare sowie 4 Konsonanten, die keine vergleichbaren Gegenstücke haben; so sind „ш" (š) und „ж" (ž) immer hart und „ч" (č) und „щ" (šč) immer weich. Dies ist eine Besonderheit der russischen Sprache, die es im Deutschen nicht gibt. Manchmal ist dieses Phänomen sogar bedeutungsunterscheidend: угол - ugol (nicht-palatal) heißt Ecke, уголь – ugol' (palatal) heißt Kohle. Weitere 6 Paare werden von den stimmlosen und stimmhaften Lauten gebildet, die Konsonanten х, ц, ч, щ, л, м, н, р haben kein Äquivalent:

stimmhaft	б	в	д	з	ж	г	х	ч	л	н
	b	v	d	z	ž	g	ch	č	l	n
stimmlos	п	ф	т	с	ш	к	ц	щ	м	р
	p	f	t	s	š	k	c	šč	m	r

Tabelle 3:   stimmhafte und stimmlose Konsonanten

Die Aussprache der russischen Vokale und Konsonanten hängt von der jeweiligen Position im Wort ab und davon, ob diese Position betont oder unbetont ist. Beispielsweise wird ein „o" in der betonten Position als „o", in der unbetonten aber als „a" ausgesprochen (Vokalreduktion). Dieses für das Russische typische Phänomen wird *Akanje* genannt. So wird in den ersten zwei unbetonten Silben des Wortes „молоко" („moloko" – Milch) „o" als „a" ausgesprochen: „malako". In der dritten, betonten, Silbe wird ein deutliches „o" ausgesprochen.

Die Aussprache vieler russischer Konsonanten hängt ebenfalls von der Position im Wort und von den ihnen nachfolgenden Konsonanten ab. So werden alle stimmhaften Konsonanten vor den stimmlosen auch stimmlos ausgesprochen. Im Wort „представитель" (predstavitel' – Vertreter) folgt dem stimmhaften „d" ein stimmloses „s", deswegen wird „pretstavitel'" ausgesprochen. Im Auslaut wird ein stimmhafter Konsonant stimmlos ausgesprochen: geschrieben wird „гараж" („garaž" – Garage), gesprochen „garaš". Im Russischen wird grundsätzlich nicht zwischen kurzen und langen Vokalen unterschieden. Die betonten Vokale werden deutlich und etwas länger ausgesprochen, die unbetonten kurz.

Der Wortakzent (die Betonung) spielt im Russischen eine große Rolle. Er ist manchmal bedeutungsunterscheidend, daher ist die korrekte Betonung außerordentlich wichtig: „мою" (moju) mit der Betonung auf der ersten Silbe ('moju) heißt „ich wasche"; (mo'ju) mit dem Wortakzent auf der zweiten Silbe entspricht der Akkusativform des Possessivpronomens „meine". Die Wortbetonung ist im Russischen frei und beweglich. Durch Verlegung der Betonung können Flexionsformen gebildet werden: я могу (ja mogú – ich kann); мы можем (my móžem – wir können).

Was die Intonation anbetrifft, so wird im Russischen wie auch im Deutschen je nach Satztyp (Aussage-, Frage- oder Ausrufesatz) eine unterschiedliche (steigende oder fallende) Intonation angewandt.

Das Russische kennt die Umstellung von Prädikat und Subjekt nicht, wie sie im Deutschen in einem Fragesatz möglich ist. Im Russischen genügt die fragende Intonation:

Sie sind Frau Röder? (möglich im Russischen und Deutschen)
Sind Sie Frau Röder? (möglich nur im Deutschen)

Grammatik

Im Gegensatz zu vielen anderen Sprachen hat das Russische einen erstaunlich großen Reichtum an Flexionsformen bewahrt. Wie im Deutschen werden im Russischen Substantive, Adjektive, Pronomen nach Kasus, Numerus und Genus gebeugt, Adverbien werden nur gesteigert. Das Verbsystem weist einige Besonderheiten auf, die im Deutschen keine grammatikalische Entsprechung haben, sondern lexikalisch ausgedrückt bzw. umschrieben werden müssen. Im Folgenden werden die wichtigsten Unterschiede dargestellt.

Substantive

Die Substantive im Russischen haben drei Genera: Maskulinum, Femininum und Neutrum. Es gibt jedoch keine Artikel, das Genus wird nach der Wortendung bestimmt. Die Mehrzahl der maskulinen Substantive endet auf einen Konsonanten, die femininen haben ein -a oder -я und die sächlichen ein -o der -e im Auslaut. Ein häufiger Fehler der russischsprachigen Schüler ist die Verwechslung der Geschlechter der Substantive, die im Russischen und im Deutschen nicht immer übereinstimmen. So ist das Wort „Land, Staat" – „страна" (strana) im Russischen weiblich, daher kann ein Fehler wie *Meine Land ist groß* auftreten.

Russisch ist eine flektierende Sprache, für die sowohl die innere (durch Veränderung des Wortstamms) als auch die äußere Flexion (durch Affixe) charakteristisch ist. Bei der Deklination der Substantive werden verschiedene Suffixe (Wortendungen) verwendet. Da es keine Artikel gibt, werden diese nicht selten auch im Deutschen weggelassen:

Hören Sie Dialoge auf Kassette.
statt
Hören Sie die Dialoge auf der Kassette.

Die Substantive (Eigennamen ausgenommen) werden im Russischen kleingeschrieben. So kommt es zur fehlerhaften Schreibweise im Deutschen, z.B.

Guten tag! Mein name ist Paul.
statt
Guten Tag! Mein Name ist Paul.

Die russische Sprache hat sechs Kasus, die deutsche nur vier. Wo im Russischen ein Präpositiv oder ein Instrumental verwendet wird, muss im Deutschen Dativ oder eine präpositionale Konstruktion gebraucht werden:

Я пишу карандашом (ja pišu karandašom – ich schreibe mit dem Bleistift)

Verben

Eine Besonderheit der russischen Verben besteht darin, dass sie zwei unterschiedliche Formen haben, um eine Handlung im Zeitgeschehen als vollendet oder als unvollendet zu bezeichnen. Diese verbale Kategorie wird *Aspekt* (lat. aspectus – Anblick, Betrachtung) genannt. Der Aspekt gibt Hinweise darauf, wie eine Handlung in einem bestimmten Zusammenhang zu sehen ist. Entscheidend dabei ist, ob bei der Beschreibung eines Vorgangs dieser selbst in seiner Dauer oder Wiederholung betrachtet werden soll (несовершенный вид – nesoveršennyj vid, unvollendeter Aspekt) oder dessen zeitliche Begrenzung und Vollendung (совершенный вид – soveršennyj vid, vollendeter Aspekt) im Vordergrund stehen. Diese Unterscheidung gibt es auch im Englischen (simple and continuous forms), allerdings ist sie dort nicht so stark ausdifferenziert wie im Russischen und anderen slawischen Sprachen.

Ein Beispiel aus dem Englischen:
I have written several letters this morning. (Betonung des Resultats)
I have been writing several letters this morning. (Betonung der Handlung in ihrer Dauer)

Beinahe jedes russische Verb gehört einem der beiden Aspekte an und hat einen Partner im anderen Aspekt:
строить – построить (*stroit'* – *postroit'*, bauen)
писать – написать (*pisat'* – *napisat'*, schreiben)
отвечать – ответить (*otvečat'* – *otvetit'*, antworten)

Einem deutschen Verb stehen also fast ausnahmslos zwei russische Verben mit gleicher lexikalischer Bedeutung gegenüber. Beide Aspekte im Russischen können sowohl in der Vergangenheits- als auch in der Zukunftsform eines Verbs ausgedrückt werden.

Unvollendeter Aspekt:

Она строила дом. (*ona stroila dom* – sie baute ein Haus)

Она будет строить дом. (*ona budet stroit' dom* – sie wird ein Haus bauen)

Vollendeter Aspekt:

Она построила дом. (*ona postroila dom* – sie baute ein Haus bzw. hat/hatte ein Haus gebaut)

Она построит дом. (*ona postroit dom* – sie wird ein Haus bauen bzw. gebaut haben)

Im Präsens wird nur die Form des unvollendeten Aspekts verwendet:

Я читаю книгу (*ja čitaju knigu* – ich lese ein Buch).

Auch bei verneinten Verben wird der unvollendete Aspekt gewählt:

Он приехал вчера? (*On priechal včera?* Ist er gestern gekommen?)

Нет, он не приезжал. (*Net, on ne priezžal.* Nein, er ist nicht gekommen)

Der vollendete Aspekt kann morphologisch gebildet werden:

z.B. durch Präfigierung (Anhängen eines Präfixes an das Verb), beispielsweise
делал (unvollendet) – *сделал* (vollendet); *delal* – *sdelal*, dt. machen,
durch Wortstammveränderung
понимать (unvollendet) – *понять* (vollendet); *ponimat'* – *ponjat'*, dt. verstehen,
durch Verwendung eines völlig anderen Verbs
брать (unvollendet) – *взять* (vollendet); *brat'* – *vsjat'*, dt. nehmen

Abgesehen vom Aspektsystem gibt es weitere Unterschiede zwischen den beiden Sprachen, die Fehler verursachen können: Z.B. werden transitive und intransitive Verben verwechselt, wenn diese Charakteristik im Deutschen und Russischen nicht übereinstimmt.

Ein typischer Fehler ist

Ich gratuliere dich (russ. *Я поздравляю тебя* – *ja pozdravljaju tebja*)
statt
Ich gratuliere dir.

Manche Verben, die im Deutschen nur mit Präpositionen gebraucht werden, verlangen im Russischen keine Präposition

Ich warte dich (russ. *Я жду тебя – ja ždu tebja*).
statt
Ich warte auf dich.

An dieser Stelle sollte auch auf die Bildung von Verbformen mit Hilfe von Präfixen hingewiesen werden. Auch im Russischen ist Präfigierung eine verbreitete Wortbildungsmethode. Das Russische kennt aber im Gegensatz zum Deutschen keine trennbaren Präfixe. Das für das Deutsche typische Phänomen, bei dem Finitum und nichtfinite Prädikatsteile eine Klammer bilden, in die andere Satzglieder eingeschlossen sind, ist für Sprecher anderer Sprachen ungewohnt und der Grund für Fehler wie

Er mitbrachte ein paar Bücher.
statt
Er brachte ein paar Bücher mit.
oder
Martin hat geholfen seiner Mutter bei der Hausarbeit
statt
Martin hat seiner Mutter bei der Hausarbeit geholfen.

Manche Interferenzfehler sind auf die Besonderheiten der russischen Umgangssprache zurückzuführen. Im Russischen wird beispielsweise nicht gesagt:

Eva und ich gehen in die Schule.
sondern
Wir mit Eva gehen in die Schule. – Мы с Евой идем в школу (My s Evoj idem v školu).

Die Verben „sein" und „haben"

Das Verb „sein" (russ. быть – byt') wird im Russischen nur in der Vergangenheit und in der Zukunft konjugiert. Im Präsens wird es meistens weggelassen (außer in manchen Fällen in der 3. Person Singular: есть (jest').

Aus
я маленький (ja malen'kij)
wird dann im Deutschen:
Ich klein.
statt
Ich bin klein.

Das Verb „haben" (russ. иметь – imet') wird ebenfalls selten gebraucht. Der einfachen deutschen Konstruktion „ich habe (etwas) ..." entspricht im Russischen der Ausdruck:

Bei mir ist ... – У меня есть (u menja jest')
Dementsprechend heißt es für
Ich habe nicht / kein(e)(s) – Bei mir ist nicht ... (у меня нет – u menja net)

Präteritum

Im Unterschied zum Deutschen gibt es in der russischen Sprache nur eine Vergangenheitsform, die häufig als Präteritum bezeichnet wird. Sie wird durch Anhängen bestimmter Suffixe gebildet. Im modernen Russisch werden bei der Bildung des Präteritums keine Hilfsverben – wie „haben" oder „sein" im Deutschen – verwendet. Die Vergangenheitsform wird im Russischen für beide Aspekte nach dem gleichen Muster gebildet. Es wird sowohl im Singular wie auch im Plural zwischen der 1., 2. und 3. Person nur durch Verwendung von Personalpronomen unterschieden. Im Singular wird auch zwischen den Geschlechtern unterschieden. Das Präteritum wird in der Regel mit dem Suffix -l (maskulin), -la (feminin), -lo (Neutrum), -li (Plural) gebildet, das die Infinitivendung ersetzt.

я делал / -ла / -ло	*(ja delal, -la, -lo)*	ich machte (m, f, n)
ты делал / -ла / -ло	*(ty delal, -la, -lo)*	du machtest (m, f, n)
он (она, оно) делал / -ла / -ло	*(on, ona, ono delal, -la, -lo)*	er (sie, es) machte (m, f, n)
мы делали	*(my delali)*	wir machten
вы делали	*(wy delali)*	ihr machtet
они делали	*(oni delali)*	sie machten

Zahlwörter

Bei den Zahlwörtern machen die russischsprachigen Schüler oft Fehler, weil im Russischen zunächst die Zehnereinheit und dann die Einereinheit genannt werden. Im Deutschen ist es gerade umgekehrt. So müssen die Russischdenkenden zuerst „umschalten", wenn sie eine Zahl nennen, lesen oder schreiben wollen. So kommt es zu den Fehlern wie

> *Der Schrank kostet 25 Euro. – Der Schrank kostet zweiundfünfzig Euro.*
> statt
> *Der Schrank kostet fünfundzwanzig Euro.*

Die russischen Zahlwörter werden mit dem auf sie folgenden Adjektiv oder Substantiv dekliniert. Dabei ist Folgendes zu beachten: Auf die Zahlen два (dva – zwei), три (tri – drei), четыре (četyre – vier) folgt ein Adjektiv im Genitiv Plural (falls maskulin oder Neutrum, manchmal auch feminin), im Nominativ Plural (falls feminin) und ein Substantiv im Genitiv Singular zusammen, z.B.

четыре новых стола *(četyre novych stola)*	vier der neuen Tisches (vier neue Tische)
два зеленых поля *(dva sel'onych polja)*	zwei der grünen Feldes (zwei grüne Felder)
три молодые дамы *(tri molodye damy)*	drei die jungen Dame (drei junge Damen)

Auf die Zahlen пять (pjat').... двадцать (dvadcat') (fünf bis zwanzig) folgt ein Adjektiv oder Substantiv im Genitiv Plural, z.B.

семь стульев *(sem' stulj'ev)*	sieben der Stühle (sieben Stühle)
пятнадцать красных роз *(pjatnadcat' krasnych ros)*	fünfzehn der roten Rosen (fünfzehn rote Rosen)

Für die zusammengesetzten Zahlen, die auf два, три, четыре (zwei, drei, vier) enden, gilt das Gleiche wie in 1. Für die restlichen zusammengesetzten Zahlen (außer denjenigen, die auf один (odin – eins) enden, gilt das Gleiche wie in 2. Ab двадцать (dvadcat' – zwanzig) werden die Grundzahlwörter in der Reihenfolge Tausender, Hunderter, Zehner, Einer zusammengesetzt und einzeln geschrieben. Nach dem Genus wird bei „eins" – один (odin) (m), одна (odna) (f), одно (odno) (s), und „zwei" – два (dva) (m + n), две (dve) (f) unterschieden. Bei тысяча (tysjača

– tausend), миллион (million) und миллиард (milliard) unterscheidet man Genus und Numerus, weil es sich, grammatikalisch betrachtet, um Substantive handelt.

Schlussbemerkung

Die Ausführungen zu Schrift, Aussprache und Grammatik der russischen Sprache haben gezeigt, dass einige wesentliche Unterschiede zur deutschen Sprache bestehen. Andererseits existiert eine große Anzahl von Wörtern, die jedem verständlich sind, der eine indoeuropäische Sprache als Muttersprache hat. Wenn man die kyrillische Schrift bereits beherrscht und nun versucht, einen Stadtplan zu lesen, merkt man sofort: Viele Wörter kommen einem bekannt vor! So zum Beispiel кафе – kafe (Café), театр – teatr, университет – universitet, ресторан – restoran, бульвар – bul'var, стадион – stadion, зоопарк – zoopark, аэропорт – aeroport, автобус – avtobus, администрация – administracija. Russisch lernen macht Spaß und stellt für deutsche Muttersprachler keine unüberwindliche Schwierigkeit dar. Prominente Beispiele aus der Geschichte sind Katharina die Große und Heinrich Schliemann, die beide in Russland eine neue Heimat fanden.

Verwendete Literatur:

Kretschmar-Tauscher, Elisabeth/Kirschbaum, Ernst-Georg (1980): Grammatik der russischen Sprache. Düsseldorf.

Pul'kina, I.M./Zachova-Nekrasova, E.B. (2003): **Praktičeskaja grammatika s upražnenijami**, (Praktische Grammatik mit Übungen), Moskau.

Rozental', D.E. (1994): Russkij jazyk dlja postupajuščich v VUZY, (Russisch für Studenten), Moskau.

Tichonov, A.N. (2003): Sovremennyj russkij jazyk (Modernes Russisch), Moskau.

Serbisch

KATALIN OZER

1 Die serbische Sprache im europäischen Kontext

Serbisch ist, wie auch Slowenisch, Kroatisch, Bosnisch und Montenegrinisch, eine südwestslawische Sprache. Makedonisch und Bulgarisch sind dagegen südostslawische Sprachen, die in der Fachliteratur zusammen mit den genannten südwestslawischen Sprachen als südslawische Sprachen verzeichnet sind. Diese bilden mit den ost- und den westslawischen Sprachen einen Zweig der indoeuropäischen Sprachfamilie und werden als slawische Sprachen bezeichnet. Die slawischen Sprachen weisen noch heute zahlreiche gemeinsame Merkmale auf.

Guten Tag! lautet zum Beispiel in unterschiedlichen slawischen Sprachen wie folgt:

Dobar dan!	(Serbisch, Kroatisch, Bosnisch, Montenegrinisch)
Dober dan!	(Slowenisch)
Dobrý den!	(Tschechisch)
Dobrý deň!	(Slowakisch)
Dzień dobry!	(Polnisch)
Дóбър ден!	(Bulgarisch)
Добрый день!	(Russisch)
(vgl. Mrazović/Vukadinović 2009, 41)	

Serbisch ist Landes- und Amtssprache in Serbien. Daneben ist es auch eine der drei Amtssprachen in Bosnien und Herzegowina, aber auch die Sprache der serbischen Minderheit zum Beispiel in Kroatien und in Ungarn.

Die Grundlagen der heutigen serbischen Standardsprache wurden im 19. Jahrhundert geschaffen. Dabei hat vor allem Vuk Stefanović Karadžić (1787–1864) mit seinen Anhängern eine entscheidende Rolle gespielt. Vuk Karadžić, mit dessen Namen die serbische Sprach- und Rechtschreibreform in der ersten Hälfte des 19. Jahrhunderts verbunden wird, gilt heute als eine der wichtigsten Persönlichkeiten der serbischen Kulturgeschichte. Am Anfang des 19. Jahrhunderts herrschte in der serbischen Literatur ein gewisses Chaos, denn fast jeder Schriftsteller gebrauchte eine eigene Sprache, die sich wiederum von der Sprache des Volkes bedeutend unterschied.[1] In seinen reformatorischen Bemühungen ging deshalb Vuk Karadžić von der Idee aus, dass die neue Standardsprache auf der Volkssprache basieren sollte. Diese Idee war an sich nichts Neues, denn einige serbische Aufklärer (z.B. Dositej Obradović[2]) können in diesem Sinne als Vorläufer von Karadžić bezeichnet werden.

Karadžić hatte in Wien Jernej Kopitar, den bekannten slowenischen Slawisten, kennengelernt. Kopitar war in der Wiener Hofbibliothek tätig und dank seiner Hilfe und Anregung begann Karadžić an der *Grammatik der serbischen Sprache* (1814), dem *Serbischen Wörterbuch* und der *Serbischen Grammatik* zu arbeiten. Die beiden letztgenannten Werke erschienen 1818 (vgl. Stanojčić/Popović 2008, 13-16).

Mit diesen Werken, die in der Sprache seiner Heimat, dem sog. *neuschtokawischen* Dialekt mit *ijekawischer* Aussprache, geschrieben worden waren, wurde Karadžić, neben dem bedeutenden kroatischen Intellektuellen Ljudevit Gaj und seinen Anhängern (Vertreter der sog. Illyrischen Bewegung[3]), auch zu einem der wichtigsten Wegbereiter des zukünftigen Serbokroatischen oder Kroatoserbischen[4], das seit der Hälfte des 19. Jahrhunderts Kroaten und Serben, später aber auch Bosnier und Montenegriner im ehemaligen jugoslawischen Staat bis zum Ende des 20. Jahrhunderts mehr oder weniger in eine Sprachgemeinschaft verband.

---

[1] Die aktuelle serbische Schriftsprache, vor allem in der Vojvodina, war damals das so genannte Slawenoserbisch, das eigentlich eine Mischung des Kirchenslawischen russischer Redaktion und serbischer Dialektmerkmale war. (s. Mladenović 1989, 9-42).

[2] Dositej Obradović (um 1739-1811), Schriftsteller, Philosoph und Pädagoge, studierte u.a. auch in Wien und Deutschland. Er ist einer der wichtigsten Vertreter der serbischen Aufklärung,

[3] Die Illyrische Bewegung (serb./kro. Ilirski pokret) ist die Bezeichnung für eine kroatische (sowohl politische als auch kulturelle) Nationalbewegung in den 30er und 40er Jahren des 19. Jahrhunderts, deren Begründer und wichtigster Vertreter Ljudevit Gaj war. Der Panslawismus (als eine der zentralen Ideen) hat eine bedeutende Rolle in den Bemühungen der Bewegung gespielt.

[4] 1850 trafen sich in Wien Vertreter der kroatischen Illyrischen Bewegung (Ljudevit Gaj, Dimitrije Demeter, Ivan Mažuranić, Ivan Kukuljević u.a.) mit Vuk Stefanović Karadžić, Đ. Daničić und dem slowenischen Philologen F. Miklošić. Sie forderten kroatische und serbische Schriftsteller auf, nach den Regeln von Karadžić zu schreiben, wodurch die Annäherung der Kroaten und Serben, aber auch die Erweckung des politischen Selbstbewusstseins und eine (zunächst sprachliche) Vereinigung der zukünftigen jugoslawischen Völker angestrebt wurde. Dieses Treffen ging unter dem Namen *Literarisches Abkommen (von Wien)* in die Geschichte ein. Es kann als Geburtstunde des so genannten Serbokroatischen bzw. Kroatoserbischen aufgefasst werden. Diese Sprache, welche die am weitesten verbreitete Sprache auf jugoslawischem Boden war, war eine der offiziellen Sprachen in der ehemaligen Sozialistischen Föderativen Republik Jugoslawien (SFRJ) nach 1945. Einige serbische, aber auch einige ausländische Linguisten bewerten Bosnisch, Kroatisch, Montenegrinisch und Serbisch noch heute nur als Varianten derselben Sprache: des Serbokroatischen oder Kroatoserbischen.

In dem *Serbischen Wörterbuch* und der *Serbischen Grammatik* verwendete Karadžić zum ersten Mal eine reformierte bzw. vereinfachte kyrillische Schrift und führte die Regel „*Piši kao što govoriš*" (Schreib, wie du sprichst) ein, wobei sein Vorbild der deutsche Philologe Johann Christoph Adelung (1732-1806) war.

Obwohl seine *neue Sprache* erst 1868, vier Jahre nach seinem Tode, offiziell anerkannt wurde, wurde sie von einigen Intellektuellen (z.B. Đura Daničić[5]) in ihren Werken schon in der ersten Hälfte des Jahrhunderts verwendet. Später wurde die Grundlage der Standardsprache noch um den neuschtokawischen Dialekt mit ekawischer Aussprache erweitert, den viele serbische Schriftsteller, immer noch den Prinzipien von Karadžićs folgend, verwendeten. Zusammenfassend kann gesagt werden, dass die Grundlage der heutigen Standardsprache der so genannte neuschtokawische Dialekt mit sowohl ekawischer als auch ijekawischer Aussprache bildet (vgl. Stanojčić/Popović 2008, 16-17).

Die Bezeichnung „neuschtokawisch" (serb. *novoštokavski*) weist auf die Form des Fragepronomens in diesem Dialekt hin: *što?/šta?* (was?). Im Schtokawischen hatten sich im Laufe der Zeit drei Aussprachen entwickelt. Diese Aussprachen wurden je nach der Ersetzung des alten Lauts *ě* („jat") ekawisch, ijekawisch und ikawisch benannt, wobei das Neuschtokawische mit ikawischer Aussprache kein serbischer, sondern ein kroatischer Dialekt ist.

Ikawisch	ě→e	*mleko (de.die Milch)*	*mesto (de. der Ort)*
Ijekawisch	ě→(i)je	*mlijeko*	*mjesto*
Ikawisch	ě→i	*mliko*	*misto*

2 Schrift und Aussprache

Laut der serbischen Staatsverfassung ist die Amtssprache in Serbien Serbisch und die offizielle Schrift die *kyrillische* Schrift. Die lateinische Schrift, die im ehemaligen Jugoslawien mit der kyrillischen Schrift als gleichwertig galt, findet auch heute, trotz ihres aktuellen inoffiziellen Status, eine breite Verwendung in den verschiedensten Lebensbereichen. Obwohl offizielle Dokumente fast ausschließlich in kyrillischer Schrift verfasst werden, werden z.B. zahlreiche Bücher, aber auch einige beliebte Tageszeitungen und Zeitschriften noch immer in lateinischer Schrift veröffentlicht. In der Vojvodina (Nordserbien) ist auch die Verwendung der lateinischen Schrift und der Minderheitensprachen gesetzmäßig gesichert.

---

[5] Đura Daničić (1825-1882), geborener Novisader Philologe, war der bedeutendste Anhänger von Vuk Stefanović Karadžić.

In der folgenden Tabelle wird das kyrillische Alphabet (sog. *azbuka*) dargestellt. Neben den kyrillischen Buchstaben werden auch ihre lateinischen Entsprechungen verzeichnet:

Kyrillische Buchstaben	Lateinische Entsprechungen und Anmerkungen zur Aussprache
1. А,а	A,a
2. Б,б	B,b
3. В,в	V,v (wie w in Wille)
4. Г,г	G,g
5. Д,д	D,d
6. Ђ,ђ	Đ,đ (ähnlich wie dsch in Dschungel, aber weicher)
7. Е,е	E,e
8. Ж,ж	Ž,ž (wie j in Journalist)
9. З,з	Z,z (wie s in Sommer , immer stimmhaft)
10. Ј,ј	J,j
11. И,и	I,i
12. К,к	K,k
13. Л,л	L,l
14. Љ,љ	Lj,lj (wie gl in Tagliatelle)
15. М,м	M,m
16. Н,н	N,n
17. Њ,њ	Nj,nj (wie gn in Bologna)
18. О,о	O,o
19. П,п	P,p
20. Р,р	R,r (stark gerollt)
21. С,с	S,s (nie stimmhaft)
22. Т,т	T,t
23. Ћ,ћ	Ć,ć (wie tsch, aber weicher)
24. У,у	U,u
25. Ф,ф	F,f
26. Х,х	H,h (dem deutschen ch in Bach ähnlich)
27. Ц,ц	C,c (wie z in Zoo)
28. Ч,ч	Č,č (wie tsch in rutschen oder in Kutsche)
29. Џ,џ	Dž,dž (wie dsch in Dschungel, stimmhaft)
30. Ш,ш	Š,š (wie sch in Asche)

Die serbische Schrift ist phonetisch. Das heißt, dass auf Serbisch (mit einigen Ausnahmen), besonders mit kyrillischen Buchstaben, in der keine Digrapheme vorhanden sind, nach dem Prinzip „1 Laut: 1 Buchstabe" geschrieben wird. Das gilt auch in den folgenden und ähnlichen Fällen (ausländische Namen, Ortsnamen usw.):

Racine (fr.)   →   *Расин* oder *Rasin*
George (engl.)   →   *Џорџ* oder *Džordž*
Schröder (de.)   →   *Шредер* oder *Šreder* (ö wird durch e ersetzt)
Müller (de.)   →   *Милер* oder *Miler* (ü wird durch i ersetzt)

Wie gezeigt, verfügt Serbisch über 30 Phoneme, darunter über fünf Vokale (a, e, i, o, u), acht Sonanten (v, j, l, r, lj, m, n, nj) und siebzehn Konsonanten (b, p, d, t, g, k, đ, ć, dž, č, z, s, ž, š, c, f, h). Die deutschen Laute ö und ü können serbischen DaF-Lernern Schwierigkeiten bei der Aussprache bereiten. DaF-LehrerInnen in Serbien sind die folgenden Aussprachefehler wohl bekannt:

ö wird durch o oder e ersetzt: Z.B.: *bose* bzw. *bese* statt *böse*.
ü durch u oder i ersetzt: *funf* statt *fünf*, *Disseldorf* statt *Düsseldorf*.

Nach dem Kriterium „stimmhaft/stimmlos" können die serbischen Konsonanten, die Sonanten ausgenommen, in einer Tabelle wie folgt dargestellt werden:

stimmhaft	b	d	g	z	dž	đ	ž	–	–	–
stimmlos	p	t	k	s	č	ć	š	f	c	h

Diese Opposition spielt auch bei der Angleichung der Konsonanten (regressive Assimilation)[6] eine Rolle, die hier nur vereinfacht bzw. durch einige Beispiele vorgestellt wird:

b → p: *Srbija* (Serbien) → *srpski* (serbisch)
d → t: *sladak* (süß, maskulinum Sg.) → *slatka* (süß, femininum Sg.)

In den vorigen Beispielen wurden ursprünglich stimmhafte Konsonanten nach der Angleichung stimmlos. Einen umgekehrten Prozess zeigen diese Beispiele:

p → b: *rob* (der Sklave) → *ropstvo* (das Sklaventum)
t → d: *svat* (der Hochzeitsgast) → *svadba* (die Hochzeit)

---

[6] Es handelt sich um die Angleichung des vorausgehenden Sprachlautes an den folgenden: Je nach der Qualität des zweiten Lautes verändert sich bei dieser Art der Assimilation der erste Laut in seine stimmhafte oder stimmlose Entsprechung. Die Laute f, h und c haben keine stimmhafte Entsprechung, aber können trotzdem eine Veränderung des vorausgehenden Lautes bewirken.

Durch diese Angleichung wird die Aussprache erleichtert, aber sie wird in der Schrift nicht immer gekennzeichnet. Man schreibt zum Beispiel *predsednik* (der Präsident) und *podšišati* (das Haar kürzen) oder *subpolaran* (subpolar) und *podtekst* (der Untertext), obwohl die unterstrichenen Konsonanten in den ersten zwei Wörtern stimmlos und in den letzten zwei stimmhaft ausgesprochen werden[7] (vgl. Klajn 2006, 28-30).

Serbische DaF-Lerner oder Gastarbeiter sprechen manchmal deutsche Sätze wie zum Beispiel *Bist du morgen zu Hause?* etwa wie folgt: *Bizdu morgen zu Hause?* Das d in *du* bewirkt, dass das t in *bist* stimmhaft bzw. als d ausgesprochen wird, und da im Serbischen beim Zusammentreffen zwei identischer Konsonanten auch zu einem Konsonantenverlust kommen kann, fällt ein d weg; schließlich wird auch das s stimmhaft ausgesprochen wie bei der Assimilation in der Muttersprache (vgl. Mrazović 1971, 739).

Serbisch verfügt über einen musikalischen (tonalen) Wortakzent, d.h. die Veränderung der Tonhöhe spielt bei der Betonung eine Rolle. Daneben ist auch die Länge dieser Veränderung von Bedeutung. In der Regel wird nur eine Silbe betont, aber von einer allgemein festgelegten Akzentstelle kann nicht gesprochen werden. In der heutigen serbischen Standardsprache können demnach betonte Silben wie folgt ausgesprochen werden:

kurzsteigender Akzent → z.B. *čìtati* (lesen) oder *paràdajz* (die Tomate) (diakritisches Zeichen: ` ; die Tonhöhe der nachfolgenden unbetonten Silben bleibt gleich oder steigt)

langsteigender Akzent → z.B. *béba* (das Baby) oder *iména* (Namen) (diakritisches Zeichen: ´ ; die Tonhöhe steigt oder bleibt gleich in den nachfolgenden unbetonten Silben, aber im Unteschied zum kurzsteigenden Akzent wird die beonte Silbe länger ausgesprochen)

kurzfallender Akzent → z.B. *ȉstina* (die Wahrheit) oder sprȁt (die Etage) (diakritisches Zeichen: ˋ ; der fallende Ton ist schwer bemerkbar, da der Vokal in der betonten Silbe kurz ist, aber die Tonhöhe in der nachfolgenden Silben ist niedriger)

langfallender Akzent → z.B. *mâjka* (die Mutter) oder *nôć* (die Nacht) (diakritisches Zeichen: ^ ; die Tonhöhe wird nach der betonten Silbe niedriger, der betonte Vokal ist lang)

---

[7] Neben der oben vorgestellten Lautalternation können auch andere unterschiedliche Lautalternationen erwähnt werden, die ausländische Lerner möglicherweise als mehr oder weniger kompliziert beurteilen könnten. Diese werden meistens im Rahmen bestimmter grammatischer Einheiten (z.B. Konjugation im Präsens u.Ä.) gezielt geübt (eine Übersicht findet man z.B. bei Klajn 2006, 18-41).

Neben den Vokalen kann im Serbischen auch ein r (ein silbisches/vokalisches r) [8] als
Akzentträger fungieren: z.B. *tȑka* (das Wettrennen) oder *kȓv* (das Blut). Der Akzent
kann auch eine bedeutungsunterscheidende Funktion haben: z.B. *grȁd* (der Hagel)/
grȃd (die Stadt) oder *sèlo* (das Dorf)/*sèlo* (sich setzen; Partizip Aktiv, neutrum) usw.
Unterschiedliche flektierte Formen eines Wortes können auch unterschiedlich
akzentuiert sein: z.B. *ȉme* (Nominativ Singular; der Name) und *ȉmena* (Genitiv
Singular; des Namens), aber *imèna* (Nominativ Plural) und *iména* (Genitiv Plural)
(vgl. Klajn 2006, 24-25).

3 Morphologie

Serbisch gehört zu den flektierenden Sprachen und verfügt über eine reich ausge-
bildete Nominal- und Verbalflexion. In den meisten Grammatiken werden zehn
Wortarten behandelt, wobei man zwischen veränderlichen und unveränderlichen
Wörtern unterscheiden kann:

veränderliche Wortarten
1) Substantive
2) Adjektive
3) Pronomina
4) Numeralien (die Gundzahlen 1 bis 4; die Ordnungszahlen und die
   Gattungszahlen)
5) Verben
   teilweise Adverbien (Komparation)

unveränderliche Wortarten
6) Adverbien (auch Numeralien wie die Grundzahlen ab 5)
7) Präpositionen
8) Konjunktionen
9) Partikeln
10) Interjektionen

Im Serbischen werden Substantive, wie auch andere nominale Wortarten, nach Kasus,
Numerus und Genus flektiert. Im Unterschied zum Deutschen sind im Serbischen
sieben Kasus (sieben im Singular und sieben im Plural) vorhanden: Nominativ,

---

[8] Im Serbischen sind aus diesem Grund auch Lautverbindungen bzw. Wörter ohne einen einzigen
Vokal wie z.B. *krst* (das Kreuz) oder *prst* (der Finger) möglich.

Genitiv, Dativ, Akkusativ, Vokativ (Anredefall), Instrumental [9] und Lokativ [10]. Wie auch im Deutschen unterscheidet man drei Genera, das männliche, das weibliche und das sächliche Geschlecht.

Die Kategorie Artikel [11] gibt es nicht, das Genus ist an der Wortendung „ablesbar". Männliche Substantive haben im Nominativ Singular meistens eine konsonantische Endung: *čove̱k* (der Mensch), *mu̱škara̱c* (der Mann), *prozo̱r* (das Fenster) usw. Weibliche Substantive enden dagegen im Nominativ Singular meistens mit einem a: *že̱na̱* (die Frau), *devo̱jči̱ca̱* (das Mädchen) [12], *ku̱ća̱* (das Haus). Sächliche Substantive haben meistens ein e oder ein o als Endung: *dete̱* (das Kind), *se̱lo̱* (das Dorf), *ju̱tro̱* (der Morgen). Als Ausnahmen gelten Wörter wie *ko̱st* (f; der Knochen), *a̱uto̱* (m., das Auto), *arhite̱kta̱* (m., der Architekt) usw.

Man kann Substantive grob in drei große Gruppen, drei [13] Deklinationstypen, einteilen, die hier stark vereinfacht mit je einem Beispiel dargestellt werden. Die Deklinationstypen werden nach den Substantivendungen im Genitiv Singular benannt (vgl. Barić et. al. 2003, 103; Mrazović/Vukadinović 2009, 258-260).

---

[9] Ablativus instrumentalis: antwortet auf die Fragen *womit?* und *wodurch?*, aber auch auf *mit wem?*

[10] Fragen für den Lokativ: *wo?, über wen/was (wird gesprochen)?*

[11] Die Kardinalzahl *jedan/jedna/jedno* (ein/eine/ein) kann in einigen Fällen als Artikel bewertet werden. In Sätzen wie *Ti si jedan lažljivac!* (Du bist ein Lügner!) oder *Tražio te je jedan čovek!* (Ein Mann hat dich gesucht!). In dem zweiten Beispielsatz kann *jedan* durch *neki* (irgendein) ersetzt werden (vgl. Mrazović/Vukadinović, 2009, 288) Die semantische Opposition „bekannt/unbekannt" kann im Serbischen auch mit der so genannten bestimmten bzw. unbestimmten Form des Adjektivs ausgedrückt werden, aber diese unterschiedlichen Formen sind heute (besonders in der Alltagssprache) fast nur noch im Nominativ Singular Maskulinum üblich: *mlad muškarac* (ein junger Mann) / *mladi muškarac* (der junge Mann) (vgl. Klajn 2006, 70).

[12] Bei Substantiven, die Lebewesen bezeichnen, entspricht das natürliche Geschlecht meist dem grammatischen.

[13] In einigen Grammatiken werden vier Deklinationstypen erwähnt, vgl. Klajn 2006, 49.

Typ -a

Singular	m	n
Nominativ	dokto_r_ (der Arzt/Doktor)	polje
Genitiv	doktor-**a**	polj-**a**
Dativ	doktor-u	polj-u
Akkusativ	doktor-a	polj-e
Vokativ	doktor-e!	polj-e!
Instrumental	doktor-om	polj-em
Lokativ	doktor-u	polj-u

Typ -e

Singular	m	f
Nominativ	sudija (der Richter)	žaba
Genitiv	sudij-**e**	žab-**e**
Dativ	sudij-i	žab-i
Akkusativ	sudij-u	žab-u
Vokativ	sudij-o!	žabo!
Instrumental	sudij-om	žab-om
Lokativ	sudij-i	žab-i

Typ -i

Singular	f
Nominativ	noć (die Nacht)
Genitiv	noć-**i**
Dativ	noć-i
Akkusativ	noć
Vokativ	noć-i!
Instrumental	noć-i
Lokativ	noć-i

Adjektive haben auch eigene Kasusendungen und stimmen mit dem Substantiv immer in Kasus, Numerus und Genus überein. Aus diesem Grund haben sie immer drei Formen: *lep* (m) - *lepa* (f) - *lepo* (n) (schön). Die Deklination mit einem Substantiv lässt sich wie folgt darstellen:

lepa žena	(f, Nom. Sg., wortwörtlich: schöne Frau)
lepe žene	(Gen. Sg.)
lepoj ženi	(Dat. Sg.)
lepu ženu	(Akk. Sg.)
lepa ženo	(Vok. Sg)
lepom ženom	(Instr. Sg.)
lepoj ženi	(Lok. Sg.).

In diesem Beispiel scheinen die Adjektiv- und die Substantivendungen oft identisch zu sein, aber bei männlichen und sächlichen Substantiven ist das nicht der Fall:

dobar čovek	(m, Nom. Sg., guter Mensch)
dobrog čoveka	(Gen. Sg.)
dobrom čoveku	(Dat. Sg.)
dobrog čoveka	(Akk. Sg.)
dobri čoveče	(Vok. Sg.)
dobrim čovekom	(Instr. Sg.)
dobrom čoveku	(Lok. Sg.)

Die Infinitvform des Verbs endet entweder mit *- ti* oder *- ći*: *jesti* (essen), *spavati* (schlafen), *videti* (sehen), *ići* (gehen), *naći* (finden) usw. Im Serbischen sind sieben Tempora zu unterscheiden: Präsens, Aorist (eine Vergangenheitsform), Imperfekt, Perfekt, Plusquamperfekt, Futur I und Futur II. Die einfachen Tempora sind Präsens, Aorist und Imperfekt, die anderen Vergangenheitsformen und die Zukunftsformen werden mithilfe von Hilfsverben (*biti* = sein und *hteti* = wollen) gebildet.

Im Präsens werden Personalendungen (*-m, -š, -0, -mo, -te, -e/-u/-ju*) an den Verbstamm gehängt. Die Verben können nach der Art der Personalendung in drei Gruppen eingeteilt werden: *-em/-jem, -am und –im.* (Mrazović/Vukadinović 2009, 116 – 124)

Singular	jesti [14] (essen)	pevati (singen)	misliti (denken)
1. Pers.	jed**em**	pev**am**	misl**im**
2. Pers.	jedeš	pevaš	misliš
3. Pers.	jede	peva	misli
Plural			
1. Pers.	jedemo	pevamo	mislimo
2. Pers.	jedete	pevate	mislite
3. Pers.	jedu	pevaju	misle

---

[14] Der Verbstamm wird in diesem Fall aus der 3. Pers. Pl. abgeleitet.

Person und Numerus sind an der Flexionsendung sichtbar, das pronominale Subjekt muss im Satz nicht realisiert werden: *Šta radiš? – Jedem. (Was machst du? – Ich esse.)*. Falls es doch genannt wird, wird es als markiert verstanden.

Der Aorist und das Imperfekt sind heute aus der Alltagssprache fast völlig verschwunden. Statt dieser Vergangenheitsformen wird das Perfekt bevorzugt. Das Perfekt bildet man, im Unterschied zum Deutschen, <u>ausschließlich</u> mithilfe der finiten Formen des Hilfsverbs *biti* (sein) und einem Verbaladjektiv [15] (Partizip Aktiv des Vollverbs), das in allen drei Genera gebildet werden kann: *učitelj je pisao* (m, der Lehrer hat geschrieben) / *majka je pisala* (f, die Mutter hat geschrieben) / *dete je pisalo* (n, das Kind hat geschrieben) [16].

Futur I bildet man mit den gekürzten und unbetonten Personalformen des Hilfsverbs *hteti* [17] (wollen) und dem Infinitv des Vollverbs oder mit der **da-Konstruktion** (die Partikel da + Präsensformen des Vollverbs) [18]. Hier das Verb *jesti* (essen) im Futur I:

Singular	hteti (gekürzte, unbetonte Form) + Infintiv	da + Präsens
1. Pers.	ja ću jesti (ich werde essen) [19]	ja ću da jedem
2. Pers.	ti ćeš jesti	ti ćeš da jedeš
3. Pers.	on /ona/ono će jesti (er/sie/es wird essen)	on/ona/ono će da jede
Plural		
1. Pers.	mi ćemo jesti	mi ćemo da jedemo
2. Pers.	vi/Vi [20] ćete jesti	vi/Vi ćete da jedete
3. Pers.	oni/one/ona će jesti (sie – m/f/n – werden essen)	oni/one/ona će da jedu

[15] Neben dem Infinitiv und dem Partizip Aktiv sind noch der Partizip Passiv (alle drei Genera möglich: *zapisan/zapisana/zapisano* = etwa ‚aufgeschriebener/aufgeschriebene/aufgeschriebenes‘) – der mit *biti* Passivformen bildet – der Partizip Präsens (*pišući* = schreibend) und Partizip Perfekt (*stigavši* = etwa ‚als ich/du/ er etc. angekommen bin/bist/ist etc.‘) zu den infiniten Verbformen zu rechnen.

[16] Im Perfekt wird in der Regel die gekürzte, enklitische Form des Hilfsverbs verwendet. Statt *jesam* steht *sam* (1. Pers. Sg.), statt *jesi* steht *si* (2. Pers. Sg.) usw.

[17] Statt *hoću* steht *ću* (1. Pers. Sg.), statt *hoćeš* steht *ćeš* (2. Pers. Sg.) usw.

[18] Im Serbischen wird die da-Konstruktion häufiger verwendet als im Kroatischen.

[19] Wenn das pronominale Subjekt nicht realisiert wird oder das Prädikat am Satzanfang steht, rückt das Hilfsverb an das Ende des Vollverbs und bildet mit diesem ein Wort: *ješću/pevaću/misliću* usw. (ich werde essen/singen/denken).

[20] Im Serbischen wird mithilfe des Personalpronomens *vi* (2. Pers. Pl.) gesiezt.

Präpositionen stehen, von einigen Ausnahmen abgesehen, vor Substantiven oder Pronomina und drücken, wie im Deutschen, unterschiedliche räumliche, zeitliche usw. Verhältnisse aus. Es ist jedoch zu beachten, dass ihre Verwendung bei der Rektion im Serbischen und Deutschen unterschiedlich sein kann: *sanjati o* (wortwörtlich: über*) nečemu* (Lok.) = *träumen von etwas*, *ići na* (wortwörtlich: an/auf) *koncert* (Akk.) = *in das (ins) Konzert gehen* oder *strah od* (wortwörtlich: von) *nečega* (Gen.) = *Angst vor etwas.*

Die richtige Verwendung der deutschen Präpositionen *an* und *auf*, denen die serbische Präposition *na* entspricht, kann DaF-Lernern Schwierigkeiten bereiten:

> *Ich denke auf* ★ *dich = Mislim na tebe.*
> Schüler schreiben gern *auf* ★ *die Tafel = Učenici rado pišu na tablu.*

Als ein gutes Beispiel für einen typischen Interferenzfehler könnte man den folgenden Satz nennen: *Otišao je u lov = Er ging in* ★ *die Jagd* (vgl. Mrazović 1971, 741)

4 Syntax

Da das pronominale Subjekt, wie schon erwähnt, im Satz nicht (immer) realisiert werden muss, kann im Serbischen das Prädikat allein als satzwertig gelten:

> *Jedem.* (Ich esse.)
> *Kuvam.* (Ich koche.)
> *Spavala sam.* (Ich - f - habe geschlafen.)
> *Otišli su.* (Sie - m - sind weggegangen.) usw.

Aus diesem Grund werden deutsche Sätze manchmal wie der folgende gebildet:

> ★*Er war sehr ungeduldig, inzwischen bekam eine Nachricht.*
> *Bio je veoma nestrpljiv, u međuvremenu dobio je vest.*
> (Mrazović 1971, 743)

Die Wortfolge im Serbischen wird nicht selten als *relativ frei* bezeichnet. Bei Sätzen, die außer dem Subjekt (S) und dem Prädikat (P) auch ein Akkusativobjekt (O) enthalten, ist die Reihenfolge S-P-O am häufigsten:

> *Ana jede kolač.* (Ana isst den Kuchen.) *Deca gledaju televiziju.* (Die Kinder sehen fern.) *Učenici pišu kontrolni zadatak.* (Die Schüler schreiben die Kontrollarbeit.) usw.

Neben dieser häufigsten Reihenfolge sind jedoch, im Unterschied zum Deutschen oder Englischen, auch die anderen fünf Kombinationen möglich:

Kolač jede Ana.	(O-P-S)
Jede Ana kolač.	(P-S-O)
Jede kolač Ana.	(P-O-S)
Kolač Ana jede.	(O-S-P)
Ana kolač jede.	(S-O-P)

Obwohl alle diese Sätze grammatisch korrekt sind, verfügen sie (in einem Kontext eingebettet) über einen unterschiedlichen kommunikativen Wert. So ist zum Beispiel im ersten Satz möglicherweise das Subjekt, im zweiten und dritten, aber auch im vierten und fünften Satz das Prädikat hervorgehoben (vgl. Klajn 2006, 274). Aussagesätze, wie zum Beispiel der obere (Reihenfolge: S-P-O), können vor allem auf diese Weisen in Satzfragen transformiert werden:

durch Inversion des Subjekts und des Prädikats, wobei nach dem Verb die Fragepartikel *li* gestellt wird → *Jede li Ana kolač?* (Isst Anna den Kuchen?) an den Satzanfang wird die **Konstruktion** *da li* gestellt → *Da li Ana jede kolač?*

Serbische Wortfragen werden ähnlich strukturiert wie deutsche: Nach dem Fragewort steht meistens das finite Verb. Einige Beispiele dazu:

Ko je to? (Wer ist das?)
Kada su došli? (wortwörtlich: Wann sind gekommen <m>?)
Koliko ćete uzeti? (wortwörtlich: Wie viel werden <Sie, m oder f > nehmen?)
usw.

Negation erfolgt mithilfe der **Negationspartikel** *ne*:
Ana ne jede kolač. (wortwörtlich: Anna isst nicht Kuchen.)

Bei zusammengestezten Tempora schmilzt die Partikel mit dem Hilfsverb zusammen:
Neću jesti. (wortwörtlich: Nicht-werde essen.)
Nisam jela. (wortwörtlich: Nicht-habe gegessen.) usw.

Sätze müssen außerdem **nicht nur eine Negation enthalten**:
Ona nikada ne pomaže. (wortwörtlich: Sie nie nicht hilft.) oder
Nismo nikog sreli. (wortwörtlich: Nicht-haben <wir> niemand getroffen <m>.)
(s. Piper et. al. 2005, 971 - 973).

Ein Satzrahmen kann bei zusammengesetzten Verbformen realisiert werden, aber in diesen Fällen ist er oft, im Vergleich zum deutschen Satzrahmen, verkürzt, die Prädikatsteile stehen in den serbischen Beispielen näher zueinander (s. Engel/Mrazović 1986, 1296 - 1298).

Hoćete li sutra posle predavanja doći kod mene?
(wortwörtlich: Wollt <li> morgen nach Vorlesungen kommen <u>zu mir</u>?)
Wollt ihr morgen nach den Vorlesungen zu mir **kommen?**

Da li si posle večere išao u bioskop? (wortwörtlich: <da li- Konstruktion> bist
nach Abendessen gegangen <m> ins <u>Kino</u>?)
Bist du nach dem Abendessen ins Kino **gegangen?**

Juče sam posle posla posetila baku i dedu.
(wortwörtlich: Gestern habe nach Arbeit besucht <f> Oma und Opa.)
Gestern **habe** ich nach der Arbeit Oma und Opa **besucht.**

Der Satzrahmen kann jedoch in den beiden Sprachen manchmal auch identisch
gebildet sein[21]:

On želi već danas da otputuje.
Er **möchte** schon heute **abreisen.**
Ona je tek danas stigla.
Sie **ist** erst heute **angekommen.**

Wenn man von einer Dreiteilung des serbischen bzw. deutschen Satzes durch den
Satzrahmen in ein Vor-, Mittel- und Nachfeld ausgeht, kann behauptet werden, dass
das Nachfeld[22] das wichtigste Stellungsfeld[23] ist.

Das Nachfeld enthält die betonten Elemente:

Ti si mi godinama pričala <u>istu laž</u>.
(wortwörtlich: Du hast mir jahrelang erzählt <f> gleiche Lüge.)

Juče sam srela <u>celu porodicu Petrović na Štrandu</u>.
(wortwörtlich: Gestern habe getroffen <f> ganze Familie Petrović am Strand.)

U nedelju smo jeli <u>pohovane tikvice, bečku šniclu i salatu</u>.
(wortwörtlich: Am – bzw. im – Sonntag haben gegessen <wir, m oder m+f>
panierte Zucchini, Wiener Schnitzel und Salat.)

(s. Engel/Mrazović 1986, 1296–1301)

Wie gezeigt, steht im Serbischen der zweite Rahmenteil oft nicht am Satzende,
und die meisten Fehler, neben dem fehlerhaften Artikelgebrauch und der Adjek-

---

[21] Es soll unterstrichen werden, dass in den serbischen Sätzen auch die folgende Reihenfolge
möglich wäre: *On želi da otputuje već danas* (wortwörtlich: Er **möchte abreisen** schon heute)
oder *Ona je stigla tek danas* (wortwörtlich: Sie **ist gekommen** erst heute).

[22] Elemente, die außerhalb des zweiten Rahmenteils stehen.

[23] Im Deutschen ist dagegen das wichtigste Stellungsfeld das Mittelfeld (zwischen den zwei
Rahmenteilen): *Ich **habe** <u>gestern um 5 Uhr die ganze Familie Müller am Strand</u> **gesehen**.* (vgl.
Engel/Mrazović 1986, 1297).

tivdeklination, machen serbische DaF-Lerner eben in diesem Bereich (s. Mrazović 1973, 303-304).

Serbische und deutsche zusammengesetzte Sätze (Konjunktionalsätze) werden ebenfalls teilweise ähnlich gebildet:

*Nisam uradila domaći zadatak <u>jer</u> **sam** bila bolesna.*
Ich habe die Hausaufgabe nicht gemacht, <u>weil</u> ich krank **war**/gewesen **bin.**
*Rekla sam ti <u>da</u> danas ne **moraš** doći.*
Ich habe dir gesagt, <u>dass</u> du heute nicht kommen **musst.**
*Pričaćemo, <u>ako</u> **završim** rad za sat vremena.*
Wir werden sprechen, <u>wenn/falls</u> ich die Arbeit in einer Stunde **beende.**
*Mislila sam na tebe, <u>ali</u> juče **se** (ti) nisi pojavio, <u>a</u> danas **sam** (ja) zaboravila da ponesem knjigu.*
Ich habe an dich gedacht, <u>aber</u> du **bist** gestern nicht erschienen, <u>und</u> heute *habe* ich vergessen, das Buch mitzunehmen.

Serbische Nebensätze werden – wie auch im Deutschen – mit Konjunktionen eingeleitet, aber bei Unterordnung (die ersten drei Beispiele) steht in den serbischen Sätzen die finite Verbform wiederum nicht am Satzende.

Die serbische Konjunktion *kada* hat im Deutschen zwei Entsprechungen: *als* und *wenn.* Diese Tatsache, aber auch andere änliche Fälle, müssen auch als potentielle Fehlerquellen beachtet werden (vgl. Mrazović 1971, 741-742).

5   Wortschatz

Der serbische Wortschatz besteht in erster Linie aus Wörtern slawischen Ursprungs. Daneben ist auch die Zahl der Entlehnungen aus anderen Sprachen bedeutend, die im Zusammenhang mit geographischen, geschichtlichen bzw. kulturgeschichtlichen Fakten zu sehen ist:

aus den romanischen Sprachen (dem Lateinischen, Italienischen, Französischen und Spanischen): *akcija* (die Aktion), *opera* (die Oper), *mašina* (die Maschine) usw.

aus dem Griechischen: *anđeo* (der Engel), *biblioteka* (die Bibliothek), *filolog* (der Philologe) usw.

aus dem Türkischen (auch ursprünglich arabische und persische Wörter): *boja* (die Farbe), *čamac* (das Boot), *džamija* (die Moschee), *oluk* (die Rinne) usw.

aus den germanischen Sprachen (vor allem Wörter deutschen Ursprungs): *farba* (die Farbe), *pegla* (das Bügeleisen), *šraf* (die Schraube) usw.

aus der ungarischen Sprache: *cipele* (Schuhe), *lopov* (der Dieb), *soba* (das Zimmer) usw.

aus dem Englischen (vor allem im technischen Bereich): *film* (der Film), *i-mejl* (die E-Mail), *kompjuter* (der Computer), *vikend* (das Weekend) usw. (vgl. Stanojčić/Popović 2008, 197-198).

Beim Vergleich des phraseologischen Inventars des Serbischen und des Deutschen, können Ähnlichkeiten festgestellt werden (s. das Vorwort bei Mrazović/Primorac, 1981). Bei kontrastiven Analysen kann man die Phraseologismen der beiden Sprachen je nach dem Grad der Übereinstimmung in drei Gruppen einteilen. Hier einige Beispiele mit Farben- und Tierbezeichnungen:

1) **Totale Äquivalenz** → strukturelle, semantische usw. Äquivalenz (das Fehlen des Artikels wird diesmal nicht beachtet)

Deutsch	Serbisch
schwarz auf weiß	*crno na belo*
die Katze im Sack kaufen	*kupiti mačku u džaku*
wie Hund und Katze	*kao pas i mačka*

2) **Partielle Äquivalenz** → gewisse strukturelle, semantische usw. Unterschiede

Deutsch	Serbisch
ins Schwarze treffen	*pogoditi srž* (wortwörtlich: treffen Kern)
grün und gelb werden	*pozeleniti* (grün werden)
schlafende Hunde wecken	*uznemiravati duhove* (wortwörtlich: stören Geister)

3) **Nulläquivalenz** → ohne Entsprechung in der Zielsprache bzw. nur Umschreiben möglich

Deutsch	Serbisch
eine Fahrt ins Blaue	-
grüne Hochzeit	-
Blau machen	-

Den Phraseologismen der zweiten Gruppe sollte im DaF-Unterricht besondere Aufmerksamkeit geschenkt werden, denn gerade in diesem Fall kann, wegen fehlender Kontraste, zu unterschiedlichen Interferenzfehlern kommen. Ein gutes Beispiel nennt Pavica Mrazović. In diesem wird der deutsche Ausdruck *jemandem etwas ins Gesicht sagen* mit dem serbischen *reći nekome nešto u oči* (wortwörtlich: sagen jemandem etwas in Augen) identifiziert:

> *Er hatte den Mut nicht, das dem Vater ins Auge zu sagen.* *
> *Nije imao hrabrosti da to ocu kaže u oči.*
> (Mrazović 1971, 745)

Literatur

Barić, Eugenija et al. (2003): Hrvatska gramatika. Zagreb: Školska knjiga.

Engel, Ulrich/Mrazović, Pavica (1986): Kontrastive Grammatik : Deutsch – Serbokroatisch. Novi Sad: Institut za strane jezike i književnosti.

Klajn, Ivan (2006): Gramatika srpskog jezika za strance. Beograd: Zavod za udžbenike.

Mladenović, Aleksandar (1989): Slavenosrpski jezik : Studije i članci. Novi Sad: Književna zajednica. Literatur:

Mrazović, Pavica (1971): Problemi interferencije u nastavi nemačkog jezika (Ilustrativni primeri nemačkog jezika kao stranog). In: Godišnjak Filozofskog fakulteta u Novom Sadu. Knjiga XIV/2. Novi Sad: Filozofski fakultet.

Mrazović, Pavica (1973): Poremećaji u redu reči pri učenju nemačkog jezika od strane govornih predstavnika srpskohrvatskog jezika. In: Godišnjak Filozofskog fakulteta u Novom Sadu. Knjiga XVI/1. Novi Sad: Filozofski fakultet.

Mrazović, Pavica/Primorac, Ružica (1981): Nemačko-srpskohrvatski frazeološki rečnik (Predgovor). Beograd.

Mrazović, Pavica/Vukadinović, Zora (2009): Gramatika srpskog jezika za starnce. Drugo prerađeno i dopunjeno izdanje. Sremski Karlovci-Novi Sad: Izdavačka knjižarnica Zorana Stojanovića.

Piper, Predrag et al. (2005): Sintaksa savremenog srpskog jezika : Prosta rečenica (U redakciji Milke Ivić). Beograd: Institut za srpski jezik SANU/Beogradska knjiga/Matica srpska.

Stanojčić, Živojin/Popović, Ljubomir (2008): Gramatika srpskog jezika za gimnazije i srednje škole. Beograd: Zavod za udžbenike.

Spanisch

SIMONA COLOMBO - SCHEFFOLD,
MARÍA DEL PILAR SUÁREZ DE ROLFS

Aspekte der Sprachgeschichte

Die spanische Sprache gehört zum romanischen Zweig der indogermanischen Sprachen und zählt zu den Weltsprachen. Durch die europäische Expansion in der Kolonialzeit verbreiteten sich die romanischen Sprachen in Amerika, Afrika und Asien. Das Verbreitungsgebiet des Spanischen umfasst außer dem europäischen Mutterland und den Kanarischen Inseln die ehemaligen Kolonien in Mittel- und Südamerika von Mexiko bis Argentinien, außer Brasilien, Guyana, Französisch-Guayana und Surinam (vgl. Dietrich/Geckeler 1993, 23).

Laut dem *Anuario Cervantes* 1999 wird Spanisch gegenwärtig von ca. 332 Millionen Menschen in Ländern gesprochen, in denen Spanisch als offizielle Sprache fungiert (vgl. http://cvc.cervantes.es/obref/anuario/anuario-99/otero) [1]. Die meisten Spanischsprechenden leben jedoch nicht in Spanien (knapp 40 Mio.), sondern in Süd- und Mittelamerika, insbesondere in Mexiko (ca. 93 Mio.). Außerdem wird Spanisch in Andorra, Belize, Marokko, in der Westsahara, in den Niederländischen Antillen und in den Philippinen, auf Trinidad und Tobago und in der Karibik gesprochen (vgl. Bollèe/Neumann-Holzschuh 2003, 158). Als offizielle Amtssprache dient Spanisch in der Europäischen Union, in der Organisation Amerikanischer Staaten sowie bei den Vereinten Nationen. In der britischen Kolonie Gibraltar ist eine Varietät des Spanischen neben Englisch ebenfalls die Amtssprache (vgl. Dietrich/Geckeler 1993, 23).

Spanisch wurde zwar hauptsächlich durch die Römer vom Latein geprägt, aber das heutige Spanisch weist auch einen vorromanischen Einfluss auf. Die Pyrenäenhalbinsel war vor der römischen Eroberung überwiegend von vier Volksgruppen besiedelt: den nichtindogermanischen Iberern und Basken sowie den indogermanischen Kelten und Lusitanern. Die ältesten uns bekannten Bewohner Spaniens waren die Iberer, die vermutlich aus Nordafrika stammten (vgl. Dietrich/Geckeler

---

[1] Eine andere Quelle kommt auf ca. 435 Millionen Spanischsprechende im Jahre 2000 (Bollèe, Neumann-Holzschuh 2003, 158). Solche Unterschiede sind darauf zurückzuführen, dass oft nicht klar ist, ob Mutter- und Zweitsprache bei bilingualen Gebieten zusammengerechnet oder getrennt geführt werden (Dietrich, Geckeler 1993, 19).

1993, 140). Später wanderten keltische Stämme über die Pyrenäen ein, die sich daraufhin mit den Iberern zu den Keltiberern vermischten. Das Baskische ist der einzige sprachliche Rest aus jener Epoche, das heute noch von 850.000 Menschen am Golf von Biskaya gesprochen wird (vgl. Bollèe/Neumann-Holzschuh 2003, 13-15).

Die römische Eroberung der Iberischen Halbinsel führte zu einem Sprach-wechsel; durch eine starke militärische Präsenz verbreitete sich Latein sehr schnell und wurde zur Kultursprache, die Einheimischen mussten die Sprache der neuen Herrscher erlernen, obwohl sie unter sich weiterhin die vorrömischen Sprachen verwendeten, u.a. Iberisch, Keltisch, Keltiberisch, Baskisch, Tartessisch, Lusitanisch sowie vor allem an den Küsten Punisch und Griechisch (vgl. Tovar 1983, 115-116; Dietrich/Geckeler 1993, 140-146).

Als die Goten 414 in Spanien einfielen, war die Iberische Halbinsel voll-kommen romanisiert und Latein war mit seinen lokalen Färbungen überall die Verkehrssprache. Obwohl die Goten die Herrschaft übernahmen und sie drei Jahrhunderte lang ausübten, beeinflussten sie kaum die Sprache und das soziale Leben. Zuerst vermischten sich die arianischen Goten mit den katholischen Spa-niern nicht; später aber ließen sich auch die Goten romanisieren, übernahmen das Latein als Sprache mit hohem Prestige und dadurch verschwand die gotische Sprache auf der Iberischen Halbinsel bis auf einige Entlehnungen, wie z. B. werra → *guerra* (Krieg), *raubôn* → *robar* (stehlen, rauben) (vgl. Bollèe/Neumann-Holz-schuh 2003, 39-42).

Das nach der Romanisierung wichtigste Ereignis für die spanische Sprachge-schichte ist die Eroberung der Pyrenäenhalbinsel durch die Araber im Jahre 711. Auf die arabische Invasion folgte die Rückeroberung der von den Arabern besetz-ten Gebiete durch die christlichen Völker.

Die Hauptrolle bei der Rückeroberung der besetzten Gebiete spielte Kastilien. Dies trug zur Verbreitung des Kastilischen, das seinen Ursprung im schwach roma-nisierten Kantabrischen Bergland hatte, und zur Ausgliederung der Sprachräume auf der Iberischen Halbinsel deutlich bei. In der zweiten Hälfte des 11. Jahrhun-derts wurde Kastilien zum Königreich ausgerufen und im Jahr 1085 wurde Toledo zur Hauptstadt Spaniens. Der Königshof von Alfons dem Weisen in Toledo mit seiner Pflege des Kastilischen und seiner Kulturpolitik schaffte die Voraussetzungen für die Entwicklung und die ersten Kodifizierungen der spanischen Sprache. Schon im Verlauf des späten Mittelalters verbreitete sich das Kastilische nicht nur als Schriftmedium, sondern auch als gesprochene Sprache außerhalb Kastiliens. Nach der Vereinigung von Kastilien und Aragón (1479) wurde es zur Staatssprache des gesamten spanischen Königreichs (vgl. Bollèe/Neumann-Holzschuh 2003, 59–85).

Trotz der Dominanz des Kastilischen und der Rückeroberung, die 1492 mit dem Fall von Granada abgeschlossen war, sind heutzutage noch ziemlich viele arabische Elemente insbesondere im spanischen Wortschatz vorhanden, während der Einfluss des Arabischen auf Morphologie und Syntax sehr gering blieb (vgl. Bollèe/Neumann-Holzschuh 2003, 49-50).

Infolge der geschichtlichen Ereignisse ist Spanisch die romanische Sprache mit den meisten arabischen Lehnwörtern, die über das Spanische auch in anderen europäischen Sprachen aufgenommen wurden. Bei den Arabismen handelt es sich insbesondere um Substantive zur Bezeichnung von Konkreta, bei denen der arabische Artikel *al* und seine Varianten agglutiniert wurden, wie z. B.: *aceite* (Öl), *aceituna* (Olive), *azafrán* (Safran), *azúcar* (Zucker), *algodón* (Baumwolle), *alcachofa* (Artischocke) und *álgebra* (Algebra) (vgl. Dietrich/Geckeler 1993, 149-153).

Als Folge der Kolonialpolitik Spaniens lassen sich auch viele Entlehnungen aus den amerindischen Sprachen im Spanischen finden. Die ältesten Entlehnungen stammen aus den Sprachen der Karibik, vor allem aus dem Arawak und dem Caribe: *huracán* (Orkan), *barbacoa* (Gartengrill), *batata* (Süßkartoffel) und *maíz* (Mais). Aus dem mexikanischen Nahuatl wurden u.a. *chocolate* (Schokolde), *tomate* (Tomate), *cacao* (Kakao), *cacahuete* (Erdnuss) und *aguacate* (Avocado) übernommen. Andere Indianersprachen haben trotz ihrer großen Bedeutung weniger Spuren im spanischen Wortschatz hinterlassen, z.B. das Quechua, aus dem *pampa* (Pampa) und *cóndor* (Kondor) stammen. (vgl. Bollèe/Neumann-Holzschuh 2003, 117). Über das Spanische wurden viele Arabismen und Indigenismen zu Lexemen der europäischen Sprachen.

Die Vielfältigkeit der spanischen Sprache auf der Iberischen Halbinsel und in Amerika machte eine sprachliche Normierung erforderlich: 1713 entstand nach französischem Vorbild die *Real Academia Española de la Lengua,* die auf private Initiative gegründet wurde, aber mit königlichen Privilegien ausgestattet ist und als anerkannte Autorität in Sprachfragen gilt. 1771 erschien die erste von der Sprachakademie herausgegebene Grammatik, *Gramática de la lengua castellana,* die aber nur das europäische Spanisch als Kastilische Varietät der Gebildeten und Literaten berücksichtigt. Das *español atlántico* fand erst in der 12. Auflage des Akademiewörterbuchs von 1884 Berücksichtigung. (vgl. Berschin/Fernández-Sevilla/Felixberger 1995, 117–118).

Die sprachpolitische Diskussion, ob die spanische Sprache als *castellano* oder *español* bezeichnet werden soll, ist für die folgende Darstellung der Hauptmerkmale der spanischen Grammatik irrelevant, da Spanisch für Fremdsprachenlernende mit der kastilischen Varietät als Nationalsprache gleichzusetzen ist. Auf wichtige Abweichungen zwischen dem europäischen Spanisch und dem lateinamerikanischen wird jedoch eingegangen.

Rechtschreibung

Die Orthografie des Spanischen kommt dem angestrebten Ideal, Laut für Laut das gesprochene Wort wiederzugeben, sehr nahe. Häufig werden auch übernommene Fremdwörter in ihrer Schreibweise so angepasst, dass die Aussprache wieder automatisch ersichtlich wird, wie z. B. englisch *bacon* wird zum spanischen *beicon* oder englisch *football* wird *fútbol*. Die lautgetreue Wiedergabe der Wörter gilt allerdings für die lateinamerikanischen Varietäten nur bedingt, denn manche Buchstaben, insbesondere *ll* und *x*, werden anders ausgesprochen, wenn das Wort indianischer Herkunft ist. (vgl. www.wikipedia.de).

Das Alphabet

Das Spanische verfügt über fünf einfache Vokale (Monophthonge): *a, e, i, o, u*. Konsonanten gibt es 24, davon sind *ñ* und *ll* typisch für das Spanische, wobei *ll* in den Wörterbüchern unter *l* aufgeführt wird.

Das Substantiv

Das spanische Substantiv lässt sich morphologisch durch die Kategorien *Genus* und *Numerus* mit den Ausprägungen *Maskulin* und *Feminin* bzw. *Singular* und *Plural* kennzeichnen, wie z. B. *médic-o* (Arzt), *médic-a* (Ärztin), *médic-o-s* (Ärzte) und *médic-a-s* (Ärztinnen).

Wie aus den oben angeführten Beispielen ersichtlich wird, besteht das einfache Substantiv aus zwei Teilen: Stamm und Endung, der Stamm enthält die lexikalische Information, die Endung die grammatische. Zerlegt man die grammatische Komponente in die kleinsten bedeutungtragenden Einheiten, also in Morpheme, ergibt sich folgende Bildungsweise des Substantivs: Lexem (*médic*) + Genusmorphem (Mask. *-o*; Fem. *-a*) + Numerusmorphem (*-s*).

Das Genus des Substantivs wird durch vier Endungen zum Ausdruck gebracht: *-o* (*el mur-o* = Mauer), *-e* (*el padr-e* = Vater, aber auch *la madr-e* = Mutter), *-a* (*la mes-a* = Tisch) und Nullmorph *-Ø* (*la sal* = Salz).

Substantive auf *-o* sind in der Regel männlich, Substantive auf *-a* sind grundsätzlich weiblich. Zu den im Alltag gebräuchlichsten Ausnahmen dieser Kategorisierung gehören *el problema* (das Problem) und *la mano* (die Hand). Bei Substantiven auf *-e* ist das Genus nicht eindeutig erkennbar und voraussagbar, da es sich um eine Endung sowohl für das Maskulinum als auch für das Femininum handelt. In manchen Fällen gilt eine Form für beide Geschlechter (*el cantante, la cantante* = der Sänger, die Sängerin), in anderen Fällen ist das Nomen auf *-e* männlich (*el presidente* = der Präsident) und wird zum Femininum durch die Endung -a (*la presidenta* = die Präsidentin). Bei Personenbezeichnungen bestimmt das biologische Geschlecht – von der grammatikalischen Endung unabhängig – das Genus, wie z.B. *la mujer* =die Frau, die Ehefrau, *la madre* = die Mutter; *el hombre* = der Mann; *el cura* = der Priester (vgl. Vera-Morales 2004, 3–8).

Die Numeruskategorie funktioniert im Spanischen wie im Deutschen: Sie hat zwei Formen, Singular und Plural, wobei der Singular gegenüber dem Plural formal unverändert bleibt, denn die Endung auf *-o, -a, -e* und *-Ø* dient zur Kennzeichnung des Genus (vgl. Berschin/Fernández-Sevilla/Felixberger 1995, 163–164).

Zur Pluralbildung kommen im Spanischen nur wenige kontextgebundene Allomorphe (Endungen) vor: *-s, -es* und Nullmorph, die von den phono-graphologischen Eigenschaften der Nomina verlangt werden.

Sowohl männliche als auch weibliche Substantive, die im Singular auf Vokal (mit der Ausnahme von *-í* und *-ú*) enden, bilden den Plural mit *-s* (vgl. Moriena/Genschow 2004, 71).

Singular	el niño	la calle	el día	la cámara	el pie	el dominó
Plural	los niño-s	las calle-s	los día-s	las cámara-s	los pie-s	los dominó-s
Deutsch	Kind-er	Straße-n	Tag-e	Kammer-n Kamera-s	Fuß– Füße	Domino-s

Substantive, die im Singular auf Konsonant enden, sowie in der Regel auch die Nomina auf betontes *-í* und *-ú* bilden den Plural mit *-es*.

Singular	la razón	el sol	la verdad	el país	el rubí	el rey
Plural	las razon-es	los sol-es	las verdad-es	los país-es	los rubí-es	los rey-es
Deutsch	Grund- Gründe	Sonne-n	Wahrheit-en	Land – Länder	Rubin-e	König-e

Substantive, die im Singular auf -*s* bzw. -*x* in unbetonter Silbe enden, bilden den Plural mit dem Nullmorph (∅), d. h. sie bleiben formal unverändert.

Singular	el biceps	la crisis	el tórax	la dosis	el lunes
Plural	los biceps	las crisis	los tórax	las dosis	los lunes
Deutsch	Bizeps-e	Krise-n	Brustkorb – Brustkörbe	Dosis – Dosen	Montag-e

In der Regel sind die spanischen Substantive numerusvariabel, einige kommen aber nur im Plural vor, beispielweise *las gafas* (die Brille) und *las vacaciones* (der Urlaub, die Ferien), andere hingegen treten nur im Singular auf, wie z.b. *la sed* (Durst) und *la gente* (die Leute) (vgl. Moriena/Genschow 2004, 74).

Die Fälle werden weder durch Flexionsmorpheme bei den Artikeln noch bei den Substantiven gekennzeichnet, sondern durch Präpositionen:

- Der Nominativ, der überwiegend für das Subjekt eingesetzt wird, wird von keiner Präposition eingeleitet, wie z.B.: *la chica es guapa* (Das Mädchen ist hübsch).
- Der Genitiv wird mit der Präposition *de* gekennzeichnet, wie z.B.: *la casa de la chica* (Das Haus des Mädchens).
- Beim Dativ wird dem Nomen die Präposition *a* vorangestellt, wie z.B.: *Le presto un libro a la chicha* (Ich leihe dem Mädchen ein Buch aus).
- Im Akkusativ (*Wen?/Was?*) muss man zwischen Personen und Dingen unterscheiden: Bei Personen wird die Präposition *a* eingesetzt, wie z.B.: *Veo a la chicha* (Ich sehe das Mädchen); bei den Gegenständen bleibt das Substantiv in der Nennform ohne vorangestellte Präposition, wie z.B.: *Veo el coche* (Ich sehe das Auto).

Das Adjektiv

Das Adjektiv teilt mit dem Substantiv die grammatischen Kategorien *Genus* und *Numerus*. Die Merkmale des Genus und Numerus sind aber beim Adjektiv und Substantiv nicht gleich: Das Adjektiv ist in der Regel genus- und numerusvariabel, das Substantiv jedoch nur numerusvariabel. Nach der Genus- und Numerusform kann man drei Klassen des spanischen Adjektivs unterscheiden: Adjektive auf -*o* bzw. -*a* im Singular, auf Konsonant bzw. -*a* im Singular und Adjektive mit der gleichen Endung für das Maskulinum und das Femininum, und zwar Adjektive auf -*e, -i,* einige auf -*a* bzw. auf Konsonanten (vgl. Berschin/Fernández-Sevilla/Felixberger 1995, 171–172).

| Numerus | Klasse | Genus | | Deutsch |
		Maskulinum	Femininum	
Singular	I	blanc-**o**	blanc-**a**	weiß
	II	español-**ø**	español-**a**	Spanisch
	III	caliente, social, joven, realista		heiß, sozial, jung, realistisch
Plural	I	blanc-**o-s**	blanc-**a-s**	weiß
	II	español-**es**	español-**a-s**	Spanisch
	III	caliente-**s**, social-**es**, joven-**es**, realista-**s**		heiß, sozial, jung, realistisch

Wie es aus der Tabelle ersichtlich wird, gelten zur Pluralbildung der Adjektive die gleichen Regeln wie für die Substantive bis auf die Besonderheit der Adjektive auf -*z*, die in der Mehrzahl die Endung -*ces* aufweisen, wie z. B. *feliz, felices* (glücklich).

Das Adjektiv erfüllt im Deutschen und Spanischen die Hauptfunktion, das Substantiv zu präzisieren. Morphologisch bedienen sich auch beide Sprachen der Kongruenz (Übereinstimmung) des Adjektivs mit dem Substantiv in Genus und Numerus. Im Unterschied zum Deutschen stimmt das Adjektiv im Spanischen nicht nur bei attributivem, sondern auch bei prädikativem Gebrauch – wie z.B. nach den Verben *ser/estar* (sein), *parecer* (scheinen, finden), *quedar* (stehen), *resultar* (sich herausstellen) – mit dem Substantiv überein (vgl. Berschin/Fernández-Sevilla/Felixberger 1995; 173; Moriena/Genschow 2004, 99).

Attributiv: *Veo la mesa blanca.* (Ich sehe den weißen Tisch).
Atendes a los niños enfermos. (Du pflegst die kranken Kinder).
Prädikativ: *La mesa es blanca.* (Der Tisch ist weiß).
Los niños están enfermos. (Die Kinder sind krank).

Die Pronomina

Entgegen den Erwartungen vieler Spanischlernender kennt die spanische Sprache drei Geschlechter: Alle Substantive sind zwar entweder männlich oder weiblich, aber es existiert auch das Neutrum für abstrakte Begriffe, die durch substantivierte Adjektive ausgedrückt werden, wie z.B. *lo bonito* (*das Schöne*), wofür auch das Personalpronomen *ello* (*es*), z.B. *con todo ello* (*mit* oder *trotz alledem*), bzw. im Alltagsspanischen *esto* eingesetzt wird.

Personalpronomina (Subjekt)		
1. Person Singular	yo	ich
2. Person Singular	tú / vos	du
3. Person Singular	él (m.), ella (f.), ello (n.), usted	er, sie, es, Sie
1. Person Plural	nosotros (m.), nosotras (f.)	wir
2. Person Plural	vosotros (m.), vosotras	ihr
3. Person Plural	ellos (m.), ellas (f.), ustedes	sie, Sie

Die Subjektpronomen werden meist weggelassen, da die unterschiedlichen Konjugationsmorpheme der Verben Aufschluss über die Person geben, sie werden nur zur Hervorhebung oder in kurzen Fragen (*¿Y tú?* = Und du?) verwendet. Wie im Deutschen unterscheidet man bei der dritten Person Singular zwischen einer männlichen und einer weiblichen Form. Im Gegensatz zum Deutschen gibt es im Spanischen aber auch eine weibliche und männliche Form für alle Pronomina im Plural. Bei Gruppen, die aus Frauen und Männern bestehen, verwendet man die männliche Form (vgl. Moriena/Genschow 2004, 175).

(José y Carlos) Nosotros somos de Madrid. (Wir sind aus Madrid)
(María y Carmen) Nosotras somos de Paraguay. (Wir sind aus Paraguay)

Auch bei der Höflichkeitsform verfügt die spanische Sprache über zwei Formen: *usted* für den Singular und *ustedes* für die Anrede von mehreren Personen. In vielen lateinamerikanischen Ländern verwendet man statt *tú* das Pronomen *vos*; für die 2. Person Plural wird in Hispanoamerika, in Andalusien und auf den Kanarischen Inseln ausschließlich *ustedes* wie für die Höflichkeitsform verwendet; *vosotros* ist nur im größten Teil Spaniens gebräuchlich (vgl. Moriena/Genschow 2004, 176-177).

Das direkte Objektpronomen ersetzt ein Objekt im Akkusativ:

¿Dónde está José? No lo veo. (Wo ist José? Ich sehe ihn nicht)
Quería un kilo de manzanas. – ¿Cómo las quiere? (Ich möchte ein Kilo Äpfel. – Wie wollen Sie sie?)

Personalpronomina (Direktobjekt)		
1. Person Singular	me	mich
2. Person Singular	te	dich
3. Person Singular	lo (m.), la (f.)	ihn, sie, es, Sie
1. Person Plural	nos	uns
2. Person Plural	os	euch
3. Person Plural	los (m.), las (f.)	sie, Sie

Am schwierigsten sind die dritte Person Singular und die dritte Plural, da das Objektpronomen im Genus mit dem ersetzten Substantiv übereinstimmen muss, während bei den anderen Personen kein Bezug auf das Genus des Nomens genommen wird. Außerdem wird insbesondere das Pronomen *lo* im spanischen Sprachraum oft durch *le* ersetzt. Dieses Phänomen bezeichnet man als *leísmo* und wird auch von der *Real Academia Española* für das Maskulinum Singular empfohlen (vgl. Moriena/Genschow 2004, 187).

Das indirekte Objektpronomen ersetzt ein Objekt im Dativ:

Mañana es el cumpleaños de María. ¿Qué le regalamos?
(Morgen ist Marias Geburtstag. Was schenken wir ihr?)

Personalpronomina (Indirektobjekt)		
1. Person Singular	me	mich
2. Person Singular	te	dich
3. Person Singular	le	ihm, ihr, Ihnen (sing.)
1. Person Plural	nos	uns
2. Person Plural	os	euch
3. Person Plural	les	ihnen, Ihnen

Anders als bei den anderen persönlichen Fürwörtern kommt beim pronominalen Indirektobjekt die Unterscheidung des Geschlechts nicht mehr zum Ausdruck.

Im Spanischen muss das indirekte bzw. direkte Objekt in nominaler Form durch die pronominale aufgegriffen werden, wenn der Satz mit dem Objekt anstatt mit dem Subjekt anfängt (vgl. Moriena/Genschow 2004, 190-191).

A María le gusta la cocina mexicana. (María (ihr) schmeckt die mexikanische Küche).
La camisa la compra. (Das Hemd (es) kauft er)

Um Missverständnisse zu vermeiden oder um die Person besonders hervorzuheben, können zusätzlich zu den unbetonten Pronomen noch die betonten Pronomen verwendet werden:

A mí me gusta la música clásica. (Ich mag die klassische Musik)

Steht das Objekt hinter dem Verb, wird es häufig durch ein Pronomen angekündigt:

¿Qué les regalamos a José y a María? (Was schenken wir Jose und Veronica?)

Das Verb

Die spanische Sprache kennt drei Konjugationen: Die *a*-Konjugation (z.B. *hablar* = sprechen), die *e*-Konjugation (z.B. *comer* = essen) und die *i*-Konjugation (z.B. *vivir* = leben). Eine Vielzahl häufig benutzter Verben weist unregelmäßige Formen auf. Darunter fallen z.B. *andar* (gehen), *entender* (verstehen) und *hacer* (machen).

Allein im *Indicativo* (Indikativ) lassen sich zehn Zeiten unterscheiden:

- Im *presente* (Präsens) stehen Handlungen, die in der Gegenwart stattfinden, gewohnheitsgemäße Handlungen und allgemein gültige Aussagen, deren Wahrheitsinhalt unbestreitbar ist.

  María vive en Madrid. (Maria lebt in Madrid)
  La tierra es redonda. (Die Erde ist rund)

- Im *indefinido*, oft auch *pretérito* genannt, werden einmalige, vergangene Handlungen in Berichten und Erzählungen zum Ausdruck gebracht. Im Deutschen ist für dieses Tempus keine entsprechende selbstständige Zeit vorhanden, deswegen wird es mit dem Präteritum wiedergegeben (vgl. Moriena/Genschow 2004, 301).

  En 1989 cayó el muro de Berlín. (1989 fiel die Berliner Mauer)

- Im *imperfecto* stehen – wie im italienischen imperfetto – länger andauernde oder sich wiederholende Handlungen sowie Beschreibungen in der Vergangenheit. Sie bilden eine Art Rahmen, innerhalb dessen die aufeinanderfolgende Handlugen im *indefinido* ausgedrückt werden. Außerdem dient diese Zeit zum Ausdruck gleichzeitig ablaufender Handlungen in der Vergangenheit (vgl. Moriena/Genschow 2004, 308–309).

  De niña vivía en Barcelona. (Als Kind lebte ich in Barcelona)
  Comía mientras miraba la televisión. (Er aß, während er fernsah)

* Im *perfecto* stehen Handlungen, die in der Vergangenheit begonnen haben, aber deren Dauer bzw. Auswirkung bis in die Gegenwart hineinreicht. Der Gebrauch des *perfecto*, das nur mit dem Hilfsverb *haber* (haben) gebildet wird, deckt sich grundsätzlich mit dem *Present Perfect (Progressive)* im Englischen. Das *perfecto* ist keine Erzählzeit wie das Perfekt im Deutschen. In vielen Ländern Lateinamerikas wird es kaum verwendet (vgl. Moriena/Genschow 2004, 321).

  Hoy Isabel ha trabajado muchas horas. (Heute hat Isabel viele Stunden gearbeitet)

* Das Plusquamperfekt entspricht sowohl *pluscuamperfecto* als auch dem *pretérito anterior* im Spanischen. In diesen Tempora stehen Handlungen, die gegenüber der sonst verwendeten Vergangenheit in einer weiter zurückliegender vergangenen Zeit stattgefunden haben. Am gebräuchlichsten ist das *pluscuamperfecto* (vgl. Moriena/Genschow 2004, 324, 327).

  Ya había viajado por toda Latinoamérica cuando se casó.
  (Er war schon durch ganz Lateinamerika gereist, als er heiratete)

* Das *futuro simple* drückt die Zukunft aus. In der Umgangssprache wird es häufig durch das *futuro compuesto* ersetzt, das durch eine Form im *presente* von *ir* + die Präposition *a* + Infinitiv gebildet wird.

  La semana entrante viajaré a Toledo. = La semana entrante voy a viajar a Toledo.
  (Kommende Woche werde ich nach Toledo fahren)

* Im *futuro perfecto* stehen Handlungen, die in der Zukunft bereits Vergangenheit sein werden.

  Mañana habré leído todo el libro. (Morgen werde ich das ganze Buch gelesen haben)

Dem Indikativ werden jetzt auch die Tempora des Konditionals zugeordnet, die in den früheren Grammatiken den *modus potencial* bildeten (vgl. Vera-Morales 2004, 214).

Das *condicional* entspricht annährernd dem deutschen Konjunktiv II. Das *condicional simple* bezieht sich auf die Gegenwart, z.B. *No deberías fumar tanto* (Du solltest nicht so viel rauchen); das *condicional perfecto* oder *compuesto* auf die Vergangenheit, wie z.B. *¿Qué habrías hecho tú en mi lugar?* (Was hättest du an meiner Stelle getan?).

Der *subjuntivo* entspricht nicht dem Konjunktiv im Deutschen; die Unterscheidung zwischen Konjunktiv und Konditional ist typisch für die romanischen Sprachen. Das *presente de subjuntivo* wird in Wunschsätzen und bei subjektiven Wertungen verwendet, vor allem in Nebensätzen, die von bestimmten Verben und Konjunktionen im Hauptsatz eingeleitet werden, wenn das Subjekt des Hauptsatzes anders ist als das im Nebensatz (vgl. Moriena/Genschow 2004, 373). *Entendo bien que estés cansada.* (Ich verstehe gut, dass du müde bist).

Zum *Modus subjuntivo* gehören auch das *imperfecto*, das *perfecto* und *pluscumaperfecto*.

Der dritte Modus ist der *imperativo*, der wie der Imperativ im Deutschen verwendet wird, wie z.B. *¡Escucha!* (Hör zu!).

ser und estar

Zum Gebrauch der Verben *ser* und *estar*, wofür es im Deutschen nur das Verb „sein" gibt, können sowohl semantische als auch formale Kategorien herangezogen werden. Morphosyntaktisch gesehen, können sowohl das Verb *ser* als auch *estar* als Kopula mit einem Prädikativ verwendet werden.

Im Folgenden werden einige der vielen, fast unüberschaubaren, semantischen Kategorien aufgeführt, die zur notwendigen Unterscheidung zwischen *ser* und *estar* nützlich sein können.

Ser drückt die Zugehörigkeit von jemandem oder etwas zu einer Kategorie (z.B. Nationalität, Religion und Beruf) aus. Das Prädikatsnomen ist in der Regel ein Substantiv ohne Artikel oder mit einem unbestimmten Artikel (vgl. Vera-Morales 2004, 362), z.B.:

Ella es mi profesora de inglés. (Sie ist meine Englischlehrerin)
¿Qué es? Es un vaso. (Was ist das? Es ist ein Glas)
Él es aleman. (Er ist Deutscher)

Der Charakter und das Aussehen von Personen können mit *ser* beschrieben werden, z.B.: *Es pálido* (Er ist blass) und *Soy muy celosa* (Ich bin sehr eifersüchtig).

Um räumliche und zeitliche Angaben zu einem bestimmten Ereignis zu machen, wird *ser* verwendet, das oft mit „stattfinden" übersetzt wird (vgl. Moriena/Genschow 2004, 506).

El terremoto fue en el 1976. (Das Erdbeben war 1976)

Der Familienstand kann sowohl mit *estar* als auch mit *ser* angegeben werden:

¿Está usted casada? (Sind Sie verheiratet?)

Sowohl der Gesundheits- als auch der Gemütszustand werden mit *estar* ausgedrückt

¿Cómo estás? (Wie geht es dir?)
Estoy bien / nervioso. (Mir geht es gut / Ich bin nervös).

Um Gegenstände oder Personen, die bereits bekannt sind, räumlich zuzuordnen, wird *estar* im Sinne von „sich befinden" eingesetzt.

La estación de trenes está al final de esta calle.
(Der Bahnhof ist am Ende dieser Straße)

Vorübergehende Eigenschaften und Zustände bzw. Merkmale, die nicht zum Wesen einer Sache gehören, werden mit *estar* formuliert, beispielsweise *El piso está sucio* (Die Wohnung ist schmutzig), während dauerhafte Eigenschaften mit *ser* wiedergegeben werden, z. B.: *El piso es grande* (Die Wohnung ist groß).

Weder *ser* noch *estar* werden zur Bildung der zusammengesetzten Zeiten der Vergangenheit benutzt, dafür wird nur *haber* wie *have* im Englischen benutzt. *Haber* entspricht *haben* als Hilfsverb für die Bildung der zusammengesetzten Tempora, aber nicht dem Vollverb im Sinne von „besitzen", wofür die spanische Sprache das Verb *tener* vorsieht, wie z.B. *Tengo un coche* (Ich habe ein Auto).

Literatur

Anuario Cervantes (1999): http://cvc.cervantes.es/obref/anuario/anuario-99/otero. (Stand 18.03.2008).

Berschin, Helmut/Fernández-Sevilla, Julio/Felixberger, Josef (1995): Die spanische Sprache. Verbreitung, Geschichte, Struktur. Ismaning: Hueber. 2., aktualisierte Auflage.

Bollée, Annegret/Neumann-Holzschuh, Ingrid (2003): Spanische Sprachgeschichte. Stuttgart: Klett.

Dietrich, Wolf/Geckeler, Horst (1993): Einführung in die spanische Sprachwissenschaft. Ein Lehr- und Arbeitsbuch. Berlin: Schmidt. 2. durchgesehene Auflage.

Moriena, Claudia/Genschow, Karen (2004): Große Lerngrammatik Spanisch. Regeln, Anwendungsbeispiele, Tests. Ismaning: Hueber.

Tovar, Antonio (1983): Einführung in die Sprachgeschichte der Iberischen Halbinsel. Das heutige Spanisch und seine historischen Grundlagen. Übers. u. hrsg. von Hansbert, Bertsch. Tübingen: Narr. 2. Auflage.

Vera-Morales, José (2004): Spanische Grammatik. München: Oldenbourg. 4., völlig überarb. Auflage.

www.wikipedia.de (Stand 18.03.2008).

Türkisch

YEŞIM BÖTTLE, STEFAN JEUK

1 Zur Bedeutung des Türkischen im europäischen Kontext

Das Türkische ist der wichtigste Vertreter der Türksprachen. Zu den Türksprachen gehören außerdem Sprachen wie Aserbaidschanisch, Turkmenisch, Usbekisch, Kasachisch und Tatarisch. Der Verwandtschaftsgrad zwischen diesen Sprachen ist relativ eng. Zusammen mit dem Mongolischen und dem Tungusischen (Ostsibirien) bilden die Türksprachen die altaische Sprachfamilie, diese deckt ein riesiges Gebiet ab, von der Balkanhalbinsel bis in den Nordosten Asiens, dazu gehört auch das zentralasiatische Altai-Gebirge, das der Sprachfamilie ihren Namen gab (vgl. Glück 2000, 752). Einige dieser Sprachen ähneln sich nur in Bezug auf die grammatische Struktur, sodass der Grad der Verwandtschaft unterschiedlich ist und bisweilen auch angezweifelt wird. Manche Sprachforscher nehmen eine Verwandtschaft der altaischen Sprachen zu Finnisch, Estnisch und Ungarisch an, dies ist jedoch umstritten (vgl. Crystal 1995, 307). Das Türkeitürkische und die Sprachen der anderen Türkvölker (z.b. Uiguren in der VR China, Kasachen, Turkmenen, Usbeken, Kirgisen, Aserbaidschaner, Turkmenen in Afghanistan) sind trotz mancher Unterschiede zum Teil gegenseitig verständlich. Ein Türke kann sich zum Beispiel mit einem Aserbaidschaner unterhalten, ein Smalltalk ist auch mit einem Usbeken möglich. So werden das Türkeitürkische und die damit verbundenen Türksprachen von über 100 Millionen Menschen gesprochen (vgl. Crystal 1995, 307).

Türkisch ist die Staatssprache der Türkei mit ca. 71 Millionen Einwohnern (vgl. Türkiye İstatistik Kurumu 2008). Davon sprechen ca. 20 Millionen eine weitere Sprache, zum Teil als Muttersprache, wie Kurdisch oder Armenisch[1] (beides sind indoeuropäische Sprachen). Da Türkisch die Amtssprache des Osmanischen Reiches war, wird außerhalb der Türkei noch heute in einigen Ländern von einem Teil der Bevölkerung Türkisch gesprochen. Dies ist der Fall in Albanien, Bulgarien (Südosten), Rumänien, Griechenland (Nordosten), ehemaliges Jugoslawien (hauptsächlich in Makedonien und zum Teil im Kosovo), auf Zypern und in manchen

---

[1] Die Zahlen über Sprachminderheiten in der Türkei sind auf Grund der repressiven Sprachenpolitik der türkischen Regierung sehr ungenau und verschiedene Quellen unterscheiden sich teilweise erheblich.

Gebieten im Norden der Arabischen Halbinsel. Darüber hinaus ist Türkisch die Familiensprache von ca. 2,5 Millionen Menschen in der Bundesrepublik Deutschland (Statistisches Bundesamt 2008). Es gibt im Türkischen zahlreiche Mundarten, wobei der Istanbuler Dialekt die türkische Hochsprache bildet.

Das heute in der Türkei gesprochene Türkisch ist zum Teil ein Produkt der von Atatürk in den 20er und 30er Jahren des letzten Jahrhunderts betriebenen ‚Sprachrevolution'. Bestrebungen in diese Richtung finden sich jedoch bereits Ende des 19. Jahrhunderts. 1932 wurde das Institut für die türkische Sprache (Türk Dil Kurumu) gegründet, dessen Aufgabe es ist, die türkische Sprache zu erforschen, zu bearbeiten und weiterzuentwickeln. Dazu gehörte auch die Einführung eines Schriftsystems (1928), das seine Grapheme aus dem lateinischen Schriftsystem bezieht. Zuvor wurde Türkisch mit arabischen Schriftzeichen geschrieben. Außerdem ist es nach wie vor die Aufgabe des Instituts, den türkischen Wortschatz bis zu einem gewissen Grad von Fremdwörtern (z.B. arabischer und persischer Herkunft) zu säubern und für diese türkische Wörter einzuführen.

Das Türkische war zwar die Amtssprache im Osmanischen Reich, streng genommen gab es jedoch eine Verwaltungssprache, die von einer kleinen Elite gesprochen wurde, und eine Reihe von Umgangssprachen und Dialekten, die zum Teil erheblich von der Amtssprache abwichen und zum Teil Elemente der anderen im Osmanischen Reich gesprochenen Sprachen aufgenommen hatten. Da das Osmanische Reich ein Vielvölkerstaat war, gab es keine Bestrebungen, eine einheitliche Staatssprache durchzusetzen (vgl. Haig 2003, 171). Auf dem Staatsgebiet der heutigen Türkei wurden eine Reihe weiterer Sprachen von teilweise großen Bevölkerungsgruppen gesprochen: Armenisch, Kurdisch, Griechisch, arabische Sprachen, u.a. Mit dem Entstehen der Republik änderte sich das Verhältnis des Staates zu den Sprachminderheiten radikal. Die Bestrebungen Atatürks, nach dem verlorenen 1. Weltkrieg eine einheitliche türkische Staatssprache zu formieren, führten zum einen zur Systematisierung und Vereinheitlichung des Türkischen, zum anderen wurden andere Sprachen unterdrückt und teilweise verboten. Zur damaligen Zeit fügte sich dieses Vorgehen durchaus in die Politik anderer europäischer Staaten ein. Heute ist nur noch das Kurdische eine nennenswerte Minderheitensprache in der Türkei mit ca. 7 Millionen Sprechern (andere Schätzungen sprechen von 15 Millionen, vgl. Haig 2003, 177), es wird immer noch nicht als dem Türkischen gleichwertig anerkannt.

2 Aussprache

Auf der phonologischen Ebene ist das Türkische durch eine relativ eindeutige Silbenstruktur gekennzeichnet (Konsonant – Vokal – Konsonant). Es gibt fast kein Wort, in dem zwei oder mehr Konsonanten nebeneinander stehen. In deutschen Silben können hingegen bis zu drei Konsonanten hintereinander folgen (*Strumpf*). Solche und ähnliche Konsonantenhäufungen machen türkischen Schülern zuweilen Probleme, so dass diese beim Schreiben zusätzliche Vokale (so genannte „Sprossvokale") einfügen: *Kölün, Schiepigel, Schututtgart*. Dies tritt etwas häufiger bei Schülerinnen und Schülern auf, die auch Türkisch lesen und schreiben lernen. Außerdem existieren im Türkischen wenige Wörter oder Wortbildungen, bei denen zwei Vokale aufeinandertreffen. Wenn zwei Vokale aufeinandertreffen, wird dies häufig durch Einfügung eines Konsonanten vermieden.

tatlı = süß   *ım* = Endung für ich bin   *tatlıyım* = ich bin süß

Hier wird der Konsonant y (= [j]) eingefügt, um das Aufeinandertreffen der beiden Vokale zu vermeiden. ı ist der Buchstabe für den Laut [ə] und wird wie das zweite e in *gehen* gesprochen.

Sollten einmal zwei Vokale aufeinandertreffen, wie in einigen Lehnwörtern, werden sie beide gesprochen (etwa *saat* = *Uhr*, gesprochen [sa´at]). Eine Unterscheidung zwischen Kurz- und Langvokalen wie im Deutschen gibt es nicht, die Betonung der türkischen Wörter liegt in der Regel auf der letzten Silbe.

Eine zweite Lauteigenschaft ist die Vokalharmonie. Sie bedeutet im Wesentlichen, dass nach einem hellen Vokal (*e i ö ü*) ein heller Vokal folgt, nach einem dunklen Vokal (*a ı o u*) ein dunkler. Zum Beispiel erfolgt die Auswahl der beiden Pluralendungen, *-lar* und *-ler*, ausschließlich nach lautlichen Kriterien. Die Vokale in den Endungen richten sich nach dem letzten Vokal im Wort: *tekerlek* – das Rad, *tekerlekler* – Räder, *elma* – der Apfel, *elmalar* – Äpfel. Auf den hellen Vokal [e] im Kern der dritten Silbe von *tekerlek* folgt die helle Pluralendung *-ler*, auf den dunklen Vokal [a] am rechten Rand von *elma* folgt die dunkle Pluralendung *-lar*.[2] Andere Formen der Pluralbildung gibt es nicht. Die Vokalharmonie gilt ebenfalls für die Deklination der Nomen:

---

[2] An dieser Stelle wird die so genannte *kleine Vokalharmonie* beschrieben. Die *große Vokalharmonie*, die unter anderem bei der Konjugation gilt, ist etwas komplexer.

arkadaş = der Freund	*turist* = der Tourist	(Nominativ)
arkadaşı = den Freund	*turisti* = den Tourist	(Akkusativ)
arkadaşa = dem Freund	*turiste* = dem Touristen	(Dativ)

Aufgrund dieser Vokalharmonie entstehen für deutsche Ohren ungewöhnlich klingende Sätze wie: *Süslü püslü müsünüz?* = Sind Sie aufgetakelt?

3 Morphologie und Wortbildung

Altaische Sprachen sind logische und systematisch aufgebaute Sprachen, die nur wenige Ausnahmen und kaum Unregelmäßigkeiten kennen. Türkisch ist eine agglutinierende Sprache (lat. agglutinare = anheften, ankleben). In agglutinierenden Sprachen kommen innerhalb eines Wortes lange Morphemfolgen (= Folgen von Wortbausteinen) vor, die sich auf die gleiche Weise analysieren lassen. Jedes Morphem (Wortbaustein) hat eine bestimmte grammatische Bedeutung, jede grammatische Bedeutung benötigt ein eigenes Suffix. Die Suffixe werden von links nach rechts an den Wortstamm angehängt (vgl. Kasten S. 244: „*ev* – das Haus")

Im Unterschied zu flektierenden Sprachen findet keine Veränderung des Stammvokals statt (wie z.B. dt. *singen* – *sang* – *gesungen*, engl. *man* – *men*). Die Bildung der Verben ist regelmäßig, unterschiedliche Formen ergeben sich nach den Prinzipien der Vokalharmonie. Zum Beispiel besteht das türkische Verb aus zwei Teilen, dem Stamm und der Infinitivendung. Diese ist nach der kleinen Vokalharmonie -*mek* oder -*mak* (*yazmak* = schreiben, *gitmek* = gehen). Zeit- und Personalformen werden durch Suffigierung, d.h. durch das Anhängen von Suffixen, gebildet. Das Verb *gelmek* (kommen) wird im Indikativ Präsens Aktiv wie folgt konjugiert:

gel-i-yor-um = ich komme	*gel-i-yor-uz* = wir kommen
gel-i-yor-sun = du kommst	*gel-i-yor-sunuz* = ihr kommt
gel-i-yor = er/sie/es kommt	*gel-i-yor-lar* = sie kommen

Dabei sind: der eingeschobene Vokal, in dem Fall *i* und *yor*- das Suffix für Präsens. -*um*, -*sun*, usw. sind die Personalendungen.

Anders als in vielen indoeuropäischen Sprachen werden bei der Verbkonjugation nur in wenigen Fällen Hilfsverben eingesetzt. Im Deutschen erfolgt beispielsweise die Perfektbildung mittels *haben* oder *sein* und Partizip II am Verb in Endstellung (*Ich habe verstanden, ich bin gegangen, ich habe geliebt*). Im Türkischen erfolgt die Vergangenheitsbildung durch den Anhang von Suffixen an den Verbstamm, z.B. bei der *di-* Vergangenheit (entspricht in etwa dem Perfekt): *gör + mek* = sehen, *gör + dü* (Suffix für Vergangenheit) + *m* (Personalendung) = *gördüm* = ich habe gesehen. Abweichungen in der Lautung erfolgen nach den Regeln der Vokalharmonie (*gelmek* = kommen, *geldim* = ich bin gekommen; *sormak* = fragen, *sordum* = ich habe gefragt).

Der Gebrauch des persönlichen Fürworts (Personalpronomen) als Subjekt (z.B. dt. *ich gehe*) ist im Türkischen nicht zwingend, es wird nur zur Betonung oder bei Personenwechsel benützt. Zur Bildung von Prädikaten mit einem Prädikativ (*ich bin groß*) ist ebenfalls kein Hilfsverb notwendig. So ist *profösör sempatik* ((der) Professor (ist) sympathisch) ein vollständiger Satz. Darüber hinaus gibt es auch eine Prädikatsbildung mit Hilfsverben in Verbindung mit Adjektiven und Verben: *hasta olmak* = krank sein, *turist olmak* = Tourist sein, *teşekkür etmek* = sich bedanken. In Fällen, in denen im Deutschen das Hilfsverb *sein* mit Prädikativ zur Prädikatsbildung gebraucht wird (*Ich bin Deutscher*), wird im Türkischen eine Personalendung agglutiniert. Sätze, in denen die Personalendung des Hilfsverbs an Substantive oder Adjektive angehängt wird, sind ein wichtiges Ausdrucksmittel (vgl. Pons 1998, 235).

Almanım = Ich bin Deutscher	*Alman* = Deutsche(r), *-ım* = Personalendung
Yorgunum = ich bin müde	*yorgun* = müde, *-um* = Personalendung

Die Wahl zwischen *-ım* und *-um* ergibt sich hier auf Grund der Vokalharmonie

Auch die Deklination der Nomen in sechs Kasusformen ist regelmäßig und wird durch Agglutinierung ausgeführt, verschiedene Formen gibt es lediglich aufgrund der Vokalharmonie, die Endungen werden nach festen Regeln angereiht. Für jede grammatische Kategorie gibt es genau eine Endung:

Nominativ	*profesör*	der Professor	(keine Vokalharmonie)
Genitiv	*profesörün kursu*	der Kurs des Professors	(große Vokalharmonie)
Akkusativ	*profesörü*	den Professor	(große Vokalharmonie)
Dativ	*profesöre*	dem Professor	(kleine Vokalharmonie)
Lokativ	*profesörde*	beim Professor	(kleine Vokalharmonie)
Ablativ	*profesörden*	von dem Professor	(kleine Vokalharmonie)

Da sich der Stamm nicht verändert, sind die Suffixe deutlich erkennbar. Bei der Wortbildung können sehr viele Endungen aufeinanderfolgen. Dies ist beim Lesen gut entschlüsselbar, im Bereich des Hörverstehens kann es für einen Lerner des Türkischen jedoch leicht zu Verstehensproblemen kommen:

ev	das Haus
evde = Haus in	im Haus
eviniz = Haus euer	euer Haus
evinizde = Haus euer in	in eurem Haus
evlerinizde = Häuser euer in	in euren Häusern
evlerinizdeyiz = Häuser euer in wir sind	wir sind in euren Häusern

Dadurch bestehen die Sätze im Türkischen häufig aus wenigen Wörtern.

Ablandasın – du bist bei deiner älteren Schwester:

abla =	*ältere Schwester*
n =	Endung für *deine*
da =	Endung für *bei*
sın =	Endung für *du bist*

Daher ist auch durchaus möglich, wenn auch selten, dass ein Wort aus 17 Morphemen besteht.

Mezopotamyalılaştıramadıklarımızdansınız = Sie gehören zu den Personen, die wir in Mesopotamien nicht eingliedern konnten

Im Türkischen haben die Nomen kein grammatisches Geschlecht (Genus) und es gibt auch keine Artikel. Wenn man dennoch eine Geschlechtszugehörigkeit deutlich machen will, kann man z.B. für *Freundin*, analog zum Englischen *girlfriend*, ein entsprechendes Wort hinzufügen (*kız arkadaş* = Mädchen Freund = Freundin). Da es im Türkischen keine Genera gibt, haben Kinder mit Türkisch als Erstsprache große Schwierigkeiten beim Erwerb von Genus und Kasus des Deutschen (*der Vogel, von dem Kind, bei der Katze, …*). In der Folge zeigen sich deutliche Schwierigkeiten beim Einsatz von Pronomen und Präpositionen, insbesondere in komplexen Texten. Vor diesen Schwierigkeiten stehen jedoch alle Lerner des Deutschen (vgl. Colombo-Scheffold in diesem Band). Kinder mit Türkisch als Erstsprache neigen jedoch besonders zu Beginn des Lernprozesses dazu, den Artikel ganz auszulassen (*ich gehe Schule, Kind sitzt auf Stuhl*). Dies gilt jedoch nur für den Beginn des Zweitspracherwerbs, fortgeschrittene Lerner wissen sehr wohl, dass sie einen Artikel gebrauchen müssen, sind sich jedoch nicht immer in der Wahl des korrekten Genus sicher.

4 Syntax

Syntaktisch ist Türkisch eine Subjekt-Objekt-Prädikat-Sprache, das flektierte Verb steht in der Regel am Satzende, auch bei Fragesätzen:

Nereye gidiyosun? – Wohin gehst du?

(Ben)	*kahveyi*	*içiyorum.*
= Ich	Kaffee (den)	trinke ich.

Arkadaş	*bugün*	*balık*	*yemek*	*istiyor.*
Freund (der)	heute	Fisch	essen	möchte er (sie).
Freundin (die)				

= (Der Freund / die Freundin möchte heute Fisch essen)

(Ben)	*balığı*	*balıkçıdan*	*alayım.*
Ich	Fisch (den)	Fischer von (dem)	nehme (mal).

= Ich kaufe mal den Fisch vom Fischer.

Dabei sind die Personalpronomen (*ben* = ich, *sen* = du, etc.) fakultativ und werden nur bei Betonung gesetzt oder bei Personalwechsel gebraucht.

<u>*Sen*</u> *bugün kahve içmedin mi?*	= (Was,) <u>**du**</u> hast heute keinen Kaffee getrunken?
<u>*Ben*</u> *kahve içiyorum,* <u>*sen*</u> *çay içiyorsun*	= <u>**Ich**</u> trinke Kaffee, <u>**du**</u> trinkst Tee.

Die Personalpronomina sind hier betont, sie können auch weggelassen werden.

Im Türkischen gibt es einige Wortstellungsregeln, die ganz grundsätzlich vom Deutschen abweichen. Diese Regeln sind jedoch nicht so restriktiv wie z.B. im Englischen: Attribute und Attributsätze stehen links vom Kopfnomen (so genannte Linksverzweigung), im Gegensatz dazu können im Deutschen Attribute auch rechts des Bezugsnomens stehen: *der Kurs <u>des Professors</u>* = *profesörün kursu* = <u>*des Professors*</u> *Kurs.* Bei der Komparation stehen zuerst die beiden zu vergleichenden Nomen (<u>*Doçent profesörden*</u> *daha otoriter* = <u>*(Der) Dozent*</u> *(vom)* <u>*Professor*</u> *mehr (Komparativ)* autoritär – *Der* <u>*Dozent*</u> *ist autoritärer als der* <u>*Professor*</u>. Außerdem ist eine Satzbildung ohne Verb im engeren Sinne möglich (so genanntes nominales Prädikat). Beispielsweise heißt *pencere açık (wörtlich: Fenster offen): das Fenster <u>ist</u> offen.* Präpositionen gibt es im Türkischen nicht, hierfür gibt es entweder Suffixe (*büro<u>da</u>* = *im Büro*) oder es treten Postpositionen auf, die nach dem Bezugswort stehen (*profesör ile* – *mit (dem) Professor, profesör için* – *für (den) Professor*).

Viele Äußerungen, die man im Deutschen als Nebensatz realisieren würde, werden häufig in den Satz integriert, z.B. als Partizipien. Zum Beispiel wird in vielen Fällen, in denen im Deutschen ein Relativsatz gebildet wird, im Türkischen ein Attribut gebraucht:

Okuduğum kitap. – Das (von mir) gelesene Buch.
= Das Buch, das ich gelesen habe oder das Buch, das ich lese.

Sana verdiğim kitap. – dir von mir gegebenes Buch.
= Das Buch, das ich dir gegeben habe.

Auch Nebensätze, die im Deutschen mit einer Konjunktion eingeleitet werden, werden häufig als so genannte Verbalnomina oder Verbaladverbien in den Satz integriert:

Kitabı sana verdiğimi biliyorum. – (Das) Buch dir mein Geben weiß ich.
= Ich weiß, dass ich dir das Buch gegeben habe.

Aber:
Kedi, kuşu tutmak istediğinden, duvarın üstüne atladı.
(Die) Katze, (den) Vogel fangen vonihrwollen, der Mauer ihr oberes gesprungen.
= Die Katze sprang auf die Mauer, weil sie den Vogel fangen wollte.

Komplexe Satzgefüge werden folglich völlig anders gegliedert als im Deutschen:

Ayşe'nin ona hediye ettiğim kitabı okumak istemediğini neden söyledin bilmiyorum.
Ayşes ihr mein ihr geschenktes Buch lesen nicht wollen warum dein Gesagtes ich weiß es nicht.
= Ich weiß nicht, warum du gesagt hast, dass Ayşe das Buch, das ich ihr geschenkt habe, nicht lesen möchte.

Aufgrund der großen Systemunterschiede ist es sehr schwierig, Sprachmischungen auf der grammatischen Ebene bei Kindern, die Türkisch und Deutsch sprechen, festzustellen. In der Tat gibt es einige Hinweise darauf, dass auf der Ebene des Satzbaus Kinder mit Türkisch als Erstsprache in der Zweitsprache Deutsch sehr wenige Fehler machen, die aus direkten Übertragungen aus dem Türkischen resultieren. Es gibt andererseits Hinweise darauf, dass die Tatsache, dass im Türkischen in den meisten Sätzen das Prädikat am Ende steht, für Kinder mit Türkisch als Erstsprache einen gewissen Vorteil beim Erwerb der Verbendstellung im deutschen Nebensatz darstellen könnte (vgl. Haberzettl 2007).

5   Wortschatz und Semantik

Im türkischen Wortschatz finden sich geringe Parallelen zu indoeuropäischen Sprachen. Beispiele für Entlehnungen sind:

Technik: *telefon, teyp* (Tonbandgerät), *motor* (Motorrad) *kamyon* (LKW), *taksi, radyo*

Bildung: *profesör* (Professor), *doçent* (Dozent), *akademi* (Akademie), *üniversite* (Universität), *pedagog* (Pädagoge), *sosyolog* (Soziologe)

Musik/Unterhaltung: *çello* (Cello), *rejisör* (Regisseur), *tiyatro* (Theater), *şovmen* (Showman), *pleybek* (Playback), *tonmayster* (Tonmeister) *çaçaça* (Cha-Cha-Cha), *şampiyon* (Champion), *amatör* (Amateur), *paparazzi* (Paparazzi), *boksör* (Boxer), *sezon* (Saison), *striptiz* (Striptease)

Politik: *sempatizan* (Sympathisant), *sosyalist* (Sozialist), *komünist* (Kommunist), *faşist* (Faschist), *Marksist* (Marxist), *otoriter* (Autoritär), *molotofkokteyli* (Molotowcocktail)

Essen: *ketçap* (Ketschup), *sandviç* (Sandwich), *şnitzel* (Schnitzel)

Alltägliches: *tuvalet* (Toilette), *tişört* (T-Shirt), *jaluzi* (Jalousie), *aysberg* (Eisberg), *şalter* (Schalter), *termin* (Termin), *fertik* (fertig)

Viele Lehnwörter sind dem Französischen entnommen (ca. 5000). Eine Reihe der uns geläufigen Fremdwörter werden im Türkischen durch Eigenbildungen realisiert (anstatt *gramer: dil bilgisi* = Grammatik, anstatt *enforasyon: danışma* = Information). In der kemalistischen Sprachreform wurden viele arabische und persische Wörter durch türkische ersetzt, trotz der Sprachrevolution ist der Einfluss des Persischen und des Arabischen noch deutlich spürbar, ca. 6000 Wörter sind arabischen Ursprungs.[3] Zuweilen gibt es arabische und türkische Wörter parallel, häufig ist das türkische Wort ein Kunstwort oder ein hergeleitetes Wort, das den Kriterien des Instituts für türkische Sprache genügt und als Türkisch anerkannt wird (Schüler = *öğrenci* (türkisch), *talebe* (arabisch)) (vgl. Schwenk 1980, 35). Es gibt eine Reihe von türkischen Wörtern, die wie deutsche Wörter klingen, die aber etwas völlig anderes bedeuten: *alt* (etwas, was unten ist), *da* (auch), *her* (jede), *post* (Fell), *tabak* (Teller), *reis* (Chef, Führer).

Wie im Deutschen wird im Türkischen bei der Anrede zwischen *du* (sen) und der Höflichkeitsform *Sie* (siz) unterschieden. Die Anwendung der beiden Formen entspricht im Prinzip dem Deutschen, wobei im Türkischen die Anrede in der

---

[3] Das Institut für die türkische Sprache zählt 6497 arabische, 5345 französische, 1366 persische sowie 100 deutsche Wörter (Institut für türkische Sprache 2008).

du-Form häufiger ist. Insbesondere in ländlichen Kontexten ist die *Sie*-Form kaum gebräuchlich. Personen werden mit ihrem Vornamen angesprochen:

Fatma (Vorname) *Arslan* (Nachname)
Anrede: *Fatma hanım* = wörtlich *Fatma Frau* = Frau Fatma

Tahsin (Vorname) *Arslan* (Nachname)
Anrede: *Tahsin bey* = wörtlich *Tahsin Herr* = Herr Tahsin

Schrift

Das türkische Schriftsystem, das seine Grapheme aus dem Lateinischen bezieht, wurde bereits im 19. Jahrhundert entwickelt. 1928 wurde es im Rahmen der Sprachreform in der Türkei eingeführt, zuvor wurde im Osmanischen Reich und in der Türkei Arabisch geschrieben. Das neu geschaffene Alphabet verwendet bis auf wenige Ausnahmen die uns bekannten Grapheme, einige Grapheme wurden neu entwickelt (etwa das ı, welches den Laut [ə] repräsentiert, er wird ausgesprochen wie das *e* in den Verbendungen des Deutschen (*gehen*)). Im türkischen Alphabet entsprechen die 29 Grapheme (Schriftzeichen) 29 Phonemen (Lautzeichen). Dadurch wird das Türkische im Wesentlichen so gesprochen, wie es geschrieben wird. Großgeschrieben wird in der Regel bei Eigennamen und am Satzanfang. Aufgrund der veränderten Schrift, aber auch infolge der vielen lexikalischen Veränderungen, ist es z.B. für einen türkischen Studenten heute kaum möglich, wissenschaftliche Texte zu lesen, die vor 1928 entstanden sind. Die Eindeutigkeit der Graphem-Phonem Zuordnung macht es hingegen relativ einfach, die türkische Schrift zu lernen. Seit Einführung der lateinischen Schrift wurde, unter anderem auch durch systematische Alphabetisierungsprogramme, die Zahl der Analphabeten deutlich reduziert. Dies hat sicher auch mit der leichten Lernbarkeit der türkischen Schrift zu tun.

Es existieren die folgenden **Unterschiede zum deutschen Alphabet**:

c	= *dsch*	wie in <u>*Dsch*</u>*ungel*
ç	= *tsch*	wie in <u>*Tsch*</u>*echoslowakei*
ğ	= *stummes g*	der vorangehende Buchstabe wird länger ausgesprochen
		(Akoğlu wird gesprochen: *akoolu)*
ı		ähnlich wie die unbetonte Infinitivendung *(mach<u>en</u>): ad<u>ı</u>m*
j	= *sch*	stimmhaftes *sch* wie in *Journal* oder *Gara<u>ge</u>*
s	= *s*	stimmloses *s* wie in *A<u>s</u>t: senin*
ş	= *sch*	stimmloses *sch* wie in <u>*Sch*</u>*iff: arkadaş [arkadasch]*
v	= *w*	wie in <u>*W*</u>*asser: vermek*
y	= *j*	wie in *<u>j</u>a: Yıldırım*
z	= *s*	stimmhaftes *s* wie in <u>*S*</u>*onne*

Die Buchstaben *ä, q, ß, ü, x* gibt es im Türkischen nicht.

Literatur

Crystal, David (1995): Die Cambridge Enzyklopädie der Sprache. Frankfurt: Campus.

Glück, Helmut (2000): Metzler Lexikon Sprache. Stuttgart: Metzler.

Haberzettl, Stefanie (2005): Der Erwerb der Verbstellungsregeln in der Zweitsprache Deutsch durch Kinder mit russischer und türkischer Muttersprache.

Haig, Geoffrey (2003): Sprachenvielfalt und Sprachenpolitik am Rande Europas: Die Minderheitensprachen der Türkei. In: Metzing, Dieter (Hg.): Sprachen in Europa. Bielefeld: Aisthesis, S. 167–186.

Pons Wörterbuch für die Weiterbildung (1998): Türkisch. Stuttgart: Klett.

Schwenk, Helga (1980): Türkisch – Deutsch. Kulturelle und sprachliche Unterschiede. In: Praxis Deutsch Sonderheft.

Statistisches Bundesamt (2008): Bevölkerung mit Migrationshintergrund. Online: https://www-ec.destatis.de/csp/shop/sfg/bpm.html.cms.cBroker.cls?cmspath =struktur,vollanzeige.csp&ID=1020312 (Zugriff am 6.5.2008).

Türkiye İstatistik Kurumu (2008): Türkisches Amt für Statistik. Online: http://www.tuik.gov.tr/PreTablo.do?tb_id=39&ust_id=11 (Zugriff am 25.04.2008).

Türk Dil Kurumu (2008): Institut für die türkische Sprache, Wörterbücher. Online: http://www.tdk.gov.tr/TR/SozBulAyrintili.aspx?F6E10F8892433CF FAAF6AA849816B2EF31C7A21930E7131C (Zugriff am 16.04.2008).

Ungarisch

MONIKA JÄGER-MANZ

1 Zur Bedeutung des Ungarischen im europäischen Kontext

Ungarisch ist die Staats- und Verwaltungssprache in Ungarn. Insgesamt sprechen 14 Millionen Menschen die Staatsprache. Im Mutterland wird Ungarisch von ca. 10 Millionen Sprechern gesprochen (vgl. A. Jászó 2004, 58), außerhalb der Grenzen kann die Zahl der Sprecher auf vier Millionen geschätzt werden. In den Nachbarländern und in den anderen europäischen Ländern sprechen ca. 3,25 Millionen Menschen Ungarisch: in Rumänien zwei Millionen, in der Slowakei 650 000, in der Ukraine 190 000, in der Vojvodina 370 000, in Kroatien 6000, in Slowenien ca. 10 000, (vgl. Kiss, 1995 und Kiefer 2003, 301), in Nord- und Südamerika 550 000 sowie auf weiteren Kontinenten 200 000. Außerhalb des Mutterlandes leben Ungarn in relativ einheitlichen, geschlossenen Regionen, in denen die Umgebungssprache meist Ungarisch ist (u.a. auf den Gebieten bis Klausenburg in Rumänien, aber auch in Sprachinseln wie z.B. im Süden von Siebenbürgen). Wegen Migrations- und Assimilationstendenzen sinkt die Zahl der Ungarn auf den Sprachinseln, aber auch in den Großstädten wie in Klausenburg (Cluj-Napoca) oder in Pressburg (Bratislava). Ein kleiner Teil der Ungarn lebt als Emigranten seit der Diaspora in den Großstädten der ganzen Welt (vgl. Péntek 2002).

Als Folge der kulturellen und sprachlichen Assimilation der dreizehn seit mehr als 100 Jahren in Ungarn lebenden Minderheiten (u.a. Kroaten und Deutsche) ist die Dominanz des Ungarischen in allen Domänen des Sprachgebrauchs zu vermerken.

Innerhalb des Landes werden in zehn Dialektregionen Varietäten des Ungarischen gesprochen. Die Verständigung zwischen den Dialekten ist möglich, da die Abweichungen von der Standardsprache auf der phonetischen und selten auf der lexikalischen Ebene erscheinen: im Süden wird statt *ember* – *embör* (Mensch), in den Regionen Mitte Ungarns statt *gyerek* – *gyerëk* (Kind) mit geschlossenem *ë*, aber auch statt *szép* – *szíp* (schön) verwendet.

2   Aussprache

Im Vergleich zum Deutschen gibt es im Ungarischen weder Murmelvokale noch reduzierte Vokale. In der Standardsprache existieren keine Diphthonge, nur in einigen Varietäten/Dialekten kennt man sie. Vokale und Konsonanten werden mit vollwertiger Artikulation rein ausgesprochen, zum Beispiel müssen alle Doppel-konsonanten lang ausgesprochen werden:

ho__ss__zú (lang),   *bát__ty__* (älterer Bruder),   *o__ll__ó* (die Schere)
im Deutschen dagegen kurz: *o__ff__en* (mit einem *f*), *Mu__tt__er* (mit einem *t*)

Die Opposition der Länge ergibt kurze und lange Paare sowohl im Vokalsystem: *e–é, a–á, i–í* als auch im Konsonantensystem. Die unterschiedliche Quantität ist mit Bedeutungsunterschieden verbunden.

a) *v__e__r – v__é__r*   (er/sie/es schlägt – das Blut)
    k__a__r – k__á__r   (der Arm – der Schaden)
    sz__i__nt – sz__í__nt   (die Ebene/die Etage – die Farbe Akk.)
b) *ha__l__ – ha__ll__*   (der Fisch – er/sie hört)
    á__l__ – á__ll__   (das Kinn – er/sie steht)
    me__gy__ – me__ggy__   (er/sie geht – die Sauerkirsche)
    to__l__ – to__ll__   (er/sie schiebt – die Feder – eines Vogels)
aber auch
    lá__t__ok – lá__tt__ok   (ich sehe – ihr seht),
    kere__s__ünk – kere__ss__ünk   (wir suchen – suchen wir! Imperativ)

Die Differenzierung zwischen kurzen und langen Lauten, insbesondere bei den Konsonanten, ist sehr schwierig für Ungarischlernende. Die im Deutschen und im Ungarischen ähnlich geschriebenen Wörter werden im Ungarischen schrifttreu ausgesprochen:

é__b__en (der Ebenbaum, das Ebenholz)   – eb__en__
e__bb__e (in diese/n/s)   – E__bb__e
vé__g__en (am Ende der/des …)   – weg__en__ (vgl. Kiss 1974, 63)

Bei der Aussprache der labialen Vokale *a* und *o* können Schwierigkeiten auftre-ten, da zum Beispiel *a* in *alma* (der Apfel) im Ungarischen mit Lippenrundung (Labialisierung), im Deutschen bilabial gebildet wird. Auch die Unterscheidung zwischen dem kurzen und langen Vokal *a – á* kann problematisch sein. Zum Üben des Vokals *á* eignet sich ein ungarischer Zungenbrecher ausgezeichnet:

Ádám bátyám pávát látván száját tátván lábát rázván pávává vált.
(Mein Onkel Adam, als er einen Pfau gesehen hat, machte seinen Mund auf, schüttelte sein Bein und verwandelte sich in einen Pfau.)

Der Vokal ohne Akzent ist kurz.

Die Vokalharmonie ist eine typische Lauteigenschaft der finno-ugrischen Sprachen, so auch des Ungarischen, aber wir finden sie auch in den Turksprachen. Einem Wortstamm mit hellem Vokal wie *e–é, ö–ő, ü–ű, i–í* folgt auch in den Endungen ein heller Vokal, einem Wortstamm mit dunklem *a–á, o–ó, u–ú* eine Endung mit einem dunklen Vokal.

*há̲z**hoz** /emb**erhez** /tük**örhöz***
zu dem Haus/**zu** dem Menschen/**zu** dem Spiegel

Die Vokalharmonie erstreckt sich, außer auf einförmige Endungen (-*kor*, -*ig*), auf alle Endungen: der Wortstamm mit hellem(n)/dunklem(n) Vokal(en) bestimmt die Vokale in den Endungen.

Bei der Aussprache von Aufeinanderfolgen von Konsonanten – sowohl im Wortinneren als auch am Zusammentreffen von zwei Wörtern – ergeben sich regelmäßige Veränderungen, die in der Schrift (noch) nicht fixiert sind: z.B. aufgrund der stimmlosen-stimmhaften Paare: a) stimmlose Konsonanten werden stimmhaft oder auch b) umgekehrt:

a) *szavakban* (in den Wörtern), *kapdos* (er/sie hascht), *gyászdal* (Trauerlied).

$k \Rightarrow g$ $\qquad\qquad$ $p \Rightarrow b$ $\qquad\qquad$ $sz \Rightarrow z$

Aus dem stimmlosen *k* wird auf den Einfluss des stimmhaften *b* stimmhaftes *g* im Falle von *szavakban*.

b) *hoztam* (ich habe gebracht), *rizspor* (Reis in Pulver)

$z \Rightarrow sz$ $\qquad\qquad$ $zs \Rightarrow s$

Aus den stimmhaften Konsonanten *z* und *zs* werden stimmlose *sz* und *s*.

Außerdem kann die Aussprache von dem Ort der Lautbildung beeinflusst werden, so z.B. *színpad* (die Bühne) wird statt *n* mit einem *m* als *szímpad* ausgesprochen.

Eine typische Erscheinung ist die Assimilierung, die sowohl schriftlich markiert als auch unmarkiert vorkommt. Die auf einen Konsonanten endenden Substantive mit dem Suffix -*val*/-*vel* (mit + D) sind gute Beispiele für die auch in der Schrift gekennzeichnete Assimilierung:

ház + *-val/-vel* (mit dem Haus)

ház + *val* = *házzal*, also der Konsonant des Suffixes *-v* gleicht sich dem letzten Konsonanten des Substantivs *-z* an und so wird aus *-z* + *-v* ⇒ *-zz*.

Eine Angleichung bei auf Vokal endenden Substantiven ist nicht der Fall: *hajó* – *hajóval* (mit dem Schiff).

Die Wortbetonung im Ungarischen ist kein spannendes Gebiet der Phonetik, wie es im Deutschen der Fall ist, denn die Betonung fällt immer auf die erste Silbe des Wortes, auch bei Zusammensetzungen. Im Deutschen kann die Betonung auf alle Silben fallen.

- Ähnlichkeiten – wenn im Deutschen die Stammsilbe betont wird

'kezek	die 'Hände
'iskola	die 'Schule
'München	'München

- Unterschiede in der Betonung von Wörtern mit Fremdsuffixen

'biológia	die Biolog'ie
'család	die Fam'ilie
'könyvtár	Bücher'ei, Biblioth'ek
'sétálni	spaz'ieren
'jogi	jur'istisch
'egyetem	die Universit'ät

- Unterschiede in der Betonung von einigen geografischen Namen

'Berlin	Berl'in
'Hannover	Hann'over

- Wörter aus demselben Wortstamm haben im Ungarischen immer gleiche (die erste Silbe), im Deutschen unterschiedliche Betonung:

'zene – *'zenei* – *'zenész*	die Mus'ik – musik'alisch – aber der 'Musiker

Ungarisch kann aufgrund der Proportion der Vokale und Konsonanten zu den melodischen, musikalischen und weich klingenden Sprachen – wie auch das Finnische oder Italienische – gezählt werden, denn von 100 Lauten sind 41 Vokale sowie 59 Konsonanten, unter denen die stimmhaften in der Mehrheit sind (77 %). Deutsch und z.B. Tschechisch klingen härter (vgl. A. Jászó 2004, 103).

Das Ungarische klingt oft nach vielen *e*- und *a*-Lauten. Dieser Eindruck Ungarischlernender ist nicht unbegründet, denn wegen der Häufigkeit des *e*-Lautes – er steht an der Spitze des Phonembestandes und nimmt 13 % in einem

Text ein – und wegen der Vokalharmonie, die die Anhäufung derselben Vokale ergibt, klingt diese Sprache ungewöhnlich, aber auch oft monoton. Von den für Anderssprachige als Zungenbrecher erscheinenden ungarischen Wörtern sollen hier drei stehen:

megvesztegethetetleneknek	– für die unbestechbaren (Menschen)
alkalmazhatatlanabbakat	– die unverwendbareren (Akk.)
egészségetekre	– auf eure Gesundheit – auf euer Wohl

Auf der phonologischen Ebene sind die Silbenstrukturen wie CV (Konsonant – Vokal) *kő* (Stein), *bő* (breit, z.B. Hose) und CVC *főz* (er/sie kocht) *lát* (er/sie sieht) (Konsonant – Vokal – Konsonant) für das Ungarische charakteristisch. Konsonantenhäufung am Wortende kommt häufiger vor, am Wortanfang findet sie sich bei Fremdwörtern. Aus den slawischen und anderen Sprachen bürgert sich langsam das für das Ungarische fremde Merkmal der Konsonantenhäufung ein: aus *malina* wurde mit dem Ausfall des -*i* *málna* (die Himbeere), *drága* (teuer), **kréta** (die Kreide) oder **strand** (der Strand) sind eingebürgerte Lehnwörter mit dem Aufeinanderfolgen von zwei oder selten drei Konsonanten am Wortanfang.

3 Morphologie und Wortbildung

Im Altungarischen dominierten einsilbige Wörter, die mehrsilbigen kamen mit den Lehnwörtern ins Ungarische. Die Zahl der Silben erhöhte sich im Laufe der Zeit.

Das ungarische Verb besteht aus dem Stamm und der Infinitivendung -*ni*:

látni, menni, aludni (sehen, gehen, schlafen)
Der Stamm *men-ni* wird im Indikativ Präsens Aktiv wie folgt konjugiert.

megy-ek	– ich gehe
mész	– du gehst
megy-	– er/sie/es geht
megy-ünk	– wir gehen
men-tek	– ihr geht
men-nek	– sie gehen

Ungarisch gehört anhand seiner dominant agglutinierenden Merkmale zu den agglutinierenden Sprachen. Darunter verstehen wir, dass die Wortbildung durch das Ankleben von Morphemketten (von links nach rechts) an den Wortstamm erfolgt. Diese Morpheme sind Suffixe und verfügen über eine bestimmte grammatische Funktion, auch eine Bedeutung. Aus diesem agglutinierenden Charakter lässt sich auch erklären, dass oft schwer auszusprechende „Wortschlangen" entstehen und ein ungarisches Wort mit der Hilfe mehrerer deutscher Wörter (nicht selten mit einem deutschen Satz) ausgedrückt werden kann; um eine inhaltstreue Wiedergabe zu erreichen, wird Silbe für Silbe übersetzt.

barátokért = für Freunde		
barát +	*-ok*	*-ért*
Wortstamm	Pluralendung *-k* mit Bindevokal *-o* in Vokalharmonie	Kasus: *für*
Freund	*-e*	für

felismerhetetlenségig = bis zur Unerkennbarkeit					
fel-	*ismer*	*-het*	*-etlen*	*-ség*	*-ig*
Präfix	Wortstamm	Wortbildungsmorphem	WBM	WBM	Kasus: *bis*
er-	kennen	-bar	-un	-keit	-bis

Da das Ungarische in großer Zahl auch nicht typisch agglutinierende Merkmale enthält und ein Morphem oft mehr als eine grammatische Bedeutung ausdrückt, muss nach den neuesten Forschungen [1] festgestellt werden, dass das Ungarische als nicht klassische, nicht vollständig agglutinierende Sprache betrachtet werden kann. Zum Beispiel bei der Konjugation *játszunk* = *játsz+ -unk* (wir spielen) oder *játszottam=játsz+-ott+-am* (ich habe gespielt) wird das Grundprinzip der Agglutination dadurch verletzt, dass ein Morphem zugleich Person und Numerus ausdrückt: Die Morpheme *-unk* und *-am* deuten gleichzeitig auf die Kategorien *Person* und *Numerus* hin, eine Analyse mit der Trennung des Morphems ist nicht möglich. Ähnlich ist es beim Ausdruck mehrerer Besitze: *könyveimet* (meine Bücher Akk.). Merkmale der flektierenden Sprachen im Ungarischen sind z.B.: die regelmäßigen/oder sporadischen Änderungen des Stammes bei z.B. bei Nomen und Verben:

fa - *fá*-	*fát, fák*- (Baum Akk., Bäume) – Akkusativ- und Pluralendungen
megy- *men*- *me*- *mé*-	*megyek, menni, mehet, mész* (ich gehe, gehen, er/sie kann gehen, du gehst) – unterschiedliche Verbstämme vom Verb *gehen*

Typisch für die ungarische Grammatik ist die Unterscheidung der Endungen in die Kategorien: Wortbildungsmorpheme und Inflexionsendungen. Eine strenge

---

[1] vgl. Kiefer 1998, 192, Szűcs 1999, 73 ff.

Folge der Endungen ist hier zu beachten: Dem Stamm können Pluralendung, dann Possessivendung, Plural der Possessivendung und Kasusendung folgen.

Im Unterschied zum Deutschen steht im Ungarischen vor allem folgende Möglichkeit zum Ausdruck des Besitzverhältnisses:

A gyerek könyv**e**.	Das Buch **des** Kinde**s**.
- die Reihenfolge ist typisch	
① der Besitzer , ② der Besitz	① der Besitz, ② der Besitzer
- der Besitz ist markiert	- der Besitzer ist markiert
der Besitzer ist formal im Nominativ/o.D.	- im Genitiv

Die Genitivendung des Besitzes *-e* deutet auf das Besitzverhältnis hin, die Genitivendung des Besitzers (*a gyereknek a ...*) bleibt unmarkiert/ist fakultativ, erscheint in betonter Situation

In flektierenden Sprachen, wie dem Deutschen, existieren drei zentrale Kategorien für die nominalen Konstruktionen: a) Genus, b) Kasus und c) Numerus, im Ungarischen nur zwei: Kasus und Numerus, da das Ungarische kein Genus aufweist.

Das Ungarische verfügt über ein formreiches Kasussystem, eine große Anzahl von Kasus.[2] Dabei fällt das Fehlen des Genitivs auf, oft stimmt der Genitiv mit dem Dativ überein. Der Kasus der Nomen erfolgt durch Agglutinierung. Die meisten Kasusformen sind der Vokalharmonie entsprechend als verschiedene Endungen (*-ban/-ben, -on/-en/-ön*) vorhanden.

1. *ember*	(der Mensch)	– nominativus
2. *ember***t**	(den Menschen)	– accusativus
3. *ember***nek**	(dem Menschen)	– dativus mit Vokalharmonie (VH)
4. *ember***rel**	(mit dem Menschen)	– instrumentalis (Mittel) mit VH
5. *ember***ért**	(für den Menschen)	– causalis-finalis (Ziel)
6. *ember***ré**	(zu Menschen)	– translativus-factivus (Ergebnis) mit VH
7. *ember***ben**	(in dem Menschen)	– inessivus (Ort) mit VH
8. *ember***en**	(auf dem Menschen)	– superessivus (Ort) mit VH
9. *ember***nél**	(bei dem Menschen)	– adessivus mit VH (Ort) mit VH
10. *ember***re**	(auf den Menschen)	– sublativus (Richtung) mit VH
11. *ember***ről**	(über den Menschen)	– delativus (Richtung) mit VH
12. *ember***be**	(in den Menschen)	– illativus (Richtung) mit VH
13. *ember***ből**	(aus dem Menschen)	– elativus (Richtung) mit VH

---

2 Im Deutschen gibt es 4 Kasus, im Türkischen 6, die Zahl der Kasus im Ungarischen ist umstritten, es werden oft 18 bis 20 Kasus thematisiert.

14. ember**hez**	(zu dem Menschen)	– allativus (Richtung) mit VH
15. ember**től**	(von dem Menschen)	– ablativus (Richtung) mit VH
16. ember**ig**	(bis zu dem Menschen)	– terminativus (Richtung)
17. ember**ként**	(als Mensch)	– formativus (Zustand)
18. ember**ül**	(wie ein Mensch)	– essivus-formalis (Zustand) mit VH

Das Deutsche hat ein viel einfacheres Kasussystem, die Kasusformen von 1–3 (N, A, D) und der Genitiv, der im Ungarischen fehlt: *des Menschen*. Im Ungarischen werden zum Beispiel die Präpositionen des Ortes *unter* und *zwischen*, oder *auf* (vertikal) und *an* (horizontal) nicht differenziert, wie es im Deutschen der Fall ist.

Im Deutschen ist es wichtig, welche Präposition welchen Fall verlangt, im Ungarischen sind dagegen die Postpositionen selbst die Fälle, auch Suffixe drücken grammatische Verhältnisse aus. Es gibt keine Präpositionen.

Auch bei den lokalen Postpositionen kommt das Drei-Richtung-System zur Geltung:

honnan?:	*a ház* **mellől**	woher?:	von der Nebenseite des Hauses
hová?:	*a ház* **mellé**	wohin?:	neben das Haus
hol?:	*a ház* **mellett**	wo?:	neben dem Haus
	im Ungarischen		im Deutschen **Präposition**
	Postpräposition		

Beide Sprachen verfügen über zwei Numeruskategorien: über den Singular und Plural. Was aber die Formaspekte angeht, gibt es große Unterschiede zwischen dem Ungarischen (eine Endung) und dem Deutschen (eine Vielfalt der Pluralbildung).

*ház – ház_ak_* (das Haus – die Häuser)

Die Bildung des Plurals erfolgt oft durch die Kürzung des Stammvokals und durch das Auftreten des *-k* Suffixes kombiniert:

k_é_z – k_e_zek (die Hand – die Hände)

ú_t – u_tak (der Weg – die Wege)

Wenn der Nominalstamm auf Vokal endet, tritt das Pluralsuffix *-k* direkt an den Stamm.

ajtó – ajtó_k_ (Tür – Türen)

váza – váz_á_k (Vase – Vasen)

Statt des Suffixes -*k* werden Pluralformen des Besitzens (Possessiva) durch die Possessivendung -*i* gebildet:

a könyv – *a könyvek* (das Buch – die Bücher), aber

a gyerekek könyvei (die Bücher der Kinder), wörtlich: die Kinder Bücher ihre

Das Pluralsuffix ist das stammnächste Suffix in der Kette von Endungen, da die anderen grammatikalischen Suffixe nach ihm von links nach rechts an den Wortstamm angehängt werden: *házaiktól* – von ihren Häusern, wörtlich: *Haus ihr* Pl. *von*.

Im Ungarischen existiert eine Vergangenheitsform, im Deutschen kann Vergangenheit mit Formen des Präteritums, des Perfekts und des Plusquamperfekts ausgedrückt werden.

Für die drei Personalpronomen im Singular 3. Person im Deutschen (*er/sie/es*) steht im Ungarischen ein Pronomen ohne Hinweis auf das Geschlecht: *ő*. Benutzt werden kann das Pronomen, wenn aus dem Kontext eindeutig ist, ob eine männliche, weibliche oder sächliche Person gemeint ist. Der Satz *Te meg ő.* muss im Deutschen *Du und er/du und sie/du und es* heißen, wenn keine konkrete Information zum Geschlecht der Person zur Verfügung steht. Die anderen Personalpronomen stimmen mit denen im Deutschen überein:

én – ich, *te* – du, *ő* – er/sie/es, *mi* – wir, *ti* – ihr, *ők* – sie

Das Personalpronomen erscheint nur, wenn man die Person betonen will – die Endungen drücken alles aus. Es gibt keine Possessivpronomen, nur Possessivsuffixe.

(az én) könyvemben:	*könyv-em-ben* (mit Vokalharmonie)
in meinem Buch	Buch-mein-in+D

Zwei bestimmte Artikel werden sowohl im Singular als auch im Plural gebraucht: *a, az.* Wenn ein Substantiv mit einem Konsonanten beginnt, bekommt es den Artikel *a*, wenn es mit einem Vokal beginnt, steht der bestimmte Artikel *az.*

a ház – *a házak* (das Haus – die Häuser)

az ajtó – *az ajtók* (die Tür – die Türen)

4   Syntax

Die Inhalte, die im Deutschen als kurze Sätze erscheinen, können im Ungarischen in einem einzigen Wort ausgedrückt werden.

Láttalak.   Ich habe dich gesehen.

lát + -t-alak

seh- + habe ge- ich

Der Gebundenheit der Wortfolge im deutschen Satz steht eine gewisse Freiheit und Flexibilität im Ungarischen gegenüber. Zwei Typen der Grundwortstellung kommen am häufigsten vor:

1. Subjekt – Objekt – Prädikat
   (das Objekt ist ohne oder mit unbestimmten Artikel)
   A barátok   (egy)   könyvet   olvasnak.
   Die Freunde (ein)   Buch (Akk)   lesen (Pl. 3 Person).
   A barátok   holnap   szeretnének   egy   könyvet   olvasni.
   Die Freunde morgen   möchten (Pl. 3 P.) ein   Buch (Akk)   lesen (Inf.)

2. Subjekt – Prädikat – Objekt
   (das Objekt steht mit bestimmtem oder unbestimmtem Artikel)
   A barátok olvassák a könyvet.   Die Freunde lesen das Buch.
   A barátok olvasnak egy könyvet.   Die Freunde lesen ein Buch.

Eine korrekte Übersetzung aus dem Deutschen ins Ungarische kann nur in der Kenntnis des Partizip Perfekts am Satzende erfolgen. Es existiert keine Verbalklammer in den Vergangenheitsformen.

Láttalak.   Ich habe dich gesehen.
Láttalak a városban.   Ich habe dich in der Stadt gesehen.
Láttalak tegnap a városban.   Ich habe dich gestern in der Stadt gesehen.
Láttalak tegnap a havas városban.   Ich habe dich gestern in der verschneiten Stadt gesehen.

Kontrastiv betrachtet (Deutsch–Ungarisch) soll die aktive Form der ungarischen Sprache hervorgehoben werden, denn es gibt keine Passivkonstruktionen im Ungarischen (früher waren sie z.B. in der Beamtensprache allgemein). Passivischer Sinn kann mit einigen Suffixen ausgedrückt werden, aber in der Standardsprache sind diese Formen zu vermeiden: *-at(ik)/-et(ik), -tat(ik)/-tet(ik) – megbízatik* (er/sie wird beauftragt).

Wenn im Ungarischen zwei Nomen verglichen werden, verwenden wir sowohl im Positiv als auch im Komparativ die Konjunktion *mint* (im Deutschen dagegen zwei verschiedene: *wie* und *als*). Komparativ und Superlativ werden ähnlich wie im Deutschen gebildet (*-bb*) und (*leg- -bb*).

szép – szebb – legszebb
schön – schöner – am schönsten

Positiv:	A rózsa	ugyanolyan	**szép**, *mint*	a tulipán.
	Die Rose ist	genauso	schön wie	die Tulpe.
Komparativ:	A rózsa		**szebb**, *mint*	a tulipán.
	Die Rose ist		schöner als	die Tulpe.

5 Wortschatz und Semantik

Von seinen nächsten Sprachverwandten hat sich das Ungarische ca. vor 3000 Jahren getrennt, in der Umgebung des Südurals haben die Vorfahren der heutigen Ungarn ca. 1500 Jahre verbracht und seit der Landnahme ca. 896 n.Chr. haben sie ihre Heimat im Karpatenbecken gefunden. Trotz ihrer Jahrtausende dauernden (von dem 5. Jh. vor Christi) und tausende Kilometer langen Wanderung vom Ural Richtung Karpatenbecken, Mitteleuropa und trotz Sprachkontakte zu zahlreichen Völkern (z.B.: Türken, Slawen) haben die Ungarn ihre sprachliche Identität während der Wanderung beibehalten können.

Das Erbe aus der Urgeschichte des Ungarischen stammt aus der uralischen, finno-ugrischen wie *ház* (das Haus), *név* (der Name), *víz* (das Wasser) oder aus der ugrischen Grundsprache wie *arany* (das Gold) oder *tál* (die Schüssel). Den Kern des Wortschatzes bilden diese Urelemente (Basisverben, die Benennungen der Körperteile, der Familienmitglieder und Verwandtschaft, der Pflanzen und Tiere, der Zahlen usw.), denn sie gehören zum Grundwortschatz und dienen so als Grundlage weiterer Bildungen (vgl. Kiefer 2003, 117 ff.).

Der Wortschatz des Ungarischen enthält viele Lehnwörter. Die Texthäufigkeit der Lehnwörter ergibt folgende Ergebnisse (vgl. Kiefer 2003, 154):

- slawische 27 %
- lateinische 25 %
- deutsche 17 %
- türkische Lehnwörter 16 %

Ca. 400 deutsche Lehnwörter gehören zum Grundwortschatz, die Zahl aller Entlehnungen aus dem Deutschen kann auf mehrere Tausende geschätzt werden. Die Entlehnungen aus dem Deutschen gelangten während mehrerer Jahrhunderte ins Ungarische: die ersten Lehnwörter mit den dynastischen Verhältnissen des ersten ungarischen Königs Stefan in der Zeit der Staatsgründung (1000) durch die hier ansässig gewordenen Ritter, ab dem 12. Jahrhundert durch deutsche Bürger sowie nach der 150-jährigen Türkenherrschaft (nach 1556) mit der Ansiedlung von Bauern und Handwerkern aus deutschen Gebieten. Deutsche Entlehnungen sind Wörter unterschiedlicher Begriffskategorien wie *cél* (das Ziel), *bognár* (der Wagner), *polgár* (der Bürger) oder *zokni* (die Socke). Gegen Ende des 18. Jahrhunderts begann die ungarische Intelligenz eine so genannte Sprachreform (*nyelvújítás*), die sich neben der Schaffung neuer, ausdrucksvoller ungarischer Wörter (ca. 8500) die Pflege der Sprache, aber auch die Zurückdrängung der starken Wirkung der deutschen Sprache auf den ungarischen Wortschatz als Ziel setzte. Gekämpft wurde dafür, dass die Muttersprache in der Kommunikation zur Geltung kommen konnte. Es sollte statt Latein und Deutsch[3] die ungarische Sprache als Sprache der Wissenschaft, des Theaters, des Unterrichts, des öffentlichen Lebens und der Kommunikation gebraucht werden.

Die ungarische Sprache hatte auch eine Vermittlerrolle zwischen den Sprachen, so gelangen *puszta* (die Pussta), *paprika* (der Paprika) oder *kocsi* (die Kutsche, später auch für das Auto) durch das Ungarische und als ungarisches Lehnwort in die deutsche (20–30 Wörter), französische, italienische, russische, englische und spanische Sprache (vgl. Kiefer 2003, 155).

Bei der Anrede im Ungarischen kann zwischen du (*te*) und Sie (*Ön*) unterschieden werden. Der Gebrauch der Anredeformen ist mit dem des Deutschen identisch, vielleicht mit der stärkeren Tendenz, dass unter Kollegen oder Altersgleichen schneller und unkonventioneller die *du*-Form statt der Höflichkeitsform *Sie* verwendet wird.

6 Schrift

Als Grundlage zum ungarischen Schriftsystem diente das Lateinische, der Schriftvorrat entwickelte sich aus dem Lateinischen. Das ungarische Schriftsystem korrespondiert aber mit viel mehr Phonemen (39) als Grapheme im lateinischen Alphabet vorhanden waren (23). Problematisch erscheinen die folgenden Buchstaben: *sz-z, s-zs, c-cs, ty-gy, ny, ly, k.* Nur in Fremdwörtern erscheinen

---

[3] Ca. 70 Wörter stammen aus dem Uralischen, 700 aus dem Finno-ugrischen und 70 aus dem Ugrischen.

q, -w, -x. Sie wurden der ungarischen Schreibweise nicht angepasst, *y* kommt nur in Kombination mit anderen Buchstaben als Doppelbuchstabe *ny, ty, gy, ly* vor. Ungarische Namen, Ortsnamen mit *y* werden von Nicht-Muttersprachlern oft falsch ausgesprochen: in *Károly* (Karl) wird das *r* gerollt und *ly* als *j* und nicht als *li* (nicht als *Károli*) ausgesprochen.

Die ungarische Rechtschreibung enthält die Unterscheidung des geschlossenen und des offeneren *e* nicht, in der deutschen Rechtschreibung haben die Buchstaben *e* und *ä* eine wichtige Funktion in diesem Zusammenhang.

Die Grapheme im Ungarischen und im Deutschen sind ein-, zwei-, oder dreistellig: *z, zs, dzs.*

im Ungarischen fehlen u.a.	im Deutschen fehlen u.a.
Vokale: *ä*	
Konsonanten: *sch* , *ß*	*gy, ty, ny, ly, cs, sz, zs, dz, dzs*

Die Konsequenz der ungarischen Rechtschreibung ist der des Finnischen oder des Tschechischen ähnlich. Ausgesprochen werden die Wörter, wie sie geschrieben sind und umgekehrt auch. Es gibt also keine abgeschwächt ausgesprochenen Buchstaben. Ausnahme bildet hier das Phonem *j*, das zwei Schriftzeichen hat: *ly* und *j*.

gólya	(der Storch)	aber	*hajó*	(das Schiff)
lyuk	(das Loch)		*jég*	(das Eis)

Entlehnungen und Fremdwörter werden der ungarischen Aussprache entsprechend geschrieben: *nejlon* = Nylon, *zsűri* = Jury.

Das Ungarische verfügt über ein phonematisches Rechtschreibsystem. Eigennamen werden genauso wie im Deutschen großgeschrieben, Substantive aber nicht.

Kovács (Nachname: Schmied)	–	*kovács* (der Schmied: Beruf)
Medve (Nachname: Bär)	–	*medve* (der Bär: Tier)
Bei Wortbildungen mit dem Suffix *-i* folgt Kleinschreibung im Ungarischen		
Ő egy budapesti művész.	–	Er ist ein Budapester Künstler.

Zu einer Regelung der Rechtschreibung der ungarischen Sprache kam es 1832. Wichtige Veränderungen wurden 1922 getroffen: z.B. *cz* ist verschwunden, oder statt *ds* wurde *dzs* (*dzseki* = Jacke) eingeführt. Die auch jetzt gültige Regelung erschien 1984.

Literatur

A. Jászó, Anna (Hrsg.) (2004): A magyar nyelv könyve (Das Buch der ungarischen Sprache). Budapest: Trezor Kiadó.

Kiss, Jenő (1974): Gondolatok német anyanyelvűek magyartanításáról (Gedanken über den Ungarischunterricht deutscher Muttersprachler). Nyr. 98, 59–73.

Kiss, Jenő (1995): Társadalom és nyelvhasználat. (Gesellschaft und Sprachgebrauch.) Budapest: Nemzeti Tankönyvkiadó.

É. Kiss, Katalin/Kiefer, Ferenc/Siptár, Péter (1998): Új magyar nyelvtan (Neue ungarische Grammatik). Budapest: Osiris Kiadó.

Péntek, János (2002): Magyar nyelvi különfejlődés a Kárpát-medencében (Entwicklung der ungarischen Sprache im Karpatenbecken). In: A. Jászó Anna/ Kiefer, Ferenc (2003) (Hrsg.): A magyar nyelv kézikönyve (Handbuch der ungarischen Sprache). Budapest: Akadémiai Kiadó.

Szűcs, Tibor (1999): Magyar-német kontrasztív nyelvészet a hungarológiában (Kontrastive Linguistik – Ungarisch-Deutsch – in der Hungarologie). Budapest: Nemzeti Tankönyvkiadó.

Serviceteil

JOACHIM SCHÄFER

Die folgenden Hinweise sollen interessierten Leserinnen und Leser dabei unterstützen, die im Buch angesprochenen Themen zu vertiefen und sich weiter zu informieren. Die Auswahl enthält Publikationen, die aus unserer Sicht für diesen Zweck hilfreich sind. Es gibt daneben zahlreiche weitere Veröffentlichungen zu diesen Themen.

Ludwigsburg im Juni 2010   Joachim Schäfer

1   Nachschlagewerke

Autorengruppe Bildungsberichtserstattung (Hg.) (2008): Bildung in Deutschland 2008. Ein indikatorengestützter Bericht mit einer Analyse zu Übergängen im Anschluss an den Sekundarbereich I. http://www.bildungsbericht.de/daten2008/bb_2008.pdf (gesehen am 27.06.2008).

Bundesministeriums für Unterricht, Kunst und Kultur (2010): Sprachensteckbriefe. http://www.sprachensteckbriefe.at/ (gesehen am 08.06.2010).

Crystal, David (1993): Die Cambridge Enzyklopädie der Sprache. Frankfurt am Main:zweitausendeins Sonderausgabe.

Haarmann, Harald (2002): Sprachalmanach. Zahlen und Fakten zu allen Sprachen der Welt. Frankfurt am Main: Campus.

Heringer, Hans Jürgen (2001): Fehlerlexikon: Deutsch als Fremdsprache. Berlin: Cornelsen

Konsortium Bildungsberichterstattung (Hg.) (2006): Bildung in Deutschland. Ein indikatorengestützter Bericht mit einer Analyse zu Bildung und Migration. Bielefeld: Bertelsmann.

2   URL von Institutionen

Forschungsportal für Spracherwerb und Migration der Friederich-Schiller-Universität Jena, der Universität Augsburg, der FU Berlin und der PH Ludwigsburg http://www.daz-portal.de/ (gesehen am 08.06.2010).

Sprachdidaktisches Zentrum der PH Ludwigsburg http://www.ph-ludwigsburg.de/283.html (gesehen am 08.06.2010).

Deutsche Gesellschaft für Fremdsprachenforschung http://www.dgff.de/ (gesehen am 08.06.2010).

Fachverband Deutsch als Fremdsprache: http://www.fadaf.de/de/aktuelles/ (gesehen am 08.06.2010).

3   Zweitspracherwerb

URL

Ehlich, Konrad u.a. (Hg.) (2008): Referenzrahmen zur altersspezifischen Sprachaneignung. Bundesministerium für Bildung und Forschung: Berlin. http://www.bmbf.de/publikationen/2713.php (gesehen am 08.06.2010).

Homepage von Prof. Dr. Wilhelm Grießhaber mit vielen Links und Tipps zum Thema Zweitspracherwerb http://spzwww.uni-muenster.de/~griesha/index.html (gesehen am 08.06.2010).

Literatur

Ahrenholz, Bernt (Hg.) (2006): Kinder mit Migrationshintergrund. Spracherwerb und Fördermöglichkeiten. Freiburg: Fillibach.

Ahrenholz, Bernt (Hg.) (2006): Deutsch als Zweitsprache. Freiburg: Fillibach.

Ahrenholz, Bernt (Hg. (2008): Zweitspracherwerb – Diagnosen, Verläufe, Voraussetzungen. Freiburg: Fillibach.

Ahrenholz, Bernt (Hg.) (2009): Empirische Befunde zu DaZ-Erwerb und Sprachförderung. Freiburg: Fillibach.

Ahrenholz, Bernt/Oomen-Welke, Ingelore (Hg.) (2010): Deutsch als Zweitsprache. 2. Auflage. Baltmannsweiler: Schneider.

Jeuk, Stefan (2003): Erste Schritte in der Zweitsprache Deutsch. Eine empirische Untersuchung des Spracherwerbs türkischer Migrantenkinder in Kindertageseinrichtungen. Freiburg: Fillibach.

Jeuk, Stefan (2010): Deutsch als Zweitsprache in der Schule. Stuttgart: Kohlhammer.

Klein, Wolfgang (1992): Zweitspracherwerb, 3. Auflage. Königstein: Athenäum

Knapp, Werner (1997): Schriftliches Erzählen in der Zweitsprache. Tübingen: Narr.

Knapp, Werner (1998): Sprachschwierigkeiten bei Kindern aus Sprachminderheiten – ein immer noch aktuelles Thema. In: Logos interdisziplinär, 6, Heft 2, S. 116-123.

Kniffka, Gabriele/Siebert-Ott, Gesa (2007): Deutsch als Zweitsprache. Lehren und Lernen. Paderborn: Schöningh.

Kuhs, Katharina/Steinig, Wolfgang (Hg.) (1998). Pfade durch Babylon. Freiburg: Fillibach.

Oomen-Welke, Ingelore (2003): Entwicklung sprachlichen Wissens und Bewusstseins im mehrsprachigen Kontext. In: Bredel, Ursula/Günther, Hartmut/Klotz, Peter/Ossner, Jakob/Siebert-Ott, Gesa (Hg.): Didaktik der deutschen Sprache. Band 1. Paderborn: Schöningh, S. 452-463.

Siebert-Ott, Gesa Maren (2001): Frühe Mehrsprachigkeit. Probleme des Grammatikerwerbs in multilingualen und multikulturellen Kontexten. Tübingen: Niemeyer.

4 Deutsch als Fremdsprache

Butzkamm, Wolfgang (1999): Psycholinguistik des Fremdsprachenunterrichts. 2. Auflage. Tübingen: A. Francke

Huneke, Hans W./Steinig, Wolfgang (1997): Deutsch als Fremdsprache. Berlin: E. Schmidt.

5 Interkulturelles Lernen

URL

Gogolin, Ingrid u.a. (2003): Förderung von Kindern und Jugendlichen mit Migrationshintergrund. Gutachten für die Bund-Länder-Kommission. Universität Hamburg. [online]: http://www.erzwiss.uni-hamburg.de/Personal/gogolin/files/heft107.pdf (gesehen am: 08.06.2010).

Literatur

Auernheimer, Georg (Hg.) (2001): Migration als pädagogische Herausforderung für pädagogische Institutonen. Opladen: Leske & Budrich.

Gogolin, Ingrid (2003): Gleiche Bildungschancen für Kinder mit Migrationshintergrund – möglich auch in Deutschland? In: Beauftragte der Bundesregierung für Migration, Flüchtlinge und Integration: Förderung von Migranten und Migrantinnen im Elementar- und Primarbereich. Berlin, S. 17–30.

Gomolla Mechthild/Radtke Frank-Olaf (2002): Institutionelle Diskriminierung. Die Herstellung ethnischer Differenz in der Schule. Opladen: Leske & Budrich.

Heringer Hans Jürgen (2007): Interkulturelle Kommunikation. 2. Auflage. Tübingen: A. Francke.

Patricia Nauwerck (Hg.): Kultur der Mehrsprachigkeit in Schule und Kindergarten. Freiburg: Fillibach.

Schümer, Gundel (2004): Zur doppelten Benachteiligung von Schülern aus unterprivilegierten Gesellschaftsschichten im deutschen Schulwesen. In: Schümer, Gundel/Tillmann, Klaus-Jürgen/Weiß, Manfred (Hg.): Die Institution Schule und die Lebenswelt der Schüler. Wiesbaden: VS, S. 73-114.

6 Sprachstandserhebungen

URL

EDK (Hg.): Europäisches Sprachenportfolio – ESP. http://www.sprachenportfolio.ch/esp_d/wasist/index.htm (gesehen am 08.06.2010)

Ehlich, Konrad (Hg.) (2005): Anforderungen an Verfahren der regelmäßigen Sprachstandsfeststellung als Grundlage für die frühe und individuelle Förderung von Kindern mit und ohne Migrationshintergrund. http://www.bmbf.de/pub/bildungsreform_band_elf.pdf (gesehen am 08.06.2010)

Fried, Lilian (2004): Sprachstandserhebung bei Kindergartenkindern und Schulanfängern. In: Theorie und Praxis der Sozialpädagogik (TPS) 4/2004, S. 20-23. Ausführliche Fassung [online]: http://cgi.dji.de/bibs/271_2232_ExpertiseFried.pdf (gesehen am 08.06.2010).

Grießhaber, Wilhelm (2005): Sprachstandsdiagnose im kindlichen Zweitspracherwerb: Funktional-pragmatische Fundierung der Profilanalyse. [online]: http://spzwww.uni-muenster.de/~griesha/pub/tprofilanalyse-azm-05.pdf (gesehen am 08.06.2010)

Literatur

Brügelmann, Hans/Brinkmann, Erika (2006): Sprachbeobachtung und -förderung am Schulanfang. In: Friedrich Jahresheft 2006.

Bundesministerium für Bildung und Forschung (Hg.) (2005): Anforderungen an Verfahren der regelmäßigen Sprachstandsfeststellung als Grundlage für die frühe und individuelle Förderung von Kindern mit und ohne Migrationshintergrund. Berlin.

Dirim, Inci (2005): Zweitsprache Deutsch – Erfassung und Förderung des Deutschen in der Sekundarstufe. In: Lernchancen, 8, Heft 43, S. 42-45.

Grimm, Thomas/Gutenberg, Norbert/Götze, Lutz (2006): Kriterien fehleranalytischer Auswertung im Bereich des Deutschen als Erst- und Zweitsprache. In: Deutsch als Zweitsprache Heft 3, S. 18-31.

Hobusch, Anna/Lutz, Nevin/Wiest, Uwe (2002): SFD. Sprachstandsüberprüfung und Förderdiagnostik für Ausländer- und Aussiedlerkinder. Horneburg: Persen.

Jeuk, Stefan (2005): Sprachgebrauch mehrsprachiger Kinder. In: Praxis Grundschule, 37, Heft 2, S. 6-11.

Jeuk, Stefan (2006): Sprachstandsmessung bei Kindern nichtdeutscher Herkunftssprache zum Zeitpunkt der Einschulung. In: Didaktik Deutsch 11, Heft 20, S. 52-69.

Jeuk, Stefan (2007): Einschätzung des Sprachstands bei mehrsprachigen Kindern. In: Graf, Ulrike/Moser Opitz, Elisabeth (Hg.): Diagnostik und Förderung im Elementarbereich und Grundschulunterricht. Baltmannsweiler: Schneider, S. 105-116.

Jeuk, Stefan (2009): Sprachstandserhebung bei mehrsprachigen Kindern. In: Kelle, Helga (Hg.): Kulturen der Entwicklungsdiagnostik. In: ZSE (Zeitschrift für Soziologie der Erziehung und Sozialisation), S. 141-156.

Jeuk, Stefan (2009): Aktuelle Verfahren zur Einschätzung des Stands der Sprachaneignung im Grundschulalter. In: Jeuk, Stefan/Schmid-Barkow, Ingrid (Hg.) (2009): Differenzen diagnostizierten und Kompetenzen fördern im Deutschunterricht. Freiburg: Fillibach.

Knapp, Werner (2001): Diagnostische Leitfragen. In: Praxis Grundschule Heft 3, S. 4-6.

Kracht, Annette (2003): Sprachliche Normen und Zielsetzungen von Sprachstandserhebungen. In: Beauftragte der Bundesregierung für Migration, Flüchtlinge und Integration (Hg.): Förderung von Migranten und Migrantinnen im Elementar- und Primarbereich. Berlin und Bonn, S. 37-43.

Reich, Hans H./Roth, Hans L. (2004): HAVAS. Hamburger Verfahren zur Analyse des Sprachstands Fünfjähriger. Hamburg:

Reich, Hans H. (2003): Tests und Sprachstandsmessungen bei Schülern und Schülerinnen die Deutsch nicht als Muttersprache haben. In: Bredel, Ursula/Günther, Hartmut/Klotz, Peter/Ossner, Jakob/Siebert-Ott, Gesa (Hg.): Didaktik der deutschen Sprache. Band 2. Paderborn: Schöningh, S. 914-923.

Ulich, Michaela/Mayr, Toni (2003): SISMIK. Sprachverhalten und Interesse an Sprache bei Migrantenkindern in Kindertageseinrichtungen. Freiburg: Herder.

7 Förderansätze

URL

Bildungsdirektion des Kantons Zürich (Hg.): QUIMS – Qualität in multikulturellen Schulen. http://www.quims.ch/ (gesehen am 08.06.2010).

BLK-Programm: Förderung von Kindern und Jugendlichen mit Migrationshintergrund http://www.blk-foermig.uni-hamburg.de/ (gesehen am 08.06.2010).

Grund- und Hauptschule Schillerschule Esslingen mit Sprachenzentrum und Sprachwerkstatt http://www.schillerschule-esslingen.de (gesehen am 08.06.2010).

Landesstiftung Baden-Württemberg (Hg.): Sag' mal was – Sprachförderung für Vorschulkinder. http://www.sagmalwas-bw.de (gesehen am 08.06.2010).

Universität Heidelberg Seminar für Deutsch als Fremdsprachenphilologie (Hg.): Deutsch für den Schulstart. http://www.deutsch-für-den-schulstart.de/ (gesehen am 08.06.2010).

Stiftung Mercator (Hg.): Förderunterricht. http://www.stiftung-mercator.de/index.php?id=121 (gesehen am 08.06.2010).

Literatur

Allgemein

Finkbeiner, Claudia (Hg.) (2002): Bilingualität und Mehrsprachigkeit. Modelle, Projekte, Ergebnisse. Hannover: Schroedel.

Huth, Manfred (Hg.) (1994): Hits für den Unterricht. Deutsch als Zweitsprache (DaZ). Deutsch als Fremdsprache (DaF). Baltmannsweiler: Schneider.

Huth, Manfred (Hg.) (1997): Hits für den Unterricht. Bildung und Erziehung interkulturell/antirassistisch. Baltmannsweiler: Schneider.

Oomen-Welke, Ingelore (Hg.) (1994): Brückenschlag. Von anderen lernen, miteinander handeln. Stuttgart u.a.: Klett.

Elementarbereich

Apeltauer, Ernst (2006): Sprachliche Frühförderung von Kindern mit Migrationshintergrund. Flensburg: Flensburger Papiere zur Mehrsprachigkeit und Kulturenvielfalt im Unterricht 42/43.

Berghoff, Wilfried/Mayer-Koenig, Birgit (2003): Ludmilla, Paul, Hassan, Lisa und Ayse lernen Deutsch. Baltmannsweiler: Schneider.

Fthenakis,Wassilios/E., Oberhuemer, Pamela (Hg.) (2004): Frühpädagogik international. Bildungsqualität im Blickpunkt. Wiesbaden: VS Verlag.

Günther, Herbert (2003): Sprachförderung: Die Fitness -Probe. Weinheim: Beltz.

Hofmann, Bernhard/Sasse, Ada (2005): Übergänge. Kinder und Schrift zwischen Kindergarten und Schule. Berlin: Deutsche Gesellschaft für Lesen und Schreiben.

Jampert, Karin (1999): Schlüsselsituation Sprache – Ergebnisse aus der Spracherwerbsforschung und ihr Beitrag zum Verständnis des Sprachentwicklungsprozesses bei mehrsprachigen Kindern. In: Deutsches Jugendinstitut (DJI) (Hg.): Mehrsprachigkeit im multikulturellen Kinderleben. München.

Jampert, Karin (2007): Schlüsselkompetenz Sprache. Sprachliche Bildung und Förderung im Kindergarten. 2. Auflage Weimar: das Netz.

Jeuk, Stefan (2004): Die Erzieherin als Sprachvorbild. Wie kann der Zweitspracherwerb im Alltag des Kindergartens unterstützt werden? In: Theorie und Praxis der Sozialpädagogik, Heft 4, S. 16-19.

Jeuk, Stefan (2005): Zweitspracherwerb im Vorschulalter. In: Grundschule, 37, Heft 3, S. 36-38.

Lamparter-Posselt, Margarete (2005): Sprachförderung im Kindergarten. In: Hofmann, Bernhard/Sasse, Ada (Hg.): Übergänge. Kinder und Schrift zwischen Kindergarten und Schule. Berlin: Deutsche Gesellschaft für Lesen und Schreiben.

Lentes, Simone/Thiesen, Peter (Hg.) (2004): Ganzheitliche Sprachförderung. Ein Praxisbuch für Kindergarten, Schule und Frühförderung. Weinheim: Beltz.

Militzer, Renate/Demandewitz, Helga/Fuchs, Ragnild (2000): Hallo, Hola, Ola. Sprachförderung in Kindertagesstätten. Gutachten für die Beauftragte der Bundesregierung für Ausländerfragen. Berlin und Bonn. Zu beziehen auch als pdf-download unter http//www.integrationsbeauftragte.de.

Ministerium für Bildung, Wissenschaft, Forschung und Kultur des Landes Schleswig-Holstein (Hg.) (2003): Spielerische Sprachförderung in Kindertageseinrichtungen. Kiel.

Neumann, Simone (2001): Ganzheitliche Sprachförderung. Ein Praxisbuch für Kindergarten, Schule und Frühförderung. Weinheim: Beltz.

Reich, Hans H. (2008): Sprachförderung im Kindergarten. Grundlagen, Konzepte, Materialien. Weimar: das Netz.

Schlösser, Elke (2007): Wir verstehen uns gut. Spielerisch Deutsch lernen. Methoden und Bausteine zur Sprachförderung für deutsche und zugewanderte Kinder als Integrationsbeitrag in Kindergarten und Grundschule. Münster: Ökotopia.

Ulich, Michaela/Oberhuemer, Pamela/Soltendieck, Monika (2001): Die Welt trifft sich im Kindergarten. Interkulturelle Arbeit und Sprachförderung. Neuwied: Luchterhand.

Wiedenmann, Marianne (Hg.) (2000): Sprachförderung mit allen Sinnen. Basiswissen – integrative Ansätze – Praxishilfen – Spiel- und Übungsblätter für den Unterricht. Weinheim: Beltz.

Primarbereich

Anton, Norbert (Hg.) (1998): SprechStunde. Diagnosegeleiteter Unterricht und Sprachförderung. Würzburg: edition bentheim.

Bartnitzky, Horst (2005): Grammatikunterricht in der Grundschule. Berlin: Cornelsen.

Belke, Gerlind (2001): Mehrsprachigkeit im Deutschunterricht. 2. korrigierte Auflage. Baltmannsweiler: Schneider.

Belke, Gerlind (2003): Methoden des Sprachunterrichts in multilingualen Lerngruppen. In: Bredel, Ursula/Günther, Hartmut/Klotz, Peter/Ossner, Jakob/Siebert-Ott, Gesa (Hg.): Didaktik der deutschen Sprache. Band 1. Paderborn, S. 840–853.

Belke, Gerlind (2005): Interlanguage und Fossilierung? Zum didaktischen Stellenwert der Schriftsprache in mehrsprachigen Lerngruppen. In: Grundschule 37, Heft 3, S. 32 – 34.

Belke, Gerlind (2007): Mit Sprache(n) spielen. Kinderreime, Gedichte und Geschichten für Kinder zum Mitmachen und Selbermachen. Baltmannsweiler: Schneider.

Belke, Gerlind (2007): Poesie und Grammatik. Kreativer Umgang mit Texten im Deutschunterricht mehrsprachiger Lerngruppen. Baltmannsweiler: Schneider.

Belke, Gerlind (2007): Die Schriftsprache: Ein vernachlässigter Bereich der Didaktik in mehrsprachigen Lerngruppen. In: Schöler, H./Welling, A. (Hg.): Sonderpädagogik der Sprache. Göttingen: Hogrefe, S. 67 - 91.

Belke, Gerlind/Geck, Martin (2004): Das Rumpelfax. Singen, Spielen, Üben im Grammatikunterricht. Baltmannsweiler: Schneider.

Boehrer, Helga (2004): Deutsch mit Spaß und Spiel. Basiswissen und Praxismaterial DaZ. Stuttgart: Ernst Klett Sprachen.

Büchner, Inge/Dirim, Inci (2001): Spiel mit Sprachen. Hamburg: Verlag für pädagogische Medien.

Dirim, İnci (1999): Lernen in zweisprachiger Interaktion. In: Grundschule 31, Heft 5, 1999, S. 43 - 46.

Ekinci-Kocks,Yüksel (2010): Merhaba – Guten Tag! Tipps für die Zusammenarbeit mit Eltern türkischer Herkunft. In: Grundschule 42, Heft 2, S. 11-14.

Engin, Havva/ Müller-Boehm, Eva: Steinmüller, Ulrich; Terhechte-Mermeroğlu, Friederike (2005): Kinder lernen Deutsch als zweite Sprache. Berlin: Scriptor.

Glumpler, Edith/Apeltauer, Ernst (1997) Ausländische Kinder lernen Deutsch. Lernvoraussetzungen, Methodische Entscheidungen, Projekte. Berlin: Cornelsen Scriptor, S. 13-52

Gogolin Ingrid (1999). Mehrsprachigkeit. In: Grundschule 31, Heft 5, S. 40-43.

Grundschule Sprachen Heft 6, 2004; Heft 11, 2003; Heft 5, 2005.

Jeuk, Stefan (2006): Sprachunterricht in mehrsprachigen Klassen an Förderschulen. In: Sonderpädagogische Förderung 51, Heft 4, S. 342-355.

Knapp, Werner (2001): Förderung von Kindern aus sprachlichen Minderheiten. In: Grundschule 33, Heft 5, S. 18-20.

Neuner, Gerhard/Budde, Monika (1998): Deutsch als Zweitsprache in der Schule. Berlin: Langenscheidt.

Röhner, Ch. (2005): Erziehungsziel Mehrsprachigkeit. Diagnose von Sprachentwicklung und Förderung von Deutsch als Zweitsprache. Weinheim: Juventa.

Rösch, Heidi (2003): Fom Afrika bies zu Berlin. Deutsch als Zweitsprache in der Grundschule. In: Grundschule 35, Heft 5, S. 44-46.

Rösch, Heidi (2004): Deutsch als Zweitsprache. Sprachförderung: Grundlagen, Übungsideen, Kopiervorlagen. Braunschweig: Schroedel.

Schader, Basil (2003): Sprachenvielfalt als Chance. Zürich: Bildungsverlag eins.

Ulrich, Winfried (1999): Sprachspiele. Texte und Kommentare. Aachen: Hahner.

Sekundarstufe I

Ahrenholz, Bernt (Hg.) (2010): Fachunterricht und Deutsch als Zweitsprache. Tübingen: Narr.

Finkbeiner, Claudia (Hg.) (2002): Bilingualität und Mehrsprachigkeit: Modelle, Projekte, Ergebnisse. Hannover: Schroedel.

Holstein, Silke/Oomen-Welke, Ingelore (2005): Sprachen-Tandem für Paare, Kurse, Schulklassen: Ein Leitfaden für Kursleiter, Lehrpersonen, Migrantenbetreuer und autonome Tandem-Partner. Freiburg: Fillibach.

Knapp, Werner (1998): „Situationsorientiert-gesteuert", „kommunikationsorientiert-systematisch", „funktional-formal", „induktiv-deduktiv": Wider vermeintliche Antithesen im Grammatikunterricht. In: Deutsch Lernen, Heft 3, S. 228-252

Kuhs, Katharina/Steinig, Wolfgang (Hg.) (1998): Pfade durch Babylon. Freiburg: Fillibach.

Oomen-Welke, Ingelore und Arbeitsgruppe (2010): Der Sprachenfächer. Materialien für den interkulturellen Deutschunterricht in der Sekundarstufe I. Heft 1, Höflichkeit: Benimm bei Tisch, Begrüßung und Anrede; Heft 2, Personennamen: Vornamen, Familiennamen; Heft 3, Internationale Wörter: Fremdwörter, internationale Wörter, Internationale Wortbausteine; Heft 4, Körpersprache und Nonverbales. Berlin: Cornelsen.

Pommerin, Gabriele (1996): Kreatives Schreiben. Handbuch für den deutschen und interkulturellen Sprachunterricht in den Klassen 1-10. Weinheim: Beltz.

Praxis Deutsch 157 (1999): Sprachen in der Klasse.

Praxis Deutsch 202 (2007): Sprachliche Heterogenität.

Rösch, Heidi (Hg.) (2005): Mitsprache – Deutsch als Zweitsprache in der Sekundarstufe. Braunschweig: Westermann.

Sandfuchs, Uwe: Förderunterricht konkret – Materialien und Unterrichtsbeispiele für die Jahrgangsstufe 5-9. Bad Heilbrunn: Klinkhardt.

Schroth-Wiechert, Sigrun (2001): Deutsch - als - Fremdsprache - Unterricht ohne Lehrwerk für heterogene LernerInnengruppen im Zielsprachenland unter besonderer Berücksichtigung des interkulturellen Ansatzes. Frankfurt: Lang.

Stiftung Mercator (Hg.) (2010): Der Mercator-Förderunterricht. Sprachförderung für Schüler mit Migrationshintergrund durch Studierende. Münster: Waxmann.

Strunz, Inge Angelika (2003): Sprachenvielfalt an Hauptschulen. Ein Anstoß für die Schulprogrammarbeit. Frankfurt: Lang.

Lehrwerke

Babbe, K. u.a. (2004): Werkstatt Deutsch als Zweitsprache B. Bildungshaus Schulbuchverlage Westermann Schroedel Diesterweg Schöningh Winklers.

Belke, Gerlind, u.a. (Hg.) (2005): Mitsprache – Deutsch als Zweitsprache – Schülerband. Braunschweig: Schroedel

Finken Verlag Oberursel: DaZ Box. Best. Nr. 1415

Mohrmann, A./Schaffert, C. (2004): Die Luna-Fibel. Arbeitsheft zur Sprachförderung und zu DaZ. Ernst Klett Grundschulverlag. Leipzig.

Mohrmann, A./Schaffert, C. (2004): Die Luna-Fibel. Lehrerband zum Arbeitsheft zur Sprachförderung und zu DaZ. Ernst Klett Grundschulverlag. Leipzig

Werkstatt Deutsch als Fremdsprache (2004): Braunschweig: Schroedel.

8 Europäische Sprachenpolitik

URL (alle gesehen am 08.06.2010)

Amtssprachen der EU:
http://dd3716.srv.dd3716.kasserver.com/sprachenplan/html/eu-amtssprachen.html.

Bildungsprogramme der EU:
http://eacea.ec.europa.eu/llp/index_en.htm.

Leonardo da Vinci-Programm:
http://ec.europa.eu/dgs/education_culture/publ/educ-training_en.html#Leonardo-mobility.

Bildungsprogramme der EU:
http://europa.eu/education/index_en.htm.

Veröffentlichung: Die Europäer und ihre Sprachen:
http://ec.europa.eu/public_opinion/archives/ebs/ebs_243_sum_de.pdf.

Aktionsplan für das Sprachenlernen und die Sprachenvielfalt:
http://ec.europa.eu/public_opinion/archives/ebs/ebs_243_sum_de.pdf.

Die Sprachenpolitik der EU – eine Einführung:
http://www.europa-digital.de/aktuell/dossier/sprachen/sprache1.shtml.

Charta der Grundrechte der EU:
http://www.europarl.europa.eu/charter/pdf/text_de.pdf.
Wieland, Rainer (2006): Sprachkompetenzen in Europa.
http://www.mdep.de/index.php?page=170&printview=1.

Der Vertrag von Lissabon:
http://www.unizar.es/euroconstitucion/library/Lisbon%20Treaty/Tratado%20de%20Lisboa/Treaty%20of%20Lisbon%20consolidated%20version_word.doc.

Literatur

Ehlich, Konrad/Ossner, Jakob/Stammerjohann, Hans (Hg.) (2003): Hochsprachen in Europa. Freiburg: Fillibach.

Kodron, Christoph/Oomen-Welke, Ingelore (Hg.) (1995): Europa sind wir. Freiburg: Fillibach.

Metzing, Dieter (Hg.) (2003): Sprachen in Europa. Bielefeld: Aisthesis.

Siguan, Miquel (2001): Die Sprachen im vereinten Europa. Tübingen: Stauffenberg.

9   Zeitschriften

Deutsch als Zweitsprache.
Deutschunterricht.
Der Deutschunterricht.
Didaktik Deutsch.
Grundschule Deutsch.
Praxis Deutsch.

Autorinnen und Autoren der Beiträge

Natalie **Arnauld-Kreutzer** ist Lektorin an der Pädagogischen Hochschule Ludwigsburg, Institut für Sprachen, Abteilung Französisch.
Mail: arnauldkreutz@ph-ludwigsburg.de

Olga **Beller** ist Lehrerin für Sprache und Praktische Psychologin in Sondereinrichtungen. Sie unterrichtet Russisch als Lehrbeauftragte an der Pädagogischen Hochschule Ludwigsburg.
Mail: O.Beller@gmx.de

Yeşim **Böttle** ist Dipl. Sozialarbeiterin (FH). Sie unterrichtet an der Volkshochschule und an der Pädagogischen Hochschule Ludwigsburg Türkisch.

Dr. Simona **Colombo-Scheffold** ist Lehrbeauftragte an der Pädagogischen Hochschule Ludwigsburg am Institut für Sprachen, Abteilung Deutsch und unterrichtet Italienisch als freiberufliche Dozentin.
Mail: simona.colombo@web.de

Dr. Peter **Dines** ist Akademischer Mitarbeiter an der Pädagogischen Hochschule Ludwigsburg, Abteilung Englisch, und Leiter des Akademischen Auslandsamts.
Mail: Dines@ph-ludwigsburg.de
www.ph-ludwigsburg.de/68+M50039cec051.html

Dr. Peter **Fenn** ist Lektor an der Pädagogischen Hochschule Ludwigsburg, Institut für Sprachen, Abteilung Englisch.
Mail: Fenn@ph-ludwigsburg.de
www.ph-ludwigsburg.de/1660.html

Dr. Monika **Jäger-Manz** ist Dozentin an der Pädagogischen Fakultät der Eötvös-József-Hochschule Baja/Ungarn am Institut für Nationalitäten- und Fremdsprachen.
Mail: monikamanz@freemail.hu
www.ejf.hu

Dr. Stefan **Jeuk** ist Juniorprofessor an der Pädagogischen Hochschule Ludwigsburg am Institut für Sprachen, Abteilung Deutsch, und Leiter des Sprachdidaktischen Zentrums.
Mail: Jeuk@ph-ludwigsburg.de
www.ph-ludwigsburg.de/283.html

Dr. Clemens **Klünemann** ist Oberstudienrat und Lehrbeauftragter in der Abteilung Französisch an der Pädagogischen Hochschule Ludwigsburg.
Mail: kluenemann@ph-ludwigsburg.de

Annette **Kolb** ist Slavistin und arbeitet bei der Robert Bosch Stiftung.
Mail: Annette.Kolb@bosch-stiftung.de

Lana **Mayer** ist Assistentin an der Fakultät für Lehrerbildung in Osijek, wo sie u.a. Deutsch als Fremdsprache unterrichtet.
Mail: manal@email.htnet.hr
www.ufos.hr

Dr. Jürgen **Mertens** ist Professor an der Pädagogischen Hochschule Ludwigsburg, Institut für Sprachen, Abteilung Französisch.
Mail: Mertens@ph-ludwigbsurg.de
www.ph-ludwigsburg.de/6274+M54a708de802.html

Oxana **Metychuk** ist Wissenschaftliche Mitarbeiterin beim Auslandsamt der Universität Czernowitz (Ukraine) und promoviert dort am Lehrstuhl für Weltliteratur.
Mail: matiychuk@web.de

Dr. Rosemarie **Neumann** ist wissenschaftliche Mitarbeiterin an der Universität Duisburg-Essen, Abteilung Deutsch als Zweitsprache/Deutsch als Fremdsprache.
Mail: rosemarie.neumann@uni-due.de

Katalin **Ozer** ist Assistentin am Institut für Germanistik an der Philosophischen Fakultät in Novi Sad/Serbien.
E-Mail: katiozer@hotmail.com
http://www.ff.uns.ac.rs/fakultet/odseci/fakultet_odseci_germanistika.html

Dr. Giulio **Pagonis** ist Wissenschaftlicher Mitarbeiter im Projekt „Deutsch für den Schulstart" am Institut für Deutsch als Fremdsprachenphilologie der Universität Heidelberg.
Mail: pagonis@idf.uni-heidelberg.de

María **del Pilar Suárez Rolfs** ist Fachbereichsassistentin für die Abteilung Spanisch an der VHS Stuttgart, an der sie auch Spanischkurse hält.
Mail: pilar.rolfs@freenet.de

Dr. Basil **Schader** ist Professor an der Pädagogischen Hochschule Zürich, Abteilung Deutsch und Deutsch als Zweitsprache.
Mail: basil.schader@phzh.ch
www.phzh.ch/personen/basil.schader

Joachim **Schäfer** ist Akademischer Mitarbeiter an der Pädagogischen Hochschule Ludwigsburg, Institut für Sprachen, Abteilung Deutsch.
Mail: schaefer@ph-ludwigburg.de
www.ph-ludwigsburg.de/309.html

Dr. Romuald **Skiba** ist Wissenschaftlicher Mitarbeiter (Spracherwerb und Daten-verarbeitung) am Max-Planck-Institut für Psycholinguistik in Nijmegen (Niederlande)

Dr. Ioana **Velica** ist stellvertretende Leiterin des Instituts für Didaktische Bildung an der Babes-Bolyai-Universität Cluj-Napoca, Rumänien.
Mail: irvelica@staff.ubbcluj.ro

Fillibach bei Klett

Orthographie und Schrifterwerb bei mehrsprachigen Kindern

von Willhelm Grießhaber und Zeynep Kalkavan

- In diesem Band geht es um den Orthographie- bzw. Schriftspracherwerb bei mehrsprachigen Kindern. Es werden didaktische Ansätze, Problembereiche, Möglichkeiten und Grenzen
  hinsichtlich der Diagnose und Förderung diskutiert.

- Das deutsche Schriftsystem wird mit anderen verglichen und
  kontrastiv analysiert.

- Der Einsatz von Diagnoseverfahren zur Rechtschreibung sowie
  die Selbsteinschätzungen hinsichtlich der Rechtschreibkompe-
  tenzen von Schreiber/innen des Deutschen als Zweitsprache
  werden ebenfalls thematisiert.

304 Seiten
978-3-12-688015-2

In der nächsten Buchhandlung erhältlich
Weitere Informationen unter
www.klett.de | www.fillibach.de